中国出版家丛书

ZHONGGUO CHUBANJIA CONGSHU

国家出版基金项目

NATIONAL PUBLICATION FOUNDATION

中国出版家

王云五

Zhongguo Chubanjia

Wang Yunwu

柳斌杰 主编　俞晓群 著

人民出版社

出版说明

　　出版不仅仅是一个充满竞争的商业领域，同时，它也深深打上了"文化"和"思想"的印记。在这个文化场域中，交织着多种力量的动态关系，通过出版物的呈现和出版活动的开展，描绘了一个时代的文化风貌；而回旋折冲于其间者，则是那些幕后活跃、台前无闻的各类出版人。他们自喻"为他人做嫁衣裳"，事实上，却是国家文化传承和历史记录的主要担当者，有出版发展的参与人和见证者甚至称他们所起的作用为保存民族记忆的千秋大脑。虽然扼据出版要津之地，却少见自家行当的人物传记出版。本丛书是第一次规模化地为这个群体中的杰出者系列立传，从一个人到一群人的出版事功中，折射出近代以降出版业的俯仰变迁，同时也见证着出版参与时代文化思想缔构及其背后深广的社会历史内容。那些曾经彪炳于时的出版人，一方面安身于这个行业，以其敏锐犀利的时代洞察，在市场、经营与创意中躬行实践，标领乃至规划了这个行业的发展，并使之成为国民经济的一个重要门类；另一方面又在"安身"之外，显现出面向社会的公共性关怀与"立命"的超越性关怀，从职业而志业的追求中，服务于民族解放、思想启蒙与文化进步的社会性经营，书写了出版人生的风采、风骨与风流。

本丛书所传写的 50 余位出版人，均为活跃于 20 世纪并已过世的出版前辈。中国古代也曾涌现了陈起、毛晋等出版大家，只是未纳入本书的传主范围。丛书在体例上，有单人独传与多人合传之分，但这并不必然意味着对传主出版贡献及其历史地位的轻重判别，许多情况下的数人合传，乃因于传主史料的阙如而不得已的选择，某些重要出版人如大东书局总经理沈骏声、儿童书局创办人张一渠等，也囿于同样情形而未能列入本丛书的传主名单，殊觉憾事。虽说隐身不等于泯灭，但这个行业固有的幕后特征多少带来了出版人身份上的隐而不显、显而不彰。本丛书的出版，固然是想通过对前辈出版事迹的阐幽发微、立传入史，能让同样为人做嫁衣者的当今出版人不至于觉得气类太孤，内心获得温暖，并昭示后来者在人生目标上，在家国情怀上，在出版境界上，追步于前贤，自觉立起一面促人警醒自鉴的镜子；同时更希望通过一个个传主微历史的场景呈现，让更多的人认识到出版在产业之外，更是一项薪火相传的社会文化事业，它对时代文化的接引与外度，使其成为一种任何人都不可忽视的"势力"，在百余年来的社会发展进程中，发挥了不可替代的作用。

故此，我们推出这套"中国出版家丛书"，以展示中国文化创造者的风采，弘扬他们的优良传统和崇高的职业精神，发掘出版史史料，丰富出版史研究和编辑史研究。

"中国出版家丛书"编辑委员会

人民出版社编辑部

二〇一六年四月

目 录

前　言

　　王云五先生是一位伟大的出版家、学问家和社会活动家，是近百年以来，中国优秀的知识分子之一，他为我们这个国家和民族的出版业所作出的贡献，是辉煌的、不可磨灭的。

　　本书撰写，力争按照传记的体例落笔，但可能是由于王云五先生的经历过于丰富，也可能是我的手笔实在缺乏把握这样一位伟大人物的能力，没有办法，我只好按照王云五先生的教导：当你遇到一个大困难的时候，你可以使用笛卡尔方法，将大问题剖分为一个个小问题，再一一求得解答，而后综合总结，则整个大问题随之获解。在王先生的一生中，许多次都是运用此法，转危为安或转败为胜。另外，我们赞叹王先生的学识和智慧，王先生却说：其实在更多的时候，是耐心在起作用；而这种化大为小、各个击破的方法，就可以在一次次小胜之时，为你积累信心，增强耐心，使你不至于被"大问题"一次击倒。这就是人生的智慧！我在此书的写作中，一直试图把王先生的这种方法，融入我的笔端，让我能从一个个小问题入手，一点点将它们诉说清楚，然后再将它们聚拢起来，组合起来，为读者献上一个面目清晰、阐释准确的王云五先生！

按照这样的思路，本书用十章的体例，将我对于王云五先生的研究和认识，大体划分为五个部分。

第一部分是自学。用整整一章的篇幅，详细阐释了自学精神对于王云五先生一生的影响，从中可以看到，自学对于他后来从事出版事业，成为一位大出版家，所带来的帮助和成就。

第二部分是出版。这是本书的主旨论题，一共用四个专章，深入介绍和讨论了王云五先生在这方面的表现。其中，用一章的篇幅，讲述了王先生的"出版简历"。因为他的个性，是一位喜欢跨界、喜欢改变生活现状的人，所以详细地考察他在出版领域中一会儿任职、一会儿辞职的故事，非常有趣且耐人寻味。接着，用三个专章的篇幅，逐一讲述了王先生的文化理想、选题思想和经营理念；在相同的时间段里，根据不同的主题，分别剖析了王先生的心路历程，三条线都力争细致入微，然后再将它们综合起来，力求达到让王先生的出版生涯跃然纸上的目的。

第三部分是教育与写作。王云五先生是一个多面手，他不但在出版方面成就卓然，而且还是一位教育家、学问家、政治家和社会活动家。但本书的主旨是写"出版家王云五"，所以在介绍王先生在其他领域的事情时，按照"与出版相关"的原则，选择性地加以论述。首先，王云五先生一生中从事教育活动的时间仅次于出版，并且对于出版的影响极大，所以我用了一章的篇幅，讲述他的教育生涯。类似地，还用了一章的篇幅，讲述了王云五先生的写作经历，他一生中那样奔波劳碌，还能写出 50 多本书、数不清的文章，留下上千万字的著述，实在是一件了不得的事情，一直让我敬佩不已。而且我也一直认为，要想做一个好的出版人，一面编书，一面写作，恐怕是一件必备的硬功夫。

第四部分是人际交往。列这样一个专题，完全是出于我的突发奇想。因为王先生一生做了那么多的事情，用金耀基先生的话说："他一辈子做了别人三辈子的事情。"在此过程中，他结交过很多人。俗语说："人以群分，物以类聚。"我们大可以透过这样一个侧面，更全面地了解王先生的为人、志趣和道德等内容。所以用一个专章的篇幅，分教育圈、出版圈、文化圈、政治圈等几个部分来阐述这个问题，每一部分只是选择一些重点人物，点到为止；没想到这方面的内容如此丰富，信手之间，竟然写了将近 3 万字，成为本书最长的一章。

第五部分是基金建设和在台出版。两个问题各写一章，都是王先生到台湾以后发生的事情。其实，这两章的写作体例与全书有些脱节。由于两岸长期隔绝，我们对于那段历史的了解，还是太少、太肤浅了。比如文化基金会的建设，几乎成为王云五先生在台湾那段时间里最重要的社会活动，甚至超过了他教学、从政和出版的种种事情。同时，王先生对于文化基金重要性的认识，也很值得我们学习和借鉴。至于"在台出版"一节，我完全按照一般传记的写法，以时间为主线，将他那一段出版生涯再现出来。对于我们来说，其中许多事情也是新鲜的，缺乏了解的。

最后，针对本书，我还想谈一个问题，那就是写王云五先生是一件很难的事情。我是出版业内的人，通过认真地研读典籍和分析数据，我觉得自己已经比较了解王云五先生的所作所为以及对于中国出版业的巨大贡献了；在本书中，我只是想通过实际的数据和例子，把它们尽量地表述出来，而不想做更多的评价和议论，因为我原本就是一个注重实际而不善于舌辩的人。另外，我很想跳出时空的藩篱，在人本主义的意义上给王云五先生一个评价：他是一个优秀的知识分子，他是一个国家与民族的文化精英，他是一个健康的个人主义者。

正是基于上面的背景，我在书写本书之初，就确定基调：以往人们对于王云五先生，远观的议论太多了；这一次，我想尽力避开先入为主，尽力避开既定方针，主要听一听他本人的诉说，听一听他周围人的诉说，听一听历史的另一个侧面的诉说。写下去我发现，他们的心态比我们要平和许多，也要客观许多；写下去我发现，在许多事情上，我们不停地争争吵吵，结果却是殊途同归；写下去我发现，再现历史真相，真是一件很难的事情。但是在一种奇怪的力量支持下，我竟然写得飞快。现在总算搁笔了，精神与身体的双重疲劳，总算在可逆的时候，得到了缓释。

完稿于 2014 年 6 月 4 日晨

第一章

自学生涯

人们把王云五称为奇人，他的奇异之处，就是在一生之中，他做过许多别人无法完成的事情。比如：他做出版，把商务印书馆做到世界前三位；他做官员，做到"行政院"副院长；他做学问，一生著述50余部；他做教育，获得"博士之父"的美誉；他做企业管理，获得"中国科学管理之父"的称号……总之，无论做什么，他一定追求完美，把那件事情推向极致；无论做什么，他一定不辞辛苦，付出比别人更多的努力；无论做什么，他一定充满智慧，做出让人惊叹的成就。当初读《王云五全集》20卷，目睹王云五一生辉煌，我曾经赞叹：他是一位文化奇人、学界通人、事业巨人、政治达人和出版伟人！

但是，正是这样一位奇人，一生却没有接受过任何完整的正规教育；没有拿到过任何毕业证书或学位证书，只是在 82 岁的时候，他接受过韩国建国大学授予他的一个名誉法学博士学位；王云五的身份证教育程度一栏中只写着"识字"二字。有这样的学历背景，王云五的身世就显得更加神奇了。

人们经常会问：王云五究竟是如何达到这样的人生成就的呢？一般的解说，集中在他早年自学成才的经历，而我却觉得，王云五的可敬与可学之处，绝不仅在他早年失学而求学的经历，更在他一生都在"自学成才"，一生都在孜孜以求，求知若渴，一生都在一点点、一步步积累知识，从诵读原版《大英百科全书》，钻入图书馆中苦读到深夜的少年时代，到后来投身社会，博览群书，动辄记录数十万甚至上百万张读书卡片的学习历程，其实王云五终其一生，都没有停止自学的脚步。我们经常说，一个人的成功，一定来源于他的智慧与勤奋。对于王云五，还应该加上一句：持之以恒！

基于此，我想从学习经历、学习方法与学习收获三个方面，谈一谈王云五自学的一生。

一、家世

王云五，族派名鸿桢，又名之瑞，小名日祥，号云五，后以云五为名，又号岫庐，笔名则有出岫、龙倦飞、龙一江等。

王氏先世由河南省迁至福建，至宋代再自闽南迁居广州府东官（莞）县香山镇，宋高宗绍兴二十二年（1152），就东官县之香山镇益以邻近数县濒海之地区，建置为香山县。县治石岐，为王氏家族移粤一世祖税院公所居之地，至七世祖保善公始迁居东乡四字都之泮沙村。民国十四年（1925），孙中山先生逝世，香山县易名为中山县。

泮沙村之大族为许姓，保善公娶许族竹侣公之女，自此遂落籍泮沙村，世代务农，未有科第人物。

第二十世祖容香公，娶陈氏，生尊儒公。尊儒公娶杨氏，生四子，长子光文公，未及半百而逝，仅得一子，名曰观洪，观洪生一子，名曰康德。尊儒公之次子某，生一子，名曰观果。尊儒公之三子某，随亲戚往檀香山，舟覆失踪，或云所乘桅船避风驶入中途某岛，为土著蛮族所杀害。尊儒公之第四子光斌公，即先生之父亲，光斌公号礼堂，弱冠随长亲离乡赴上海，遂弃农务商。光斌公娶梁氏，亦香山县人，生四子五女，先生为光斌公之第四子，如以子女总合计算，则先生排行老七。

先生之长兄日华公，生于清光绪六年（1880），十八岁得补香山县学生员，十九岁（清光绪二十三年，1897）病逝。

先生之二哥日辉公，生于清光绪十年（1884），结婚，无子，清光绪三十三年（1907）卒，年二十四岁。

先生之三哥日清公，幼殇。

先生有三姐二妹，唯知二姐名文凤，适梁燊恒，三姐适赵、四妹名文杏，五妹名文梅，又名雪萼，适程，生女程素琴，后随其女婿赵世昌迁居加拿大。①

以上文字，是王云五的学生王寿南，根据王云五的《自撰年谱》

---

① 王寿南：《王云五先生年谱初稿》（第一册），台湾商务印书馆1987年版，第33页。

手稿整理而成。其中"先生",即为王云五。这篇短文文字简洁明了,叙事全面,不需要再多解说。

二、早年的读书生活

1888 年 7 月 9 日(清光绪十四年六月一日),王云五出生在上海租界,父亲经商,当时家境尚好。他 4 岁时,从上海返回香山故乡生活;5 岁时,大哥、二哥都在本村许族一位姓许的秀才那里读私塾。大哥聪颖勤学,15 岁时已经转入离家 7 里路外的一所经学馆"云衢书院"攻读,准备应童试。二哥仍然在许氏私塾读书。但是,此时王云五身体弱小,自幼多病,每天与药饵为伍。一位算命先生为他算命,说他活不过 14 岁。王家的第 3 个儿子王日清即夭折,如今第 4 个儿子又如此病弱,颇让父母担忧。在这样的情况下,王云五无法去私塾读书,性格也变得十分内向,羞于见人,独自外出会被孩童们欺辱。他天性的表现,大概只是在算术上有些天赋。后来母亲得到一个偏方,即以田鸡蒸饭,每日至少一餐。没想到 7 岁时,王云五的身体逐渐好了起来。

1895 年,王云五家人来到上海,全家团聚。王云五时年 8 岁,最初由大哥王日华在家中教他与两位姐姐识字,二哥去私塾。这一年中秋时分,王云五的父亲请来一位老师林炽勋,为王云五启蒙。王云五后来回忆:"广东的习俗称启蒙为'开文蒙',意即启发文盲。据说常择中秋日为之,殆寓有桂子飘香之意。其仪式颇为隆重,多系敦请一位启蒙师至家中单独举行。我的启蒙师亦香山县人,在父亲的一位朋友家中为专馆教师。师姓林，名炽勋，启蒙时教我《三字经》一页，并执我手描红，写'上大人'三字，仪式遂毕。本来启蒙后多径入启蒙师的私塾攻读，但那时一因我体弱多病，二则林老师的家距我家颇远，而最重要的理由，还是我家原有一位很好的老师，其学问比林老师或有过之。其人非他，正是我的大哥。"① 由此，拉开了王云五早年读书生活的序幕。

（一）1895 年，王云五经老师林炽勋启蒙之后，并没有去林老师的私塾读书，依然在家中学习。这一年，王云五的大哥王日华只有17 岁，他是一位典型的旧式读书人。当时王日华正在家中自修，准备科考，因此有时间教授王云五蒙学。王云五后来说，大哥的水平很高，甚至超过那些私塾的老师。大哥从《三字经》讲起，接着讲《千字文》。王云五进步极快，几个月之后，已经识字达到一千多了。如此随大哥学习，持续了近两年时间。值得提及的是，在讲到"四书"时，大哥没有按照《大学》、《中庸》、《论语》和《孟子》的顺序讲授，而是全部倒过来，从《孟子》讲起，因为大哥认为，《孟子》较《大学》、《中庸》均浅显易读。但是讲到"君之视臣为土芥，则臣视君如寇仇"一句时，时年只有 9 岁的王云五，联想到前一年孙中山发动革命，他的表兄陆皓东追随孙先生，不幸遇害；又想到前年中日战争，中国大败，皆因政府腐败无能等一些事情，忍不住对大哥说道："那个西太后把臣民当作土芥，臣民为什么不把她视同寇仇呢？陆表兄的举动只是要杀人民的寇仇，怎算得是造反呢？"闻此言，大哥大惊失色。后来对父亲说："四弟读书还不差，只是防他长大后要走错路。"此后不

① 王云五：《八十自述》（上），《王云五全集》（第 15 卷），九州出版社 2013 年版，第 5 页。

久，大哥返乡准备应科考，翌年不幸病逝。王云五随大哥的学习生活，也就此终结。①

（二）1896年秋季，大哥王日华返乡后，王云五依然在上海转随萧老师读私塾。王云五在这里读了近5年书，直到1900年随母亲返回家乡为止。萧老师教学方法与大哥王日华大不相同，他讲求背诵、作对联、写楷书、临帖，颇让王云五反感。但王云五长于强记，能将《大学》、《中庸》一字不差地背诵出来，因此受到奖励。后来社会上传言，说康有为提倡维新，朝廷也有废弃八股文取士，改考策论的试验。于是萧老师让学生读《东莱博议》，对此王云五很感兴趣。一年中10余名学生的策论，有10篇能够得到"贴堂"（即好文章）的奖励，其中王云五的文章会占到三四篇之多。1899年，也就是王云五在此读书的第3年，萧老师加讲中国历史，课本为《纲鉴易知录》。因为该书只写到明朝灭亡为止，王云五感到不解渴，请萧老师接着讲清史。萧老师说："一代史书，须待后一朝代编著。本朝万岁万万岁，距修史之时尚远，不宜妄加讨论，否则便陷于革命党人的圈套。"闻此言，王云五深感不满。他独自找到一处青年会，其中藏有美华书馆刊行的《万国公报》，还有其他藏书。青年会的干事吴朗轩对王云五很客气，没有因为他年龄小（12岁），不允许他来读书，而是热情接待了他。这也是王云五第一次进入图书馆。后来他又去一家出版翻译书的广智书局，购得《日本明治维新史》。此时，别的同学都热衷于读小说，王云五的兴趣却在"学问之书"上，从此也开始了他的一面上正课、一面自学的旅程。②

---

① 王寿南：《王云五先生年谱初稿》（第一册），台湾商务印书馆1987年版，第14页。
② 王寿南：《王云五先生年谱初稿》（第一册），台湾商务印书馆1987年版，第26页。

（三）1900 年，王云五随母亲回乡，没有再入私塾，而是跟着一位堂伯父学一点心算，继而学习珠算。王云五说："由此一生养成计算的习惯，无论做任何事情，须要计算其利害得失，究竟利与害孰多，借为判断的标准。"①

（四）1901 年，王云五随母亲回到上海，转随一位李老师读私塾。由于王云五擅长作议论文，很得李老师喜欢。李老师的弟弟也很喜欢王云五，字"云五"就是他给起的，取意于"日下现五色祥云"。在这段时间里，王云五参加了他们所居住的街坊间一次征联比赛，上联为"菊放最易邀友赏"，王云五对上"苏来奚后慰民思"，此句取自《孟子》中"后来其苏"与"奚为我后"。李先生看后几乎跳起来，连说："好极！好极！难得你有这样心思与气魄，我的眼果真不错；只要评阅的人真有眼光，保你高列三名以内。"最终他一个 14 岁的少年，竟然在数百名应征者中脱颖而出，名列冠军。②

1902 年，王云五 15 岁了。正当他跟随李先生读书才学显露的时候，父亲强迫他终止了学业，去一家五金店中当学徒。究其原因，主要在当初王云五的大哥王日华的事情，王日华在 18 岁时考取生员，仅仅两三个月之后，即患病身亡。王云五写道："于是家人咸归咎于我家风水不好，因为十几世代向未出过一名秀才；此次破天荒由大哥以未冠之年，得此意外之荣，因之，父母亦渐安于天命。可是我的一生命运便因而受到深切无比的影响。"③

---

① 王寿南：《王云五先生年谱初稿》（第一册），台湾商务印书馆 1987 年版，第 30 页。
② 王寿南：《王云五先生年谱初稿》（第一册），台湾商务印书馆 1987 年版，第 35 页。
③ 王寿南：《王云五先生年谱初稿》（第一册），台湾商务印书馆 1987 年版，第 37 页。

三、半工半读

回顾上面一段早期教育的经历，虽然有些波折和零碎，但王云五后来回忆起来，还是感到非常幸福的。如果家中不出现大哥、二哥先后早逝的变故，如果算命先生不做出"王家不宜出读书人的判断"，也许王云五就会在完成这一段基础教育之后，步入正规学校，一直走上另一条人生道路。不过人生哪有"如果"二字呢？有了这样的家庭生活背景，王云五未来的求学之路自然充满了艰辛。

（一）1902 年初春，王云五白天学徒，因为有珠算基础，人也聪明，进步很快，只要一有时间，就捧着一本书在看。他晚上去一家夜校学习。那家夜校只有一位吴先生兼校长与教师，吴先生白天在一个英国律师事务所工作，晚上开办学校。所谓学校，只有一间大教室，200 来名学生都在这里上课，年龄从 13 岁到 50 岁都有，学生成分复杂。有一次王云五放学后，还在不知情的情况下，被同学带到一所妓院之中。老师讲课也不分班，先从低年级讲起，讲完后低年级学生退出，高年级的学生继续听讲，因此课堂里总是乱哄哄的。在这样的环境中，王云五依然不受干扰，认真学习，他经常赶早到校，坐在前排，从低年级的课程一直听到高年级，因而进步很快。到了秋季，王云五因为二姐的婚事返乡，结束了这一段半工半读的学习生活。①

（二）1903 年春，王云五回到上海，进入上海虹桥的守真馆读英文。在这里王云五进步飞快，他入学时编入 6 级，没到 8 个月就达

---

① 王寿南：《王云五先生年谱初稿》（第一册），台湾商务印书馆 1987 年版，第 41 页。

到 2 级水平了。正当此时，王云五的父亲再次终止了他的学业，让他辍学回家，做父亲的助理。对此王云五很难过，又不愿意惹父亲不高兴，只好辍学回家工作。但是他对父亲说，自己对学习很有兴趣，却不太适合商业，希望父亲找到合适的助理后，能让他再去学习。这一回，父亲答应了他的请求。①

（三）1904 年暑期，王云五进入上海同文馆读英文。同文馆的老师布茂林（Charles Budd）是英国人，王云五入学时进入英文 2 级班，3 个月后，布茂林就让他升入 1 级班了，并且不久，又让他担任教生（Monitor）。教生的任务是每星期用 6 天上午的时间，帮助布茂林给 3 级以下的学生讲课。同时，王云五还可以听 1 级班的课程，随时向老师请教问题，每月领取 24 元津贴，阅读布茂林的私人藏书。尤其是最后一项，王云五最感兴趣。他说，这是他一生"图书馆生活的开端"。② 但是，王云五在同文馆半工半读的时间并不长。

（四）1905 年 10 月，王云五辞去同文馆的职务，到益智书室去做教师。该书室的老师梁先生毕业于香港皇仁书院，英文极好，追随他的学生不下百人。此时英国驻上海领事馆聘请梁先生去做秘书，梁先生不愿意放弃多年建立的学校基础，经过明察暗访，听到布茂林同文馆的师生赞誉王云五；但此时王云五只有 18 岁，梁先生不放心，又亲自面试，才下决心请王云五来做教师，月薪不低于 200 元，如果教学成果优异，学生增加，超额所得与王云五对半分成。结果王云五教学很成功，每月薪金所得，都不少于 300 元。但是每天面对上百名

---

① 王寿南：《王云五先生年谱初稿》（第一册），台湾商务印书馆 1987 年版，第 44 页。

② 王寿南：《王云五先生年谱初稿》（第一册），台湾商务印书馆 1987 年版，第 47 页。

学生，王云五疲于工作，没有了自修的时间。[1]

（五）1906 年 10 月，王云五离开益智书室，来到中国新公学担任英文教师，每周教课 18 小时，月薪 250 元，讲授文法与修辞，学生中有朱经农、胡适。在这里，王云五有了进修的时间，他一边工作一边学习，并且准备有机会出国深造。没想到，1907 年王云五的二哥王日辉 25 岁不幸病逝，王云五成了王家的独苗。这使他实在不忍心离开父母，只好放弃留学的念头，继续努力工作，准备结婚，满足父母的期望。同时，他也只有坚定地选择自学的道路。

1908 年，王云五购得一套原版《大英百科全书》，共 35 巨册，他用 3 年时间认真读完。他还报名选修美国万国函授学校土木工程科，用时两年，修完数理机械各种基本课程，后因无法毕业实践，只好放弃。1910 年，王云五与徐净圃女士结婚。同时，又研读美国拉沙尔函授大学（La Salle Correspondence University）法律科。在这段时间里，王云五一直在中国公学及留美预备学堂任教。[2]

（六）1911 年 11 月，在旅沪香山同乡欢宴孙中山先生的活动中，王云五被推荐为主席，代表致欢迎词。席中，王云五与孙中山邻座，交谈之中，孙中山当场邀请王云五担任临时大总统府秘书。翌年 1 月，王云五离开上海，来到南京就任临时大总统府秘书；不久又在蔡元培邀请下，到教育部兼职。3 月，随教育部到北京工作。9 月，受聘为国民大学法科英文教授，首次做了大学老师。此时，他仍然在读美国拉沙尔函授大学法律科，直到 1913 年结业。[3]

---

① 王寿南：《王云五先生年谱初稿》（第一册），台湾商务印书馆 1987 年版，第 53 页。
② 王寿南：《王云五先生年谱初稿》（第一册），台湾商务印书馆 1987 年版，第 57 页。
③ 王寿南：《王云五先生年谱初稿》（第一册），台湾商务印书馆 1987 年版，第 70 页。

四、自学习惯的养成

从以上叙述中，我们可以看到，王云五半工半读的生活经历时间很长。从 1905 年起，一直到 1913 年，他结束美国拉沙尔函授大学法律科学业为止。更重要的是，这样一段自学的人生经历，促使王云五养成了一套独特的生活方式。他始终坚持认真读书，丰富自己的知识，被胡适称赞为"有脚的百科全书"，事业上成就巨大。那么，王云五究竟养成了哪些阅读习惯呢？

（一）爱书。王云五一生与书为伴，"真是每日除了吃饭睡觉和工作以外，没有一时一刻肯离开它"。对此，我们可以从 1921 年 7 月 23 日胡适在上海拜访王云五归来所写的日记中得到印证："他是一个完全自修成功的人才，读书最多、最博。家中藏西文书一万两千本，中文书也不少。他的道德也极高，曾有一次他可得一百万元的巨款，并且可以无人知道。但他不要这种钱，他完全交给政府，只收了政府给他的百分之五的酬奖，此人的学问道德在今日可谓无双之选。他今年止三十四岁，每日他必要读平均一百页的外国书。"[①] 1969 年，也就是王云五 82 岁的时候，他去韩国领取荣誉博士学位归来，"中央日报"记者采访他，他自豪地说："我可以不客气地说，没有人读的书比我多。"[②]

（二）博学。前面提到，1908 年，王云五因为二哥早逝，他只好

---

① 胡适：《胡适日记全编》（第 3 册），安徽教育出版社 2001 年版，第 395 页。

② 王云五：《最后十年自述》（上），《王云五全集》（第 7 卷），九州出版社 2013 年版，第 262 页。

放弃留学的念头，决心走自学的道路。于是，他从商务印书馆西书部分期付款购得原版《大英百科全书》35巨册。他后来回忆："由于该书内容无所不包，我平素爱书成癖，几有过屠门而大嚼之势。……自该书购到之日起，接连约三年内，几乎每日都把该书翻读二三小时，除按各条顺序阅读大概外，通常系从索引方面，将某一题材与其相关题材，作较有系统的阅读。结果，除了许多人名、地名等无关重要者略而不读外，所有重要条文，皆曾涉猎。这样的读书，博而不专，原是很愚钝的。在那时，有些知好和学生获悉此事，颇加赞许，认为难能可贵。我听了也不以为忤。可是现在回想一下，不仅把这二三年自己读书时日的重要部分占据了，而且由于博而不专的习惯养成，使我以后约莫二十年间常常变更读书门类的兴趣，结果成了一个四不像的学者；否则以我对于读书的兴趣，自问理解与记忆都还不差，虽无机会进大学之门，至少也可借自修而专攻一科，或可勉厕于专家之列呢？"①

以上王云五是在强调，由于自己没有老师指导，读书不得要领，苦读《大英百科全书》，耗费时间，耗费精力，养成了博而不专的阅读习惯，最终没能成为专攻一科的学术专家。但反过来看，正是由于早年苦读《大英百科全书》的经历，在掌握大量知识的同时，还总结出许多博学的方法，让他一生受用无穷。

（三）跨专业。王云五的自学经历，还使他具备了超强的自学能力，尤其是跨学科学习与研究的能力。他说：自己"无专业束缚，经过历年自修的磨练，我的理解力颇强，对于任何一项新科目，在入门

---

① 王云五：《八十自述》（上），《王云五全集》（第15卷），九州出版社2013年版，第50—51页。

之际，都不感什么困难"①。

参加工作之后，王云五的这种跨专业能力，得到更加充分的发挥。或者说，王云五以无专业的状态入世，结果他将自己感兴趣的业务，很快地变成了自己的专业。这样的人物，我们可以称其为"通才"，他的专业特点、知识结构、学习能力、贯通能力、创新能力等等，都非常适合从事出版工作。王云五是这样一类人物中的翘楚。他编了那么多重头书，并且每操作一个项目的时候，他都通过再学习，把自己变为那个领域的专家。另外，王云五除去在出版业内叱咤风云、自由跨界之外，他还会跨出出版界，进入到许多领域做事，无论在政界，在学术界，在商业界，在教育界，以及在各种社会活动中，他每到一处，都会很快融入其中，并且很快做出卓著的成就。

（四）图书馆。王云五在半工半读或自学的过程中，图书馆对他起到了非常重要的作用。他 12 岁时，就开始钻青年会的图书馆，读《万国公报》。17 岁时，他在同文馆学习，兼任教生，获准进入布茂林的私人图书馆，每天读书到午夜。由此，王云五养成了对图书馆的热爱与依恋。② 比如，王云五出任商务印书馆总经理之初，先到海外考察。他于 1930 年 5 月 2 日至 13 日，曾在美国国立图书馆读书 11 天，每天读到晚上 10 点闭馆，涉猎科学管理类图书 900 余种，做笔记数十万言。③ 在此过程中，他当初阅读《大英百科全书》练就的"童子功"发挥了巨大的作用。从分类到检索，从查找书目到阅读内容，再记下

---

① 王云五：《八十自述》（上），《王云五全集》（第 15 卷），九州出版社 2013 年版，第 50—51 页。

② 王寿南：《王云五先生年谱初稿》（第一册），台湾商务印书馆 1987 年版，第 50 页。

③ 王云五：《纪旧游》，《王云五全集》（第 20 卷），九州出版社 2013 年版，第 290 页。

数十万言的笔记，其工作效率之高，对于没有阅读训练的人，是根本无法企及的。

（五）人生态度。王云五从幼年体弱多病到后来家运不济，使他早年无法得到正规教育。但是这样的境遇，不但促使他摸索出一条有效的自学路径，还为他培养出一种不屈服的人生精神。每当遇到困难的时候，他总能够乐观对待，不懂就学，错了就改，积极应对，愈战愈勇。用他自己的话说，他一生中总能够战胜困难的法宝，正是在自学中悟到的两句话，一是"听之于天"，再一是"求其在我"。[1] 有了这两种观念，任何逆境都不足以陷他于消极，往往会在坚持的过程中，迎来峰回路转，别入新径。直到王云五83岁时，记者问他做人的信条是什么？他说："少年不自馁，中年不自骄，便是通往成功不可或缺的认识。"王云五还曾经自书一副对联："为学毋萌老态，做人须具童心。"[2]

五、自学方法的建立

由于王云五自学成才，因此他的学习经验与方法，不但有无师自通的特点，而且还有许多非学院派的基本特征。也就是说，王云五的许多学习理论，更适合于求学者在自学的状态下加以遵循与实践。当

---

[1] 王云五：《八十自述》（上），《王云五全集》（第15卷），九州出版社2013年版，第2页。

[2] 王云五：《最后十年自述》（上），《王云五全集》（第17卷），九州出版社2013年版，第349页。

然，有正规学校可读的人，能够了解和掌握王云五的学习方法，也是很有益处的。在这方面，王云五写过许多文章和专著，其中精论之处极多，我们择其要，列出其条目及索引：

（一）阅读的几个基本问题。王云五曾经撰文《漫谈读书》，其中谈到读书的几个基本问题：1.为什么读书？ 2.读什么书？ 3.怎样读书？ 4.何时读书？ 5.怎样读而不厌？在这些问题中，最具"自学特色"的问题，就是后面两个了。比如"何时读书"的问题，王云五写道："在百忙中或忧患中，几乎无日不腾出些时间来读书，数十年如一日，我因此深深体会，一个人只要志愿读书，断没有腾不出时间的……"接着王云五给出挤时间读书的方法，他甚至提出，学校应该取消寒暑假期的设置，或者在假期中，为学生提供自修的培训云云。①

（二）阅读的两要素。王云五说，读书时，无论精读还是略读，都要掌握两个要素。其一是检查字典词典，其二是编制卡片。王云五于自学中摸索总结出许多有用的方法。比如查字典，他后来反复琢磨，竟然创造出"四角号码检字法"来。还有记卡片，王云五认为是最重要、最好的读书方法。他曾经写道："英国学者斯宾塞尔氏生平读书治学的方法，极善利用卡片。及其去世，遗下十数万张的卡片皆为心血之所集中，而按科学的方法为之编次，随时一检即得无量数的资料。这方法比之我国旧日习惯把读过书籍的重要部分各加密圈，或另行抄录者，其省时便捷实远胜之。"②

（三）阅读的14种方法。王云五总结一生自学经验，将读书分为

① 王云五：《论学》，《王云五全集》（第10卷），九州出版社2013年版，第175页。
② 王云五：《论学》，《王云五全集》（第10卷），九州出版社2013年版，第178页。

4 种状态：闲读、精读、略读或速读，以及摘读。王云五指出，在这
4 种阅读状态中，除去闲读不需要依赖学习方法之外，其余 3 种状态，
都需要讲求学习方法的善用。王云五将相关的学习方法归纳为 14 项：
立志、奠基、选题、循序、明体、提纲、析疑、比较、专志、旁参、
耐苦、持恒、钩元，以及备忘。其中许多内容，对阅读者搜索读书门
径，非常实用。比如第 6 项"提纲"，王云五提出，读书之初，要重
点读《四库全书总目提要》一类书，尤其要重视前人写下的提要、序
跋一类文字。比如他早年购得一部抄本，内容包括 3000 多部书的序
跋，共计 3900 多篇，他一直视为珍宝。对此王云五还写道："序跋文
字之可贵，不仅在我国为然，即在欧美亦无不重视。美国哈佛大学前
校长伊理爱查尔博士于其主编之哈佛古典丛书五十巨册中，以序跋名
作占其一册。"①

（四）函授。王云五早年求学，深得函授学习的教益，后来他曾
经专门著文《谈函授》，讲述函授产生的历史，称其诞生于 1856 年，
一个法国人与一个德国人在柏林首创现代语函授学校，此后不断沿
革，遍布世界。王云五通过亲身体验，总结出函授教育的三个优点：
其一，函授往往是为有志于自修的人提供有效的帮助。所以它的学
生，比在校生具有更大的刻苦精神。其二，函授学习需要学生主动性
的研究，不同于在校学习的灌注方式。其三，函授学习师生之间采取
一问一答式的教学模式，优于在校生的集体讲授。②

（五）识字与检字。在这方面，王云五撰文很多，见解很丰富，
相关成就也很多。他在《识字问题》和《怎样识字》等文章中，谈到

---

① 王云五：《论学》，《王云五全集》（第 10 卷），九州出版社 2013 年版，第 182 页。
② 王云五：《论学》，《王云五全集》（第 10 卷），九州出版社 2013 年版，第 200 页。

识字的三要素，一是读音正确，二是释义正确，三是了解字与字联合成词所产生的特殊意义。对于自修者，如何解决这些问题呢？这就进入到一个检字的问题。王云五在《怎样检字》一文中，谈到对旧时检字法的改造，或曰发明新的检字法的问题。王云五由此引发，创造了著名的"四角号码检字法"。①

（六）科学方法。王云五曾著《科学方法与学习》一文，他将科学方法引入学习之中，其中基本概念为观察、试验、分析、综合、想象、推理、假设、比较等等。运用这些概念，王云五将一个问题分解成 7 个分问题：1.做什么？ 2.怎样做？ 3.用什么做？ 4.用何人做？ 5.需费多少？ 6.怎样做得快？ 7.怎样做得好？再将这样一些概念与方法运用到学习之中，又会将你的学习分解成 4 个步骤：1.选材；2.读书；3.参考；4.作文，云云。②

（七）读旧书。王云五在《旧学新探》一文中说，他研究旧学"是自个儿的在黑暗中摸索，走了不少的冤枉路途，毕竟因为失败过多，也就得了一点经验；同时因为没有按照过人向来所走的大路，没有拘于成见，所以自然而然的会酌采外国的方法而变通之，结果虽不敢自认识途的老马，至少也因为迷途过多，而偶尔发见一些捷径"。在这里，王云五给出了研究旧学的 6 个新方法：1.高处俯瞰；2.细处着眼；3.淘沙见金；4.贯珠成串；5.研究真相；6.开辟新路。③

（八）学无止境。王云五还曾撰文《学业与职业》，论述大学毕业后，人们产生的 5 种感想：1.自足；2.学无止境，继续进修；3.趾高

---

① 王云五：《论学》，《王云五全集》（第 10 卷），九州出版社 2013 年版，第 208 页。
② 王云五：《论学》，《王云五全集》（第 10 卷），九州出版社 2013 年版，第 230 页。
③ 王云五：《论学》，《王云五全集》（第 10 卷），九州出版社 2013 年版，第 245 页。

气昂；4.茫然；5.留学深造。王云五指出："实则任何人不能不担任一种职业，而为着职业之需求，纵然不纯粹为学问而学问，学业仍须随时配合，以免陷于不进则退之弊。我国有一句古老话：做到老，学到老。确是一针见血的名言。"①

（九）读书与研究。王云五在《读书与求学》一文中，首先将学生分为不读书、假读书与真读书三类。前两者不用说了，对于第三者真读书的人，王云五根据培根的分析，又将其分为蚂蚁类、蜘蛛类和蜜蜂类三种，蚂蚁会外出采集，蜘蛛会结网等待，而其中的最高境界是蜜蜂，它既能外出采集，又会内在加工。所以说，求学的目的不仅在于认真读书，还要学会自发的思考，即求知与研究并重。②

（十）索引。王云五曾撰文《读书为什么要注意索引》，他给出索引的三种效用：一是读完一本书之后，把书末的索引翻阅一下，有助于拾遗补缺，融会贯通。二是在全书读完后，一旦需要查找资料，不必重读此书，只需先查目录，再看索引，即可找到所需资料。三是有些书只需要摘取一部分阅读，那就先按照目录找到关键词，再按照索引中找到这个关键词所在的页码，逐一翻读就可以了。③

对王云五而言，自学不仅是一个经历，也不仅是一种方法，更是一种精神的塑造。在他漫长的人生经历中，他做出过许多让人震撼的事情。如果我们对这些事情做一点深层分析，就会发现，王云五一生坚持的自学精神，经常发挥着重要作用，有时甚至是决定性的作用。

---

① 王云五：《论学》，《王云五全集》（第10卷），九州出版社2013年版，第256页。
② 王云五：《论学》，《王云五全集》（第10卷），九州出版社2013年版，第262页。
③ 王云五：《论学》，《王云五全集》（第10卷），九州出版社2013年版，第267页。

第二章

出版简历

　　在王云五一生中，如果把他做过的许多职业比较一下，人们一定会说，他最成功的事情，应该是出版了。他从业时间最长的职业，是出版行业，累积起来有 40 多年；他在世界上最具影响的身份，也是出版家，因为在 20世纪 30 年代商务印书馆名列世界三大出版社之一的时候，他正是在任的总经理。所以，了解王云五丰富的人生经历，其核心正是在他的出版经历之上。

　　本章每一段经历都只写头尾，原因有二：一是本章题目即为"出版简历"。所谓"简历"，当然就是"从哪年进入，到哪年离开"了。二是在每一个时期里，王云五的出版工作都有着丰富的内容，比如文化理想、选题思想、经营理念、人际交往等等；为了叙述清楚，将这些内容开列出来，另作单章专门论述。本章只是重点交代一下，王云五一生出版生涯的一个时间表以及进入或离开每一段出版经历的因果关系，为了解王云五的出版生涯，起到提纲挈领的作用。

一、公民书局

王云五最早接触出版工作是在 1920 年。此时，他 33 岁，赋闲在上海家中已经有三年了。1917 年 6 月他辞去禁烟特派员公职，此后一直没有出来工作，只是在家中从事读书、研究与写作。1920 年春夏之交，王云五在中国公学时的一个学生赵汉卿与他的友人合办了一家书局，名为公民书局，以出版新编译图书为主旨。他们听说王云五在闭门读书，并且在翻译一些著作，就找上门来，请他出山主编一套"公民丛书"。

确实，王云五在闭门读书时，读到罗素（Bertrand Russell）的著作《社会改造原理》（*Principles of Social Reconstruction*），觉得很好，就把它翻译出来，20 多万字。王云五说，当时并未想到出版的事情，只是为了消遣，并且以此加深研究的印象，自己觉得译书一遍，胜过通读四五遍。恰逢此时，公民书局赵汉卿来谈，王云五接受了出任"公民丛书"主编的聘请。他在后来写道："我既未加入股本，亦不领取薪水，只是编译书稿计酬。首次以我所译的《社会改造原理》为该丛书之第一种。出版后销路颇广，不满一年，迭经四版。此外译本，大多数由我选定原书，托人汉译，或付版税，或按字计酬。记得经我校阅之书稿，另按稿酬之若干成分以酬我。因此，我大都在家中工作，偶然到书局一次。该丛书经我主持一年左右，先后出版二十余种，平均每月出版二种，至该书局另出他书，则由赵君自行主持，与我无关，业务经营，我亦未闻。"① 后来这些书几乎都荡然无存，书目也找不到了。直到 45 年后，有人将一册《社会改造原理》回赠给王云五，其上题词道："箧中存此书三十余年兹割爱归赠岫庐先生后学罗刚谨记五十四年九月三十日"。其中有《编辑岫庐公民丛书（旨趣）代序》，此文写于 1920 年 8 月，其中有两段写道：

> 抑余所谓公民，非第如世所称享有公权之公民，乃适于公共生活之人民也。盖前者徒为法定的，得依国情而任意承认或否认；此不足为人民知识程度之表示，即或能之，亦只就一国范围比较耳。假令有极端民主之国，无男女老幼贫富智愚一律赋与公权；而国民知识程度远逊他国，其能卓立于今之世乎？后者为理想的，即人类公共生活上，所负之义务，所有之关系，所遇之需要；而定其所具之知识程度；必达此程度者，乃得谓之公民焉。

> 夫采取新知识之难于得当也如彼，公民知识之不可或缺也又如此；吾用是踌躇数载，今乃不惮一为尝试。爰集同道数人相助，着手于公民丛书之编辑。都凡七类：一，国际；二，社会，三，政治；四，哲学；五，科学；六，经济；七，教育。虽本于公民之必要知识，图为有系统的贡献；而短绠汲深，殊虞不逮。倘海内通人，认鄙见为有当，益广其组织而大有造于社会焉；则余

---

① 王云五：《八十自述》（上），《王云五全集》（第 15 卷），九州出版社 2013 年版，第 84 页。

之丛书，又奚足道。①

其实，除了主编"公民丛书"之外，王云五还为公民书局做过一些事情。例如：其一，1920 年，在与公民书局合作的那段时间里，他还曾经在该书局出版过一本《物理与政治》。其二，1921 年 5 月 24 日，胡适日记中曾经记载："上午，上海公民书局（王云五先生们办的）的代表寿□□君来访。略谈。我劝他们注重编辑关于事实的公民书。"② 其三，1921 年 8 月，王云五曾经主办《公民杂志》，请胡适写文章。胡适在 8 月 27 日的日记中写道："云五们办了一个《公民杂志》，要我作文，我把《日记》中的《记费密的学说》一篇检出给他们。今天抄好，我取来略加改动，加上了一个'头'，便成了一篇文字了。"③

注意，在本节开头，我用的是王云五"接触出版"，而不是王云五"兴办出版"，或者说王云五"加入出版社"。因为王云五后来反复强调，他与公民书局的关系，既不是创办人也不是股东，只是作者。如果按照王云五的说法，我们甚至不应该将王云五的这一段经历列入本章"出版简历"之中；更应该将其列入"写作"或者"学术"的章节里。但是，我还是把这一段内容放在这里，主要出于两点考虑。

（一）就在 1921 年 9 月 16 日（中秋节），在胡适的推荐下，王云五进入商务印书馆编译所，开始跟随高梦旦了解情况。11 月 13 日，王云五写出了水平极高的《改进编译所意见书》，坚定了张元济、高

---

① 王云五：《序跋集》，《王云五全集》（第 19 卷），九州出版社 2013 年版，第 6 页。
② 胡适：《胡适日记全编》(3)，安徽教育出版社 2001 年版，第 275 页。
③ 胡适：《胡适日记全编》(3)，安徽教育出版社 2001 年版，第 448 页。

梦旦等董事会成员任用王云五做编译所所长的决心。1922年初，王云五正式出任商务印书馆编译所所长。王云五有这样的才华凸显，应该出于两个原因：一是他的天赋与勤奋，这一点优势，在他一生的经历中随处可见到；二是他曾经接触公民书局的那一段主编工作，使他对出版社的基本性质与流程有了一定的了解。所以说，在这一层意义上，我们把王云五在公民书局的那段经历作为他投身出版行业的一段"前期实习"。

（二）后来由于时代变迁的种种原因，人们对于王云五议论颇多，关于公民书局的事情也是热点之一。有商务印书馆的旧人说，当时商务印书馆以4万元（又说10万元）的高价接盘了王云五的公民书局，将其一部分付给王云五现金，一部分以股份作价，作为王云五进入商务印书馆的最初股本，这件事情只有少数人知道。① 还有人说，王云五一直在用薪金购买商务印书馆的股票，他不是想发财，而是想谋得一个董事席位云云。② 如此"听说""就是想做什么"一类的推断记载，在史学上有什么意义呢？以此给一个人作评价，就更显得不尊重他人，不尊重事实，甚至有些心理作祟。王云五一直明确地说，公民书局与他没有关系，或者说，那只是出版社与作者的关系。当时的高层人物如张元济、高梦旦等，也没有说过此类事情。

---

① 章锡琛：《漫谈商务印书馆》，《中华文史资料文库》（第16卷），中国文史出版社1996年版，第498页。

② 卢天白：《我在商务印书馆四年见闻》，《中华文史资料文库》（第16卷），中国文史出版社1996年版，第522页。

二、进入编译所

说起来，王云五进入商务印书馆编译所还有些偶然，起因当然是胡适了。正如王云五在回忆录中所言："当我正为小规模的公民书局主编公民丛书的时候，突然有人推荐我为全国最大出版家商务印书馆的编译所所长。给我举荐的人是我十几年前在中国新公学教英文时的一位卓越学生胡适之。"①

事情发生在 1921 年，当时的商务印书馆编译所所长高梦旦，一直与北京大学任教的胡适联系，希望他能来参加商务印书馆的工作；后来没能成功，他又让胡适推荐一个合适的人代替他。于是才引出王云五：其一是他们此前的师生关系——王云五是老师，胡适是学生；其二是王云五恰好离开公职，赋闲在家已有两年多了；其三是胡适早就知道王云五天赋极高，自学群书，无师自通；其四是当时王云五正在帮助公民书局做事，此时他对于编辑工作并不生疏；其五是胡适在上海考察编译所期间，很快就来到王云五家中做客，此后二人经常接触，耳濡目染，进一步加深了对王云五的了解，也提升了以往对王云五的良好印象。不过，关于这个经过，后来的闲言碎语最多，其中大多是凭空的臆想。诸如，胡适假公济私、举荐亲信，为自己后来控制商务印书馆做准备云云。在这里，我想将当时的一些史料再现出来，用以为各种说法、推测与发挥做一个参照的注脚。

（一）胡适日记。胡适太厉害，那么忙，日记却记得极好，丰

---

① 王云五：《八十自述》（上），《王云五全集》（第 15 卷），九州出版社 2013 年版，第 86 页。

富、连贯且可读。1921 年 7 月 15 日—9 月 7 日，胡适应商务印书馆张元济、高梦旦等人之邀，来到上海，与商务印书馆及编译所的许多人有过大量的接触。在此前和这段时间里，胡适的日记，有着比较详细的记载。我们选择与本章主旨相关的一些日记内容节录于下。

4 月 27 日："高梦旦先生来谈。他这一次来京，屡次来谈，力劝我辞去北京大学的事，到商务印书馆去办编辑部。他是那边的编辑主任，因为近来时势所趋，他觉得不能胜任，故要我去帮他的忙（他说的是要我代他的位置，但那话大概是客气的话）。他说：'我们那边缺少一个眼睛，我们盼望你来做我们的眼睛。'此事的重要，我是承认的：得着一个商务印书馆，比得着什么学校更重要。但我是三十岁的人，我还有我自己的事业要做；我自己至少应该再做十年、二十年的自己的事业，况且我自己相信不是一个没有可以贡献的能力的人。因此，我几次婉转辞谢了他。他后来提出一个调停的办法：他请我今年夏天到上海去玩三个月，做他们的客人，替他们看看他们的办事情形，和他们的人物谈谈。这件事，我已答应了。但他又极力劝我把家眷一齐带去，——这大概是他的一种骗计！我婉辞谢他，只答应我一个人去玩三个月。今天他来辞行，也是为此事；他重劝我带家眷去，我没有答应他。"

6 月 23 日："我前写信给商务印书馆，问他们究竟要我做什么事。今日梦旦先生来信，仍是不明白的答复。他说：'此间关于编译事全赖先生主持。一切情形，非笔墨所能尽，可俟到沪面详。惟有一节不能不预订，则移眷是也。'"

7 月 15 日："十时十五分，火车开行。我这一年中，只离开北京一次，此次为比较长期的旅行了。"

7月16日："十点，车到上海。张菊生、高梦旦、李拔可、庄伯俞、王仙华诸先生与颜任光都在车站相候。"

7月18日："十点半到商务印书馆编译所。我问梦旦，他们究竟想我来做什么。他问我能住几时，我说，北大开学时我即须回去，此已无可疑。至于半年以后的事，那是另一问题，大概我不能离开北大。他说，他们昨天看我的情形，已知道不能留我。但此时他们很望我能看看编译所的情形，替他们做一个改良的计划书。我说，我也是这样想。议遂定。……梦旦问我，若我不能来，谁能任此。我一时想不出人来。他问刘伯明如何，我说决不可。"

7月20日："今天的《商报》有张丹斧和我开玩笑的一篇文章《胡老板登台记》（丽天）：'北京大学赫赫有名的哲学教员、新文学的泰斗胡适之，应商务印书馆高所长的特聘来沪主撰，言明每月薪金五千元（比大总统舒服）。……'"

7月23日："十一时，访王云五先生（之瑞），谈了四个钟头，他曾教我英文。他是一个完全自修成功的人才，读书最多，最博。家中藏西文书一万二千本，中文书也不少。他的道德也极高，曾有一次他可得一百万元的巨款，并且可以无人知道。但他不要这种钱，他完全交给政府，只收了政府给他的百分之五的酬奖，此人的学问道德在今日可谓无双之选。他今年止三十四岁，每日他必要读平均一百页的外国书。"

7月24日："今日是星期，来客甚多。有嗣稻弟（四叔介如公之幼子）、云五先生、寅初、演生、Sokolsky（索克思）、宋春舫、张云雷、梦旦先生与江伯训先生等。云五先生读书极博，他自己说他的好奇心竟是没有底的，但甚苦没有系统。我昨天劝他提出一个中心问题来做专门的研究（最好是历史的研究），自然会有一个系统出来。有一个研究问题做中心，则一切学问，一切材料都有所附丽。他昨天把我这话想了半天，今天来说，他极赞成我的主意。他已决定做一部中学用的大《西洋历史》。他的办法是：（1）以'平和的英雄'代平常历史上的'战争的英雄'；以文化的进步代国家朝代的兴亡。（2）用威尔逊《美国史》的办法，本文极少而附注极多；本文皆是提纲挈领的要旨，供一般学生的教科书，用大字印；附注或为传记，或引原料，或为详论，供教员的参考，及高才学生的研究，用小字印。我极赞成这个办法，并劝他即日动手。他说一月之内可拟一个纲目给我看，一年为成书之期。我非常高兴，因为我可以断定这部书一定会好的。"

8月13日："张菊生来谈。梦旦与我同车出所，车中他复劝我明年来商务办编译所。这个编译所确是很要紧的一个教育机关——一种教育大势力。我现在所以迟疑，只因为我是三十岁的人，不应该放弃自己的事，去办那完全为人的事。"

8月19日："到一品香吃饭，主人为王仙华先生，客为王云五与我。余为商务重要职员。我曾荐云五自代，仙华又荐云五入总务处为机要科长，故此会为一种'丈母看女婿'之会，但丈母之数稍多罢了！"（注：王仙华为商务印书馆经理兼发行所所长。）

9月1日："云五来谈。我荐他到商务以自代，商务昨日已由菊生与仙华去请他，条件都已提出，云五允于中秋前回话。此事使我甚满意，云五的学问道德都比我好，他的办事能力更是我全没有的。我举他代我，很可以对商务诸君的好意了。"

9月3日："商务送我一千元，我不愿受，力劝梦旦收回，我只消五百元便可供这一个半月的费用了。我并不想做短工的钱。我不过一时高兴来看看，使我知道商务的内容，增长一点见识，那就是我的报酬了。我这一次并不把自己当做商务雇佣的人看待，故可以来去自由。我若居心拿钱，便应该守他们的规矩了。"

9月6日："作报告。云五来谈，我们同去吃饭。我把报告中已成之部分给他看。他看了都很赞成。云五已允进商务编译所为副所长。此事使我甚满意。他们要我荐一个相当的人，我竟不能在留学生里面寻出这样一个人来。想来想去，我推荐了云五。他们大诧异，因为他们自命为随时留意人才，竟不曾听见过这个名字！后来王仙华也荐他做商务总务处机要科长，他的推荐与我不约而差不多同时，他们更诧异了。梦旦是信任我的，故力主张请他到编译所来。后来仙华陪菊生去正式说此事，云五答应半个月后回信。现在他已表示允意。"

9月7日："六点起，料理行装已毕，无事可做，做了一首诗送给惕予：

《临行赠蜷庐主人》
……
雨住了，
园子变成小湖了；
水中都是园亭倒影，
又一个新蜷庐了！

多谢主人，
我去了！

两天之后，

满身又是北京尘土了！

　　九点半开车。车站上送别的有菊生、梦旦、仙华、伯俞、拔可、原放、鉴初、乃刚诸君。"①

　　（二）张元济日记。在1921年这段时间里，对于胡适来上海到商务印书馆编译所考察，以及推荐王云五进入商务印书馆这件事，作为商务印书馆最重要的人物张元济，他的日记中记了些什么呢？7月16日上午10点，胡适到上海，张元济去车站接，但日记未提此事，只记道："午前未到公司"，那一定是到车站接胡适去了。②8月31日，张元济、王仙华与王云五谈话，邀请他来编译所工作，日记中也没提到。

　　1921年，张元济将于10月初去北京办事。他在9月30日日记中写道："十二、告将入京商印《四库》事，并我之主张。"③同日，胡适在日记中写道："补作商务的报告，完。拟明天送交菊生，以完一事。此报告分四部分：（一）设备，（二）待遇，（三）政策，（四）组织。稿有四十多页，约万余字。"④10月6日，张元济去北京。在10月8日日记中写道："访胡适之、蒋百里、沈子封、张阆声、严又陵、夏穗卿、冯公度、史康侯、蒋惺甫、林琴南、陈小庄。此系九日事。"⑤10月10日，胡适在日记中写道："看张菊生，他股上生一肿

---

①　胡适：《胡适日记全编》（3），安徽教育出版社2001年版，第226—463页。

②　张元济：《日记》，《张元济全集》（第七卷），商务印书馆2008年版，第220页。

③　张元济：《日记》，《张元济全集》（第七卷），商务印书馆2008年版，第229页。

④　胡适：《胡适日记全编》（3），安徽教育出版社2001年版，第488页。

⑤　张元济：《日记》，《张元济全集》（第七卷），商务印书馆2008年版，第231页。

毒，前日在德国医院割治，故我去看他的病。他谈及我的报告，说我的提议都是很切实可行的，没有什么大难行的。这确是我的本意；我不曾存什么奢望，故仅针对事实，处处求其易行。"① 而张元济在日记中，真正谈到王云五进入编译所的事情只见到两处：

1921 年 11 月 5 日："公司庄伯俞来访，谈吴研因改组尚公小学计划事。问岁加二三千元，有办法否。余云此想不难。又谈梦翁辞编译所长，荐王云五事。似太骤，可先任副所长，梦公仍兼所长。如兼管业务科事，则编译所事尽可交与王，而己居其名，俟半年后再动较妥。"②

同年 11 月 21 日："公司是日谈梦翁辞退编译所长、举王云五自代事。"③

（三）高梦旦。事实上，请胡适来编译所，乃至王云五最终进入编译所，真正的推手是高梦旦。我们从上面胡适和张元济的日记中，都可以清楚地看到这一点。当然，此事更大的转折点，发生在 1921 年 9 月 16 日，即中秋节那天，王云五进入编译所跟随高梦旦了解情况。王云五后来说："就是给我三个月尝试再行定夺外，同时并请高先生和商务当局千万不要客气，届时纵然我愿意继续下去，而他们对我不甚满意，尽管明白表示；因为事关一个大规模出版事业的前途，如果宾主间不能衷诚合作，我定然是知难而退的。"④ 可见当时即使是胡适推荐，诸事都没有定论。对于这一点，上面张元济 11 月 5 日的

---

① 胡适：《胡适日记全编》（3），安徽教育出版社 2001 年版，第 491 页。
② 张元济：《日记》，《张元济全集》（第七卷），商务印书馆 2008 年版，第 273 页。
③ 张元济：《日记》，《张元济全集》（第七卷），商务印书馆 2008 年版，第 273 页。
④ 王云五：《八十自述》（上），《王云五全集》（第 15 卷），九州出版社 2013 年版，第 87 页。

日记也说得清楚。但是，通过从 9 月至 11 月间与王云五的接触，显然高梦旦对王云五的认识已经发生了变化。所以他提出了以王云五自代的动议。对此，不但张元济不同意，最初王云五本人也是反对的，对于这一点，我们依然可以从胡适的日记中读到比较清晰的过程：

1921 年 10 月 25 日："梦旦因侄病危，亲来看视，今天下午来看我。他说云五好极了，将来一定可以代他。此话使我非常高兴。云五号岫庐，此次真是'云无心而出岫'了！"[1]此时，高梦旦是从上海来到北京探视病人，见到胡适。

同年 11 月 11 日："下午梦旦来谈。梦旦决计请云五代他做编译所长，云五昨日有信来推辞。（原信附后。）梦旦要我作函力劝云五。他的意思很诚恳，故我答应了。"[2]

在胡适记下上一篇日记的两天之后，王云五向商务印书馆递交了《改进编译所意见书》。王云五后来在回忆录中写道："我在编译所观察了不满三个月，并提出了一道改进编译所的意见书，送请高先生和他的前任所长而现任商务印书馆监理的张菊生先生考虑是否妥当。如能在原则上予以支持，董事会也无相反的意见，我当勉留任职；但即使任职，初期只好暂定为试办一年，试办期满，彼此都有重行考虑之自由。我的改进意见，经高张两先生详加考虑，并转示若干董事后，居然承他们接纳，并衷诚表示，在我接任编译所所长后，当极力支持我从事于改进。我获得此项诺言，也就乐于接任。于是我正式受聘为该馆编译所所长，同时并承高先生允屈就编译所出版部部长之职，从技术方面协助我。此种精神实难能可贵。我经此次就职，实际上令我

---

①　胡适：《胡适日记全编》(3)，安徽教育出版社 2001 年版，第 503 页。

②　胡适：《胡适日记全编》(3)，安徽教育出版社 2001 年版，第 513 页。

消费了二十五年的心血，假使我尚有多少贡献，则此二十五年的心血，似乎并不是白白消耗的。"①

三、离开编译所

1929 年 10 月，王云五担任商务印书馆编译所所长 8 年多之后，毅然辞去该职务，推荐何柏丞（炳松）接任所长职务，王云五继续兼任东方图书馆馆长和"万有文库"主编职务。王云五这 8 年多的工作成就，实在可以用"辉煌"二字形容。在这里，我们先简要地看一看几个辉煌的数据，再介绍一些王云五离开的原因。

（一）改革与成效。概括而言，王云五对于编译所有两项重大改革：一是参照现代学科分类法，彻底改变了编译所的机构设置；二是进行了大刀阔斧的人员改革，所谓以新人换旧人，到 1924 年时，编译所的人员已经由原来的 160 人增加到 260 人，其中 196 人是 1921 年 4 月以后引进的，也就是说，此时编译所的"旧人"，已经有 70% 左右被淘汰。从 1924 年的一张《编译所职员表》中，我们可以见到当时人才济济的盛况：

1. 朱经农：任哲学教育部部长，后转为国文部部长，主持小学教科书及中学国语语文编辑，编辑 17 人；兼史地部部长，编辑 9 人。

2. 邝富灼（耀西）：英文部部长，编辑 29 人。

3. 李泽章（伯嘉）：法治经济部部长，编辑 10 人。

---

① 王云五：《八十自述》（上），《王云五全集》（第 15 卷），九州出版社 2013 年版，第 87—88 页。

4. 段育华（扶群）：数学部部长，编辑 9 人。

5. 杜亚泉：博物生理部部长，编辑 11 人。

6. 郑贞文（心南）：物理化学部部长，编辑 9 人。

7. 何崧龄（公敢）：杂纂部部长，编辑 14 人。

8. 黄士复（幼希）：英汉实用字典委员会主任，编辑 11 人。

9. 方毅（叔远）：国文字典委员会主任，编辑 12 人；兼国语函授社主编，编辑 4 人。

10. 吴自觉：英汉字典委员会主任，编辑 7 人。

11. 王云五：自兼百科全书委员会主任，编辑 31 人。

第一系：陶履恭（孟和）。

第二系：唐钺（擘黄）。

第三系：程瀛章。

第四系：秉志（农山）。

第五系：何炳松（柏丞）。

第六系：傅运森。

12. 江畲经（伯训）：事务部部长。

汪今鸾：庶务股主任，7 人。

任申之（有壬）：文牍股主任，3 人。

陈玉衡：会计股主任。

张鋆：成本会计股主任，2 人。

陈俊生：舆图股主任，5 人。

李泽彰：兼图画股主任，7 人。

黄宾虹：美术股主任，4 人。

寿芝荪：图版股主任，2 人。

凌蛰卿：书缮股主任，9人。

陈赞襄：校对股主任，23人。

13. 高梦旦（凤谦）：出版部部长，17人。

14. 钱智修（经宇）：东方杂志主编，编辑6人；兼国文函授社主编，编辑1人。

15. 李石岑：教育杂志主编，编辑2人。

16. 郑振铎：小说月报社主编，编辑3人。

17. 朱元善（赤民）：学生杂志社主编，编辑3人；兼少年杂志社主编，编辑2人；兼儿童画报社主编，编辑2人。

18. 章锡琛：妇女杂志社主编，编辑2人。

19. 叶劲风：小说世界社主编，编辑3人。

20. 徐应昶：儿童世界社主编，编辑4人。

21. 胡哲谋：英文杂志社主编，编辑1人。

22. 周由廑：英语周刊社主编，编辑1人。

23. 周悦然：英语函授社主编，编辑16人。

24. 胡明复：数学函授社主编，编辑2人。

25. 李培恩：商业函授社主编，编辑3人。

26. 江畬经：兼图书馆馆长，馆员14人。①

另外，据王寿南著作《王云五先生年谱初编》记载：唐擘黄（钺）还曾任总编辑部编辑，后任哲学教育部部长；竺藕舫（可桢）曾任史地部部长；任叔永（鸿隽）曾任理化部部长；周鲠生（览）曾任法制经济部部长；陶孟和（履恭）还曾任编辑部编译，后转任法治经济部部长；

---

① 章锡琛：《漫谈商务印书馆》，《商务印书馆九十年——我与商务印书馆》，商务印书馆1987年版，第118—120页。

杨端六曾任会计科长；何柏丞（炳松）还曾任史地部部长。再者，还有许多馆外编辑，如胡明复、胡刚复、杨杏佛（铨）、秉农山（志）等。

在此基础上，编译所的图书品种和出书数量，也得到迅速增长。王云五担任编译所所长第 2 年，即 1923 年，商务印书馆的出书数量就达到建馆以来之最。请看：1922 年，出书 289 种，684 册；1923 年，出书 667 种，2454 册。另外，在学科分类上，在王云五领导下，已经有哲学、宗教、社会科学、自然科学、语文学、应用科学、艺术、文学和史地等门类的划分。①

（二）辞职的原因。关于王云五离开编译所的原因，历来猜忌颇多，一些说法毫无意义，也有的说法与事实有出入。在此，我们列举三种说法，其中有一种是王云五本人的说法。

1. 由于"万有文库"第一集销售不畅，积压了大量资金。此说大概起因于"万有文库"第一集 2000 册开机印刷之初，按照商务印书馆的规定，对于这样的大项目，需要由总务处召集总务会议，由高管们讨论决定开机数。王云五提出首印 5000 册，有人不同意，发生争吵。后来由于预订数出现转机，一下子订出去 8000 册，结果"万有文库"首发大获全胜（详见本书第五章经营理念之第四节营销案例）。此事当然不会成为王云五辞职的原因了。

2. 由于王云五编辑《百科全书》耗费人力物力，徒劳无功，受到各方指责。此说有一定道理，出版一套中国人自己的《百科全书》，几乎是王云五从事出版事业的最高理想。在他设立的编译所机构之中，"百科全书委员会"一直人员最多，并且王云五亲自兼任主任，

---

① 王寿南：《王云五先生年谱初稿》（第一册），台湾商务印书馆 1987 年版，第 120 页。

确实是重视有加。后来有些人攻击王云五急功近利，好大喜功，不切实际，劳民伤财，没有成果等，这毕竟也都是反对他的人的一面之词；从积极的一面看，我们可以看到王云五这项工作的许多战略意义。（1）最多时曾经做出800多万张卡片，相当于今天所谓"数据库"的概念，它是王云五理想中的现代企业的数据基础。可惜在"一·二八"的灾难中，这些卡片都被付之一炬。（2）王云五在设计《百科全书》编辑计划的时候，并没有盲目上马，试图一蹴而就，而是采取步步为营、积小胜为大胜的方法，一点点推进。比如：1924年2月，先推出《少年百科全书》20册；1928年出版《教育大辞书》等。（3）出版各种百科小丛书，如"百科小丛书"、"学生国学丛书"、"国学小丛书"、"新时代史地丛书"、"农业小丛书"、"工业小丛书"、"商业小丛书"、"师范小丛书"、"算学小丛书"、"医学小丛书"、"体育小丛书"等。王云五在编辑这些图书的过程中，都试图实现编译所内的资源共享，树立以《百科全书》为主线的企业框架。（4）按照《百科全书》的方式建立资料卡片一直是王云五学习、研究和编辑图书的重要方法。后来虽然由于战乱等客观原因，商务印书馆的《百科全书》未能实现，但是这些资源没有闲置，王云五运用它们出版了许多重要的项目。如《中山大辞典》的立项，正是在1936年，孙科与林语堂、吴经熊、温源宁等人来到商务印书馆，参观王云五为编辑《百科全书》做出的累计600余万张卡片。其中单是孙中山、孙科两人的资料，就有几百张。他们为之震动，提议编纂一部《中山大辞典》，由中山文化教育馆资助，总额为26万元。①

① 王寿南：《王云五先生年谱初稿》（第一册），台湾商务印书馆1987年版，第316—317页。

3. 王云五本人在他后来的回忆录中详细地说明了他辞去商务印书馆编译所所长的原因，主要是源于 20 世纪 20 年代工潮的凶猛，当时极端的例子，如高梦旦与郑振铎，他们是翁婿关系，但是他们分别代表劳资各方，面对面谈判。有一次王云五与工人谈判时，军阀前来干预，要抓走工人，王云五作为资方代表，却突然跪到地上，恳求军阀营长不要派兵进入商务印书馆，商务印书馆会自己解决。① 但是，由于商务印书馆管理层人员老化，遇到工潮，经常让王云五越俎代庖，处理此类事情，给王云五带来了极大的苦恼。当然，"万有文库"出版与营销的成功，也让他有了功成身退的念头，他写道：

> 民国十八年九月，我决意脱离商务印书馆，费了不少唇舌，卒获如愿。在我所创刊的万有文库第一集，对编辑方面，既已顺利完成计划；对营业方面，且已超过预约目标之际，我对于所任工作，原应心满意足。况且八年以前，我对商务印书馆向无渊源，骤来主持以二三百新旧的读书人构成的编译所，彼时尚不发生任何问题，现在驾轻就熟，更应不成问题。顾何以我要坚决脱离，实在另有重要原因，却不是与我直接有关系的任务。盖自民国十五年以来，上海的劳资纠纷迭起，商务印书馆的工会是在当时企业界中最强有力者之一。纠纷之起，当然以印刷所为主，发行所及总务处次之。编译所虽有少数别有用心者活跃，然以大多数皆为新旧学者，态度当然远较稳健，而少数的别有用心者，亦多有含蓄，不愿率先发难或表现激烈。因此，工潮的发生，如果

---

① 茅盾：《我走过的道路》（上册），人民文学出版社 1981 年版，第 283 页。

不是由印刷所所长从事于局部的应付，便应由总经理协理与人事科科长作全盘的应付，在理不应轮到我身上。但因那时候的总经理系由印刷所所长鲍先生兼任，他的年事已高，且为人笃实，不善言辞。其他经协理等亦多属于此一类型。因此，某一次工潮闹大了，使我不得不挺身而出，结果应付尚属得宜，一场风波因而平息。此后，一遇劳资纠纷，资方都一致推我出马应付，竟使不应负责之我，转而负了全面的责任。这些消极的事，偶尔负担尚可勉为，若渐渐变为家常便饭，那就对于一位需用脑力以应付出版计划和科学研究的人，未免近乎残酷了。以此之故，我对于商务印书馆的任务，原具有最高兴趣者，其兴趣便渐随工潮增高而日益低落。于是我经过了再四考虑，决心摆脱。且认为八年来对编译所的努力，已因万有文库之成功，而达成一个段落，功成身退，亦对得起引致我入商务的高梦旦先生。于是集中注意于替人之物色。[1]

四、出任总经理

1930年2月，商务印书馆总经理鲍咸昌去世。此时距离王云五离开商务印书馆只有3个多月。按照常理，总经理的职务应该从两位经理中选出一位接任。当时的两位经理，一位是李拔可（宣龚），他是诗人，曾经由举人而做官到知府；李拔可是首席经理，并且已经在

---

① 王云五：《八十自述》（上），《王云五全集》（第15卷），九州出版社2013年版，第134—135页。

这个位子上坐了 10 年。另一位是夏小芳，商务印书馆创始人之一夏瑞芳的儿子。但是，张元济、高梦旦以及董事会的人，还是想到已经离职数月的王云五。因为他们知道，从前鲍咸昌任总经理，是依靠传统的资望，"虚位"在那里，他可以不管事；继任者就不行了，他必须要靠真正的能力主持工作。所以他们不断去找王云五，希望他能够回来。王云五一次次拒绝。最后没有办法，只好提出两个极为苛刻的条件：一是取消现行的总务处合议制，改由总经理独任制；二是接任总经理之后，立即安排出国考察，并且研究科学管理方法，为期半年，然后归国实行负责。

王云五后来说："我认为这两条件可能不易被接受，那就等于客气地拒绝，想不到他们完全接受了。……我就在这样的情形之下，被迫担任商务印书馆的总经理。在形式上就职后，即准备出国，所有公司任务未尝主持一日，仍以李经理拔可代理。记得就职后不满旬日，即实行出国考察。"①

应该说，就王云五任职的过程而言，与担任编译所所长时比较，实在是再简单不过了。因为王云五离开的时间本来就很短，况且商务印书馆的人已经与王云五有了 8 年多的朝夕相处，他的才华，他的学识，他的个性，他的能力，他的精明，他的优缺点，张元济、高梦旦等人都已经非常清楚了。"时势造英雄"，这个时代的商务印书馆，确实需要一位像王云五这样的人——一位知识广博、意志坚强、永不言败、充满责任心、充满奋斗精神的人，带领他们走过未来遍地荆棘的旅途。

---

① 王云五：《八十自述》（上），《王云五全集》（第 15 卷），九州出版社 2013 年版，第 137 页。

五、辞去总经理

王云五出任总经理简单，上任之后，却度过了他一生之中几乎称得上最漫长、最艰难、也是最辉煌的一段出版经历。从1930年上任，到1946年辞职，他的年龄从43岁到59岁；如果加上编译所那一段时间，他34岁就投身商务印书馆了，如此算来，王云五生命中最好的时光几乎都在这里用掉了。而在他任总经理的17年中，不幸的大事件一个接着一个，让王云五喘不过气来。他一次次濒于崩溃，但一次次又挺起胸膛，坚持走下去。请看：

1931年，当王云五上任商务印书馆总经理之初，全面推行他出国考察成果《实行科学管理计划》的时候，馆内4个工会联合起来反对他的方案。王云五的处境非常被动，不得不暂时收回改革方案，只好等待时机成熟的时候再行启动。

1932年，"一·二八"事件爆发，商务印书馆几乎全部毁在日本人的炮火之下，导致商务印书馆停业达半年之久，大批工人失业，经历了商务印书馆所谓的"第一次危机"。

1937年，"八一三"事件爆发，刚刚从前一次危机中复苏的商务印书馆，再次被日军摧毁，导致商务印书馆的业务退出上海，再次停业，陷入所谓的"第二次危机"。

1941年，太平洋战争爆发，日本军队占领香港，商务印书馆在香港的总务处和工厂全部被毁，商务印书馆第三次停业，遭遇所谓"第三次危机"。

仅就三次危机而言，都是在王云五的领导下，使商务印书馆不断战胜困难，重新振兴起来。其中复杂的经历，诸如文化理想、选题思想、经营理念等，我们可以在本书后面的几个专章中读到。在这一段过程之中，王云五曾经有过两次辞职：第一次辞职未成功；第二次辞职，却使他永远地离开了大陆的商务印书馆。

（一）第一次辞职，发生在 1937 年 3 月。当时王云五在总经理的位子上已经坐了 7 年；商务印书馆历经"一·二八"事件之后，经过努力，此时的资本金又恢复到 500 万元；前一年的出书量达到 4938 册，占到当年全国出书量的 52% 强。于是，王云五向张元济提出了辞职的请求。张元济苦言相劝，甚至抬出刚刚去世的高梦旦来说服王云五，谈到高梦旦与王云五为莫逆之交，他若在冥冥之中，知道王云五要辞职的事情，也会不安的。① 后来，王云五在《自撰年谱手稿》中，表述了自己当时的心境：

　　本年为第四次复股。经过此一步骤，商务印书馆在一·二八所受的巨大损失，可算已经恢复，假使我要功成身退，此正是最恰当不过的机会。实际上我曾经就此问题详细考虑过。记得在出国考察管理后，向董事会提出实行科学管理的计划，曾经正式表示过，"期以三年，一一实现；彼时公司基础巩固，同人福利增进，社会文化兼蒙其利，则云五当如约隐退让贤。"但不幸甫满一年，遽遭一·二八之巨劫，彼时我既不避艰险，不愿临危规避，纵然未尝表示何时隐退，但私心确曾于商务书馆复兴的后期历程中，迭次考虑，我是否于商务损失股本完全恢复

---

① 　王寿南：《王云五先生年谱初稿》（第一册），台湾商务印书馆 1987 年版，第 326 页。

后，即援引民国十九年秋间的表示，依约应于民国二十三年春履行之隐退条件，为重大意外损失，而延缓其实施三年。况此时不仅商务的损失已经恢复，即我回国之初所强调科学管理"期以三年——实现"者，此时确已实现，是则我之援引旧案，尚非牵强。加以我自从对于词典之编辑发生浓厚兴趣以来，去年业以十余年中的搜集，与中山文化教育馆订约，迄今工作进行，悉如进度，本年秋间即可按照中山文化教育馆与商务印书馆所订之合印中山大辞典协约开始排版，陆续印行，今后数年我不得不埋头于此，纵使商务印书馆对于新管理法之设施皆已上轨道，但我一日在职，仍不能不分心于管理之改进，与新出版计划之考虑，顾此终不免失彼，如能及时隐退，在学术的兴趣上当更适合，至于家庭生活，由于我的字典词典销数日畅，版税收入已足维持，一俟中山大辞典陆续出版，以终底于大成，则我的收入，更不成问题，假使不是由于考虑过分周到，则我此时之功成身退，对个人之利益与对商务书馆的道义关系，均无遗憾可言，可恨得很，我竟作了过于周密的考虑，那是基于两个因素，前者较关重大，后者实可有可无。所谓第一因素，即关于继任的人选，我以商务书馆一个极少的股东，却时时以老板自居，甚至不惜公开提倡老板主义。我的原则，一言以蔽之，就是"权利关系尽管小，责任观念务宜大"。民国十八年我一度离开编译所，便举何柏臣君以自代，此时如离开总经理和所兼任的编审生产两部职务，除生产部尚可以副部长李伯嘉君升任外，编审部则因副部长何柏臣君辞职，一时尚未能得相当之人补缺，更无论担任部长矣。其尤关重大者，李夏两经理，一为元老，一为发起人之子，势难决定何人为继，尤以二君亦断不愿继我之任。此种责任感对我之隐退影响最大。另一事关系商务书馆较小，而对于我的雄心不免略有影响。原来我未任总经理以前，在编译所中已创为四角号码，百科全书及万有文库三项措施，外间对我辄畀予"四百万"之美号，及百科全书原稿三数千万字毁于一·二八之劫，复业之初业已放弃，于是我屡笑语朋侪，说我的资产经此一劫只存百分之一，即由"四百万"降为"四万"，但内心仍念念不忘百科全书，加以万有文库一二集连同丛书集成合为八千册，距万册之数尚短二千，颇思续编万有文库三集以足成之。此亦使我游移不肯隐退之一因素。真想不到，因此，蹉跎岁月，七七事变突起，演为全面抗战，我对商务书馆之责任，便又义不容辞矣。①

（二）第二次辞职，发生在 1945—1946 年。抗日战争胜利以后，由朱经农接任他的职务。对于王云五这次辞职的原因，外界猜测极多，难有定说。认真阅读王云五关于此事前后的一些文字，并且参照当时发生的一些历史事实，有三个主要原因促成了王云五决心离开商务印书馆总经理的职位。

原因之一是上次辞职的延续。那次辞职未成，一是由于张元济的劝说，二是由于"万有文库"、《百科全书》等项目壮志未酬，三是没有找到合适的接任者，就发生了"八一三"事变。后来王云五写道："临难不苟免之义为我生平所服膺，故第二度的决心，便是苦撑战时的危局，俟抗战结束，再行摆脱。因此，在抗战期内，无论局势

---

① 王寿南：《王云五先生年谱初稿》（第一册），台湾商务印书馆 1987 年版，第 324 页。

怎样困难，无论各方面对我怎样的需求，我总是守着岗位，锲而不舍。……可是由于二十六年一念的游移，我便继续挨了七八年的苦难；因此我最大决心，就是等到抗战胜利，把商务印书馆的责任交还董事会，我断断不再留恋。"①

原因之二是抗战期间商务印书馆驻沪办事处发生了一件事情，让王云五倍感愤怒。原来在重庆，王云五主持的商务印书馆，为抗战做了许多有益的事情，比如出版中学及小学"战时补充教材"，以及"战时常识丛书"、"抗战小丛书"、"抗战丛刊"、"战时经济丛书"和"大时代文艺丛书"等等。尤其是在 1942 年 4 月，由于敌占区信息不通，王云五专门派人去上海面见商务印书馆驻沪办事处鲍庆麟代经理，并拜见了张元济，告诫他们切不可向伪政府注册，切不可参与伪政府的资本，切不可为伪政府做事。1945 年 10 月 10 日，即抗战胜利不久，王云五获国民政府颁发的二等景星勋章和胜利勋章，奖励其有功于抗战大业。但也在这个月中旬，媒体传来上海方面的消息，说抗战时期，商务印书馆驻沪办事处有为敌伪组织做事的行为，即参与成立了一家五联出版公司，承印伪组织核定的教科书。操作此事的当事人鲍庆麟已于 1944 年去世，但他的接任者韦傅卿接着参与了这件事情。王云五要求立即将其撤职，最初还受到上海方面的反对。但是后来，还是有人向高等法院监察处检举此案。由于牵涉商务印书馆彼时驻沪经理鲍庆麟，而鲍氏业已去世，他家人之关系人多已离沪，故侦查后尚未闻有进一步的措施。王云五说："后来我自渝东下，抵沪数日，即坚决辞去商务总经理之职，除有其他许多原因外，这也是重要原因

---

① 王寿南：《王云五先生年谱初稿》（第二册），台湾商务印书馆 1987 年版，第 522 页。

之一。"①

　　原因之三是此时的王云五已经 59 岁了，他希望在 60 岁的时候，能够有一种新的生存方式。其实这种想法，在抗战还未胜利的时候，王云五就已经有所表现了。正如他自己所言："我纵然鉴于天下兴亡，匹夫有责；所以在留后方的时候，从旁参政，备极热心；但对于商务印书馆的责任，不肯须臾放下。所以最高当局虽然迭经示意，想把我罗致于政府之中，但经我剀切陈明，终获谅解。"但此时，抗战已经胜利，他对于商务印书馆的承诺已经兑现，"一度完全复兴，一度维持不坠"，他为之付出的努力倍感精疲力竭，需要休息。其实这都不是主要原因，王云五坦率地说："我还有一种见解，就是人生上寿不过八十，我已把约莫三分之一的生命贡献于一种事业，就是从民国十年起在商务书馆任职，至三十五年，今后假使我还有二十年的余生，似乎应该另作一种尝试。人生斯世，仿佛是在游历，我即来此世界一次，不应专在一地游览。所以我在重庆时期，无时不想念得当摆脱商务，并希望这时期能在六十岁以前，俾从六十岁起另向一方面活动。我所预期的活动，不外从政和研究学术两途。"②

六、创办华国出版社

　　1949 年底，王云五在台湾与香港两地注册了一家华国出版社。他这样做，无外乎三个原因。其一是从政失败，他已于 1948 年辞去

---

①　王寿南：《王云五先生年谱初稿》（第一册），台湾商务印书馆 1987 年版，第 396 页。
②　王寿南：《王云五先生年谱初稿》（第二册），台湾商务印书馆 1987 年版，第 522 页。

政府职务。1949 年 4 月，他曾经去台湾，蒋介石请他吃饭，他就表示要重归出版。其二是投身国民政府的经历使他很难再回到大陆。其三是他在 1948 年 12 月 24 日，在广州接到张元济来信，告诉他商务印书馆不再选他为董事。显然，此事对王云五打击很大，因为他一生为商务印书馆付出得太多了，而且他在商务印书馆的股份很少，只是一个小股东，这样做，就等于将他扫出了商务印书馆的大门。所以一直到晚年，王云五始终对此事耿耿于怀。

正是在这样的背景下，王云五动了成立华国出版社的心思。这也是他一生中自己创办的第一家出版社，所需资金主要来源于三个方面：一是卖掉自己手中的字画，王宠惠先生还介绍，将王云五所藏明清名人手札千余通，以及赵雪松手书长卷，售与世界社李世增先生；二是王云五第三个儿子王学政内兄投资；三是蒋介石资助。公司注册资金为 20 万元，其中有蒋介石依照前诺拨款 15 万元。王云五确定，华国出版社的出版方针是译印有关国际问题及相关的各国名著，同时出版工具书与教科书，以维持出版社运营。① 最初出版社的主要工作是在香港完成的。

1950 年末，在香港王云五家中发生枪击事件，王云五感到不安全，只好在 1951 年初到台湾定居。后来他在台湾的地位迅速上升，不久就再度从政，华国出版社的事情只能放在一边了。不过，华国出版社还一直存在着，1960 年王云五曾经决计在五六月份政府改组后退休，他在 2 月 23 日的日记中写道：

---

① 王寿南：《王云五先生年谱初稿》（第二册），台湾商务印书馆 1987 年版，第 723 页。

上午以台币五万元存入商务书馆，月息二分，可得台币一千元。余决计今岁五六月政府改组，决计退休。今后生计，拟以十万元存可靠行店，月得利息二千元，国大公费调整后月得一千八百元，华国恢复社长一职，月支二千元，为日报杂志写稿每月以二万字计，月得稿费二千元，版税如华国有款可支付，则每年至少三万六千元，月得三千元，如此，每月合计收入一万零八百元，再加上政大钟点费六百元，论文指导费以全年四千元计，约为每年平均一千元（？），总计一万一千八百元。优游卒岁，较日前身居高职，负重责，真觉彼善于此矣。①

这段日记，只是王云五设想自己退休之后的收入状况；其中有一处"约为每年平均一千元"，句子中的"每年"，似乎应为"每月"。我们可以从中看到，他在此时还没有谈到进入台湾商务印书馆的事情，只是谈到准备再回华国出版社做社长。其实他的这次"退休"，并未能成为现实，直到1963年11月，王云五才正式从"行政院"副院长的位置上退下来。

七、出任台湾商务印书馆董事长

其实，在1949年之前，台湾商务印书馆并不存在。只是1947年9月，商务印书馆在台湾设立了一个分馆，1949年以后，商务印书馆

---

① 王寿南：《王云五先生年谱初稿》（第三册），台湾商务印书馆1987年版，第1079页。

台湾分馆，更名为台湾商务印书馆。它的日常工作一直由原任经理赵叔诚主持。此时，大陆方面占股权达到96%，台湾方面所占有股权不及4%。台湾商务印书馆于1964年6月14日召开在台股东大会，对公司股权进行了改组，同时选举重组后的首届董事会。此时王云五已经于半年前脱离政府，可以享有商营公司股东的完整权利。此次选举，王云五以最多票数当选为董事，随后又由董事会以全票选举为董事长。①

1964年7月1日，77岁的王云五走马上任，再次回到商务印书馆的旗下。这一次他的身份不再是所长或总经理，而是董事长，最初台湾商务印书馆没有总经理。俗语说："老将出马，一个顶俩。"王云五满身才华，且见过大世面，他以一己之身，独立主持全面工作。而1964年的台湾商务印书馆只有19人，每年出书只有50种，资本金只有100万元，股东每年可以借发股息6—7元不等。王云五提出，要带领台湾商务印书馆走出"第四次危机"。到了1966年，台湾商务印书馆每月出书达到88种、141册；资本金增至250万元；剔除资本金增资因素，每股可分配股利红利，依然达到约46元。到1977年时，台湾商务印书馆的资本金已经达到3000万元，每股可分配红利增至近70元。

就这样，王云五带着他的出版智慧，带着他的出版奇迹，带着他的出版辉煌，一步步走向生命的尽头。

---

① 王云五：《八十自述》（下），《王云五全集》（第16卷），九州出版社2013年版，第910页。

以往谈到王云五，总觉得在他的一生中，他对于实用主义的追求，对于商业的追求，要显得多一些。其实，只要细细观察他的一生所为，就会发现，在更大的意义上，在更多的方面，王云五更是一位理想主义者，只不过他的理想，是建立在社会实践的基础之上的。通常人们只知道，王云五在项目的可行性论证方面，表现出了超常的创造能力和运作能力；进而忽略了他在文化理想方面，经常表现出来的丰富思想。

一、图书馆

王云五早年的自学经历，使他对图书馆建

设产生了一生的爱恋与追求。对此，我们可以分几个阶段加以了解。

（一）早期的认识。王云五第一次对图书馆产生认识，是在1899年，那年他12岁，还在读私塾。由于私塾萧老师的授课过于刻板，满足不了王云五的求知欲望，他就跑到私塾附近一个青年会馆，希望能进入他们的藏书处，阅览美华书馆的《万国公报》。当时青年会馆的干事吴朗轩对他很客气，没有因为他年龄小而将其拒之门外，相反还特别准许他进去看书报。王云五后来感叹："此为我首次入所谓图书馆阅览，真觉琳琅满目，美不胜收。真想不到后来我竟成为全国最大之私家图书馆主持人，又化身为千百所校图书馆的创设人。"①

王云五第二次接触图书馆，是在1905年。他在同文馆学英文，被该校的负责人、英国人布茂林聘为教生，即助教。教生除了每个月可以拿到24元的生活津贴外，还可以到布茂林的私人图书馆中读书。王云五在那里读到许多世界名著，受益极深。他甚至说道："我当教生的十个月左右，可说是我图书馆生活的开端，所读的书从前限于教科参考方面者，自此时起，所涉范围渐广，且使我对于中国文史方面渐谋深造。由于涉猎既广，却鲜遭遇阻力；读书的兴趣遂日浓，也就对于专攻一门的途径愈离愈远，其对于个人的造诣，究竟是利是弊，还不易一语判断也。"②

（二）东方图书馆。1924年3月，商务印书馆涵芬楼新建落成，内藏中外图书数十万册，其中善本图书不少。涵芬楼迁入新楼后，更名为东方图书馆，时任编译所所长的王云五，被聘为东方图书馆馆

---

① 王寿南：《王云五先生年谱初稿》（第一册），台湾商务印书馆1987年版，第26页。
② 王寿南：《王云五先生年谱初稿》（第一册），台湾商务印书馆1987年版，第51页。

长。王云五说："十三年三月东方图书馆落成，我以商务印书馆编译所所长之地位兼任馆长，筹备开放阅览。……商务印书馆编译所附设藏书处，命名为涵芬楼，收藏善本及一般参考图书，旁及外文图书达数十万册；不仅为私家藏书之冠，即方诸彼时规模最大之公立图书馆，亦无逊色。我接任编译所不久，即建议公开阅览，经张菊生高梦旦诸先生赞同，提经董事会通过，拨建筑费十万元，经常费及添购费每年以五万元为度。于是开始就宝山路商务印书馆总馆厂之对面建筑馆屋，与新建之编译所房屋接连。经营年余，至十三年三月落成，系钢骨水泥之五层楼房。并经决议易名为东方图书馆，示与西方并驾，而发扬我国固有精神。"①

（三）中外图书统一分类法。1926 年 2 月，王云五创造中外图书统一分类法，以适应东方图书馆馆藏图书之分类。此分类法于1927 年全部完成。此项工作也与王云五自学精神有关。他读书有两个特点：一是他既热爱中国文化典籍，又对于西方著作阅读广泛；二是他一生自学，猎读群书，最倚重图书馆的生活。在这样的读书实践中，他一直苦恼于一个重要的问题，那就是中外图书在分类方法上存在着很大差异，或者说，它们是两个完全不同的检索体系，因此给找书的人带来巨大的困难。比如中国传统的检索方法，以汉代刘歆的"七略"为先导，即辑略、六艺略、诸子略、诗赋略、兵书略、术数略和方纪略七大类。至唐代，又有四部分类法，即经、史、子、集。西方图书检索方法的传统，起于亚里士多德（Aristotle），他把学问分为历史、文学和哲学三大类。后来分类法不断产生，

---

① 王寿南：《王云五先生年谱初稿》（第一册），台湾商务印书馆 1987 年版，第 124 页。

五花八门。在 20 世纪 30 年代，我国用杜威（Dewey）的分类法最多。王云五在此基础上，创造了"中外图书统一分类法"，并且首先在东方图书馆为 30 万册图书分类。王云五说，他这样做，可以在中外图书编目上提供三个便利条件：1. 无须把中国姓名译为西文，或将外国姓名译为中文；彼此均以世界共同的号码为共同的标准。2. 从理解上可以推得任何姓名的号码，绝对无须检表，可使编目者节省时间不少。3. 在书库中参考书籍的人，如略知中外图书统一分类法以及中外著者统一排列法，就用不着翻检索引卡片可以直接从书架上，检得所想检的书。①

（四）"万有文库"。编辑这套大型丛书，也与王云五的图书馆理想密切相关。他说："我自从二十岁左右便开始感到图书馆的重要。自入掌商务印书馆编译所之次年，即筹议为国内小图书馆植其初基。……尤以东方图书馆由我整理经年，已于十六年正式公开，其次一步骤，当是推己及人，想把整个大规模的图书馆，化身为无量数的小图书馆，使散在全国各地方、各学校、各机关，而且在可能时，还散在许多家庭。质言之，我的理想便是协助各地方、各学校、各机关，甚至各家庭，以极低的代价，创办具体而微的图书馆，并使这些图书馆之分类索引及其他管理工作极度简单化。因而以微小的开办费成立一个小规模图书馆后，其管理费用降至几等于零。"② 这便是"万有文库"创意的思想基础。

（五）访问美国国会图书馆。1930 年 5 月 2—11 日，在美国华盛顿国立图书馆读书。该馆馆长布南（Putnam）博士，为王云五提供

---

① 王云五：《论学》，《王云五全集》（第 10 卷），九州出版社 2013 年版，第 286 页。
② 王寿南：《王云五先生年谱初稿》（第一册），台湾商务印书馆 1987 年版，第 168 页。

一间研究室。在此期间，王云五对该馆所藏有关科学管理的书刊900多种，均有涉猎，其中重要的内容，分别做成简单记述，大多以英文写成。① 王云五在《初访华盛顿》中写道："此外还附记许多待搜购书名表，则因各该书有长期参考之价值，拟搜购后，供我后来在商务印书馆所设研究所同人之参考。这些书后来毕竟搜购得大多数，可惜一·二八之役，所有这批图书连同东方图书馆五六十万册的图书一起化为灰烬，而我的数十万言的考察记录也同此命运。"②

（六）复兴东方图书馆基金。1932年1月28日，日本军队炸毁商务印书馆，馆屋及图书尽毁，珍藏善本及文稿全部化成劫灰，实为中国文化之一大浩劫。1933年4月29日，在商务印书馆董事会上，王云五提议，建立复兴东方图书馆基金，订定章程，并聘5人委员：胡适、蔡元培、陈辉德、张元济、王云五。6月7日，召开第一次会议，推定盖乐博士（Dr.Esson M.Gale，美国人）、欧特曼教授（Prof.W.Othmer，德国人）、张雪楼（C.J.Chancellor，英国人）、李荣（L.Lion，法国人）为委员。宋建成在《岫庐先生与东方图书馆》（载《中国图书馆学会会报》第三一期）中写道："东方图书馆复兴委员会成立，订定各种章程，各项工作，在各委员热心擘划经营，成绩斐然。书籍方面，所募集图书，先暂以商务发行所四楼，后改在上海公共租界静安寺路一零二五弄一七四号设藏书室。先生以'方志对图书馆典藏极关重要，率先搜购'，廿三年秋已得'一千四百部，各省通志系备，府厅县志亦居七八层'，其他商务就财力所及购备各种名著，加上私人捐助及商务本版，已陆续集数万册。十月德国一些团体捐

---

① 王寿南：《王云五先生年谱初稿》（第一册），台湾商务印书馆1987年版，第168页。
② 王云五：《纪旧游》，《王云五全集》（第20卷），九州出版社2013年版，第291页。

赠，凡三千册，包括哲学、社会科学、文学等类，价值数万金以上，其中有科学书籍多种，业已绝版，尚有德国古书多册，亦为近世所不可多得者。由德国驻沪领事克乃白（Kriebel）代表赠东方图书馆。廿四年六月上海法租界公益慈善会捐赠法文名著一千五百余种，由法驻沪总领事博德斯（M.Baudez）代表捐赠。廿五年八月商务又获'我国年谱千三百余种'。截至廿六年二月止'共藏中西文书一五五七四册，杂志三一三七一册，商务陆续购置图书（为编译机构收购参考图书）十余万册'以迄廿六年八月'中日战事蔓延至上海之时，总计已得书籍卅余万册'。"

（七）东方图书馆重庆分馆。1944年夏季，王云五筹备东方图书馆重庆分馆成立。他后来写道："余自太平洋战争发生之即日，经致电西南各分馆各保留样书两部，开单寄重庆总处。一面检查渝馆存书。尽量选定全套，嘱令检寄汇集，暂行保存于汪山安全石室，连同三年以来在渝新版重版二三千种，除仍存一套在汪山外，一面修建重庆白象街部分被日机炸毁之馆屋，规模稍具，即辟出一大间房屋庋存样书及新版重印图书各一册，统计不下万册以上，并设一小规模之阅览室，自上午九时开放公众阅览，至晚间九时为止。白象街原为僻地，幸一出街口，即为林森路宽大之马路。由于重庆此时公开之图书馆不多，商务有此较大规模，且切实用之藏书，一时来馆阅览者，座上常满，极为社会所称道。"①

（八）个人藏书及云五图书馆基金会。王云五读书有两个途径，一是图书馆，再一是个人藏书。他早在20多岁时，就开始个人藏书

---

① 王寿南:《王云五先生年谱初稿》（第一册），台湾商务印书馆1987年版，第298、439页。

了。1921 年 7 月在上海，胡适去王云五家中做客，回来后在日记中写道："他是一个完全自修成功的人，读书最多，最博。家中藏西文书一万两千本，中文书也不少。"1949 年离开大陆之前，王云五个人藏书达 8 万多册。其中，中文木版书 4 万余册，中文铅印影印书 3 万数千册，西文书约 7 千册。他去台湾时行色匆匆，资产无法移出，只带走少量图书和字画，为数不及收藏图书总数的 5%。不久他被宣布为战犯，留在大陆的资产荡然无存，藏书自然也没有了。读王云五到台湾后的文章，他对其他财产散失并无多言，只是藏书遗失一事，逢有人问，他都会为此叹息一番，一直叨念到去世。

到台湾后，王云五旧习不改，又开始个人藏书之旅，并且建有 3 个书斋：外书斋、内书斋和疏散书斋。到 20 世纪 70 年代初，王云五在 20 余年间又藏书达三四万册，他成立云五图书馆基金会，指定董事为阮毅成、王德芳、周道济、徐有守、傅宗懋、王寿南、曾济群、张连生、徐应文、陈宽强；董事长王云五，副董事长陈宽强。自己另捐 100 万新台币，买了一所房子，成立云五图书馆，将个人藏书全部放置其中，向社会开放。此时，王云五已经 85 岁了。[1]1977 年，王云五 90 岁时，还登报声明，亲朋好友所送寿礼一律不收，只收赠书，放在云五图书馆中供读者阅读。当时有许多名人响应，连时任三军大学校长的蒋纬国都送上自己的 12 本著作。[2]

---

① 王云五：《最后十年自述》（下），《王云五全集》（第 18 卷），九州出版社 2013 年版，第 501 页。

② 王寿南：《王云五先生年谱初稿》（第四册），台湾商务印书馆 1987 年版，第 1785 页。

二、百科全书

王云五对于《百科全书》的向往，与其说是一个商业项目，不如说是一个文化理想。一提起这件事情，人们总会想到 1908 年，在王云五 21 岁的时候，购买一套原版的《大英百科全书》，用 3 年时间将其读完的往事。这件往事不仅影响了王云五一生的学习习惯，也在王云五的心中，种下了一颗立志编一部中国人自己的《百科全书》的种子。当机会成熟的时候，这颗理想的种子就会萌发出来，成长为一棵大树。

（一）《改进编译所意见书》。1921 年 9 月，胡适推荐王云五进入商务印书馆编译所。经过几个月的接触，原所长高梦旦力推王云五接任所长。开始王云五推辞，不久写出一份《改进编译所意见书》，得到张元济、高梦旦以及董事会的同意，王云五才来到编译所工作。在这个意见书中，王云五谈到许多出版理想，比如他提出："编著书籍当激动潮流不宜追逐潮流也。"在此题目之下，王云五专门论述了百科全书编辑思想，他说："如百科全书，各种大辞典、大字典，本馆虽已稍稍提倡，惟距充分程度尚远，殆仍以资本巨销路狭为虑也。然征诸事实，大英百科全书定价在二三百元，而其第十版第十一版两项销售于我国者，各数千部。今本馆如能就一种卷帙较少之百科全书，如新时代百科全书内容字数不及大英百科全书十之一，或尼尔逊活页百科全书内容字数约当大英百科全书五之一，择其切用者译为国文，而加入本国固有或特有之资料，并仿照活页本办法，俾购者得随时插入本馆陆续供应之新资料，则其用益宏，其价不及大英百科全书四之一，度其销数必不止倍蓰于原本之大英百科全书也。"[1] 显然，在此时，王云五对编纂《百科全书》充满了理想，并做好了准备。

（二）百科全书委员会。王云五任编译所所长后，在所内专门设有百科全书编委会，人员最多。根据 1924 年的职员表记载，百科全书委员会主任：王云五兼任；下设六个系。第一系：陶履恭（孟和）；第二系：唐钺（擘黄）；第三系：程瀛章；第四系：秉志（农山）；第五系：何炳松（柏丞）；第六系：傅运森。初定 31 人，最多时可达四五十人。[2] 由于时间定在三五年内完成，导致译稿质量不够理想，始终未能达到出版水平，再加上时局混乱，战事频仍，直到王云五离开编译所也未能出版。[3]

（三）《少年百科全书》。在编纂《百科全书》过程中，最先启动《少年百科全书》。1924 年 2 月，商务印书馆《少年百科全书》20 册出版，王云五在《自撰年谱手稿》中写道："我为着编辑百科全书的初步工作，经于十一年春间选定美国出版之 Book of Knowledge，作为少年百科全书之底本，期就此打下基础，再谋进一步编辑百科全书。又因此书卷帙浩繁，而文字浅易，最好利用一个暑假使上海及附近地点的大学校高年生，得一练习机会，于是函请各著名大学推荐擅长中英文之三四年级学生，来馆服务，由我们编译所的高级编辑员指导其翻译该书。记得参加译事者约 40 人，在一个暑期内将全书译毕，再按科目分交各科专任编辑校订，并派定编译员钱涵春君专任整理校印之工

---

① 王寿南：《王云五先生年谱初稿》（第一册），台湾商务印书馆 1987 年版，第 113 页。
② 《商务印书馆九十年——我与商务印书馆》，商务印书馆 1987 年版，第 119 页。
③ 《商务印书馆九十年——我与商务印书馆》，商务印书馆 1987 年版，第 260 页。

作，经一年左右告成。"①编纂《百科全书》未成，能有此书问世，也算是一大欣慰吧。

（四）各类辞书。出版《百科全书》受挫，但王云五在其他辞书出版方面却取得了巨大的成果。例如《教育大辞书》、《王云五大辞典》等。尤其是《中山大辞典》出版计划更为宏大。预计全书5000万字，40册，另加索引4册，收录单字6万个，词语约60万至70万条，相当于《辞源》的20倍。王云五亲自兼总编纂，参加编写的人最多时达到100多人。但是1937年，"八一三"事变爆发，王云五将商务印书馆的工作转移到香港，他也离开上海，来到香港，上海的《中山大辞典》编纂处只好暂停工作。在这种情况下，王云五建议先出一本《中山大辞典—字长编》，1938年12月此书在香港出版。另外，1939年8月，商务印书馆在香港还出版了增订版《辞源》正续编合订本。②

三、四角号码

四角号码检字法是王云五先生一项重要的发明。那么，他为什么会对检字法感兴趣呢？这主要出于两个原因：一是他在自学过程中亲身体验到以往中文检字法的弊端，正如他在《怎样识字》中写道："由于旧日检查字典、词典之困难有如上述，于是我国读书自修之人，往

---

① 王寿南：《王云五先生年谱初稿》（第一册），台湾商务印书馆1987年版，第123页。
② 唐锦泉：《回忆王云五在商务的二十五年》，《商务印书馆九十年——我与商务印书馆》，商务印书馆1987年版，第262页。

往怠于检查字典，致对于字音字义，以及字与字联用的特殊意义，辄不免有误。其富于耐性，不避烦难，务从字典、词典检得所欲检之字与词者，势必因检字之迟缓，而牺牲不少的时间，以致读书时费力多而成就少。所谓中英文识字难易之分便在此点。欲消除识字的困难，惟有采行简易便捷的检字方法。"二是在那个时代，西方学习汉语的人很多，他们也深感检字困难。于是一些外国人引入科学方法，做了一些汉字检字法尝试，由此也促进了这一事项的改革；当然，我国的许多学者，也积极地投入到改革或创新汉字检字法的尝试之中。正是在这双重情况的促动下，王云五经过思考、综合、努力与尝试，最终发明了四角号码检字法。他说，自己追求的检字法，要点正是"人人明白，检查迅速"，为读书人，尤其是自修者排忧解难。[①]下面我们概述一下当时检字法的产生背景以及王云五发明此方法时的思考过程，还有一些专家的评价。

（一）王云五列举的八种检字法。王云五在发明四角号码检字法时指出，在那个时代，有许多中西学者都很关注这个问题，并且做出了一些工作。他列出了八种相关的汉字检字法，发明人如下：

1. 加勒尔氏（T.M.Callery）：法国人，他于 1841 年以法文著有《中国音韵检字法》，又于 1844 年著有《中国语文辞典》。他主张按照各字的首笔排列，但他自己的著作并未执行，还是按照音符排列；同音字再按照笔画多少排列，此为外国人主张改革我国汉字检字法的先导。

2. 华胥留氏（W.P.Wassiliew）：俄国人，著有《中俄字典》（1844 年）

---

① 王云五：《论学》，《王云五全集》（第 10 卷），九州出版社 2013 年版，第 273 页。

以及《中国文字之分析》两本书。他主张按照各字右旁或最低的最显著的笔画排列，很有价值。但是他的《中俄辞典》还是先按照音符排列，然后同音符的字才按照右旁或最显著的部分排列。

3. 普勒特氏（P.Poletti）：著有《中英字典》一书。其检字方法是按照旧法检到部首之后，将剩下的部分再按照部首或小部首顺序检查，好像西文检字，找到第一个字母之后再找第二个字母一样，因此就不用计算笔画了。他的方法也缺乏可行性，有许多不规则之处。

4. 鲁森堡氏（O.Rosenberg）：俄国人，研究汉字排列法极精，1916 年在日本出版《五段排列汉字字典》一书。他发明的检字法很为精细，但很难操作，程度很浅或年纪很小的学生，都不容易明白。

5. 高梦旦氏：曾有改革部首草案，其方法是只管字形，不管字义，将旧字典 214 部首，按照字形相近者合并为 80 个部首，并且确定上下左右的部居。他的方法比旧法便利，但高梦旦认为不彻底，故一直未发表。

6. 林语堂氏：其研究检字法多年，不断改进，最初是从首笔着手，将笔法分作 5 母笔及 28 子笔。后来他又将首笔抛弃，改为末笔，进步不少。

7. 黄希声氏：他是将汉字分析而成字母，凡 20 种，即认此 20 个字母与外文的字母相同，比如英文的 m、a、n 三个字母合而为 man 字，犹如汉文之一撇一捺而为"人"字一样。他的方法很新颖，但是不易实行。

8. 何公敢氏：他对于检字法研究也是从首笔进行，但所走的路与林语堂不同。

（二）四角号码检字法的原则。1924 年 11 月，王云五从电报的电码书中得到启示，提出了他的检字方案，再历经两年多的反复研究试验，最终达到完善。① 王云五称，理想的汉字排列法必须合乎 8 个原则：1. 人人都能明白。2. 检查迅速。3. 必须一检便得，不要转了许多弯曲。4. 不必知道笔顺。5. 每字的排列有一种当然的次序，不必用索引上所注的页数或其他武断的号码便能检查。6. 不可有烦琐的规则。7. 每字有一定的地位，绝无变动。8. 无论如何疑难字必能检得。王云五还总结出四角号码检字法的 5 个优点：1. 是最彻底的方法。2. 是最迅速的方法。3. 是最自然的方法。4. 是最直接的方法。5. 是最粗而密的方法。

（三）蔡元培的评价（序）。"他（王云五）变通永字八法的旧式而归纳笔画为十种，仿照平上去入四声的圈发法，而以四角的笔画为标准，又仍用电报号码的形式，以十数代表十笔，而以〇兼代表无有笔画之角。这种勾心斗角的组织，真是巧妙极了。而最难得的，是与他自己预订的八原则，都能丝丝入扣。王先生独任其劳，而给我们人人有永逸的享受，我们应如何感谢呢！"②

（四）胡适的评价（序）。"我以为王先生发明的法子确是最容易，最方便，应用最广的法子。依我看来，这个法子是可以普通采用的。他的最大阻力不过是两个大魔鬼：一个是守旧，一个是懒惰，守旧鬼说：'仍旧贯，如之何？何必改作？'懒惰鬼说：'这个法子很好，可惜学起来有点麻烦；谁耐烦费几分钟去学他呢？'这个懒惰鬼最可怕，他是守旧鬼的爸爸妈妈；一切守旧鬼都是他的子孙！我很望国中一班不懒惰的人费几分钟去学习这个四角号码检字法；先学会了，方才有

① 王云五：《论学》，《王云五全集》（第 10 卷），九州出版社 2013 年版，第 285 页。
② 王寿南：《王云五先生年谱初稿》（第一册），台湾商务印书馆 1987 年版，第 136 页。

中国出版家·王云五

批评的资格。王先生抱着'为人'的弘愿，费了整整一年半的工夫，才有这样好的结果。我们不可让我们骨头里的懒惰鬼辜负了王先生一番大慈大悲救苦救难的工作。"接着胡适说，为了便于记忆，他还给出一个歌诀：一横刀，二三竖，撇四，叉撇五，点捺同是六，有叉变成七，左钩右钩八九毕。①

（五）高梦旦的评价（序）。他将《康熙字典》的旧检字法与四角号码检字法做比较，证明四角号码检字法的优点。他写道："总而言之：旧法既不得不变，宜用十分之同情心，加以研究。须知凡百事物，草创之始，必难遽完善，吾人当以讨论修饰为己任。总期比较的良法，有成功之一日，庶治学治事之效率，得以增进。兹因王君征序于余，遂书平日感想者以归之。"②

（六）吴稚晖的评价。"王先生的用数字检字，寻到了四角的排列，乃是我们字书很自然的大成功。这值得算一个大发明。将先有无量数青年、无量数忙人，必定马上会起来感谢的。一切的好处，已由王先生同胡适之先生等倍细说过了。我也敢附一言，以庆祝我们字书的新纪元。"③

（七）胡适再评价（后记）。"王云五先生的四角号码检字法，最近又有第二次改订的新法了。新法的大意是注重从前最感觉困难的许多例外，故用一些'复笔'作单位。……这么一来，检字更方便了。云五先生这种精益求精的毅力，更使我们敬佩。我这篇序本来大可以毁去了，但因为序中的叙述颇有的意味，所以我把此序保存在这里，

① 王寿南：《王云五先生年谱初稿》（第一册），台湾商务印书馆1987年版，第138页。
② 王云五：《四角号码检字法》，商务印书馆1928年版，第31页。
③ 王寿南：《王云五先生年谱初稿》（第一册），台湾商务印书馆1987年版，第146页。

作为检字法演变史的一种材料。……上回我曾编一支笔画号码歌诀送给王先生。现在他的新法十种笔画，也可以编作一支歌诀如下：一横二垂三点捺，点下带横变零头；叉四插五方块六，七角八八小是九。不知王先生以为如何。"[1]

四、世界地位

王云五有一个很大的追求，那就是将商务印书馆建设成世界级的出版企业。他在出任总经理之初，首先出国考察半年，在此期间，他曾经于1930年6月1日接受美国纽约时报记者Abend采访，文章刊出，题为《为苦难的中国提供书本，而非子弹》。此文非常有名，而且非常重要，它从一个侧面，反映了王云五在步入出版界之初的雄心壮志。徐有守在《道南从师记》中对于该文的摘译如下：

当中国的军阀们用数以千万计的民脂民膏从事于个人权力的维持与扩张的赌博时，一位卓具才华的中国老百姓却以巨大的资产为中国人民教育的普及而赌博。这位勇敢的人物就是王云五先生。他是现任上海商务印书馆的总经理。他在美国停留七周，于考察了美国的效率制度以及各大公司的福利措施后，将启程访英。

王先生的大赌博已经赢定，它不是为他个人增加分毫财

---

[1]　王寿南：《王云五先生年谱初稿》（第一册），台湾商务印书馆1987年版，第163页。

富，而是出版了一部称为"万有文库"的巨著，这部巨著共两千册，不仅囊括了中国历史典籍的精华，而且将世界各国的文学、历史、哲学、诗以及科学著作译为现代的中国文字，悉数纳入。

在他成为商务印书馆的总经理前，王先生任该馆总编辑有年。在他的领导之下，有三百位著名的中国学者，经常为该馆担任翻译、编纂及撰写的工作。著名的中国哲学家胡适博士以及其他许多中国学术界的领袖都协助王先生的"万有文库"的编纂工作。他们希望这部巨著的价格能够低得使中国任何一个穷苦的小城市都能负担。但是，当这部巨著决定付印之际，却受到董事会部分强有力的董事的反对，他们恐惧这一出版计划会使该馆赔累不赀。可是，王先生以个人的去留力争，终于使该书在去年（一九二九）问世，共五千部，每部售价中国国币三五〇元。就在他离开纽约之前，王先生收到上海来电报已经售出四千三百部之多。

王先生拒绝讨论中国的政治或中国内战。但他说："中国人民的唯一希望在于教育的普及与交通的急速扩张，没有教育、公路与铁路，全国的统一是极困难的。"

王先生在美国时，曾考察四十余家公司工厂，并且曾经与三十位效率专家、经理、工会领袖及福利部负责人举行会议。这些活动使他写成了二十五万多字的札记。同时，他又与许多在美求学年轻的中国学人交谈，还约请了六位归国担任该馆的研究工作。他希望再能从英国、德国的大学中找到至少四位中国留学生回国参与该项工作。

王先生在四十三岁的时候，已是五千多雇员的领袖，商务印书馆是中国最大的出版公司。它成立于三十年前，但它今日已经十分成功，它的整个资本额是五百万银元，而它的许多财产的价值则超过该数几倍以上。单单上海的印刷厂就占地二十英亩；同时，还有散布该城各处的分支机构。在北京、香港且设有印刷分厂，而在中国三十个大城市中都有该馆的分馆，至于与该馆有联系的所有机构则多至千百数个，遍布国内海外。

在过去三十五年中，该馆已出版三万种不同的书籍，另有三百种正在计划印行中。此外，该馆又出版多种著名的杂志，至于其所出版的教科书则为全国三分之二以上学校所采用。

商务员工的待遇是中国最高的。同时员工们都受到由公司支付的团体的人寿保险的保障。每年有红利可分还有优渥的退休金，工人子女的教育由公司免费供给。此外，公司还设有诊疗所、托儿所，对怀孕的母亲给予生产津贴。

商务印书馆除了出版书刊之外，还举办了一个函授学校，三万二千个中国人曾在那里毕业。同时，商务又在上海开设东方图书馆。这个图书馆之建立原来主要是为公司的编辑人员参考用的，但后来则予开放，供给各界应用。该馆有五十万册以上的中文书，十万册以上的外文书。此外尚订有七百种以上的报纸与期刊。

这位商务的领袖是中国广东省中山县人。虽然他享有"活的百科全书"的荣号，但他却没有进过正式的学校。他除了是一位卓越的中国学者，他还能说、读、写流利的英文并旁通德文、法文、日文等，这些都是他无师自通、苦读而得的。

尽管他在过去几年中的工作是如此的繁多，但王先生还有余暇创造了名闻中外的"四角号码检字法"，这个简单而实用的方法已为全国所采用了。

一九一一年中国国民革命爆发之时，王先生是上海附近中国公学的教授。一九一二年满清逊位，临时政府成立，他成为临时大总统孙逸仙博士的秘书并参加教育部的工作。

王先生所领导的公司主要并不在牟利，而在使中国的教育的机会更容易，费用更低廉，这确是解决中国的重重灾难的基本途径。①

应该说，美国记者的这篇采访，比较准确地反映了王云五的文化理想与出版实践。王云五回国后，曾经向商务印书馆同人宣布实行科学管理的方案，他开宗明义，讲商务印书馆的经营方针有三条：其中第一条是对于文化方面；第二条是对于股东方面；第三条是对于员工方面。对于第一条，王云五强调指出，有两点要格外注意：一是"我们对社会要能充分供给图书文具，不使感受缺乏"；二是"要减轻图书文具的售价，使社会蒙其利"。这正是王云五从事出版工作一直坚持的基本理念。

---

① 王寿南：《王云五先生年谱初稿》（第一册），台湾商务印书馆 1987 年版，第 173 页。

五、四次危机

所谓商务印书馆遭遇的"四次危机"：第一次是在 1932 年 1 月 28 日，日本军队轰炸上海；第二次是在 1937 年 8 月 13 日，以日本军队入侵上海标志；第三次是在 1941 年 12 月 8 日，太平洋战争爆发，日本军队以海空两项进攻香港；第四次是 1964 年 7 月 1 日，王云五以 77 岁高龄入主台湾商务印书馆出任董事长，领导台湾商务印书馆一步步发展起来。这四次事件，前三次是外部事件的影响，对商务印书馆产生了巨大的伤害，因此人们相应地说，企业遭遇了"三次危机"；第四次是面对一个经营危机的企业，王云五的一次文化自救。可以肯定地说，在这四次危机中，为了拯救商务印书馆，为了使企业走出危机，恢复生产，一直身为总经理的王云五，都起到了决定性的作用。

（一）第一次危机。1932 年 1 月 28 日，日本军队进犯上海。当晚王云五独住在四川北路的家中，而他的家人住在刚迁入的威海卫路新居。九时许，王云五接到商务印书馆李拔可电话，言日本军队已经进袭闸北。王云五有些怀疑，即与英文大陆报馆主持人董显光通话，询问情况；董显光说王云五住处离闸北太近，请他来报馆一谈。结果王云五到达报馆不久，就听到隆隆炮声。为了打电话方便，王云五没有回到威海卫路家中，而住在沧州一别墅处。29 日一早，便有日本便衣队去王云五四川路住处搜捕，幸好王云五已经离开，躲过一劫。而五洲药房总经理项松茂及其同事 13 人，即被日本便衣队捕去，旋即遇害，连尸骨都找不到了。

29日晨4时20分，多架日本飞机在闸北上空盘旋示威。10时许，接连向闸北宝山路商务印书馆掷下6枚炸弹，印刷制造总厂、栈房及尚公小学全部被炸毁，起火焚烧，因为日军继续轰炸，救火车无法施救，只得任其燃烧，浓烟弥漫天空。因为总厂中纸类堆积甚多，延烧更易，厂中各种印刷机器全部烧毁，焚余纸灰飞达10多里以外，火势至下午5时才全熄灭。①

2月1—3日，日军焚掠商务印书馆编译所、研究所及东方图书馆，馆屋及图书尽毁。珍藏善本及文稿全化为劫灰，实为中国文化之一大浩劫。商务印书馆于3月中旬将全部损失数目呈报政府，共计1600余万元。其实，善本书、手稿等文化资产之损失难以金钱估算。何炳松文章《商务印书馆被毁纪略》中，详细记载了当时的损失情况，其中写道："据本馆统计，至民国二十年终止，实藏普通中文书二十六万八千余册。外国文书东西文合计八万余册，凡古今中外各科学术上必须参考书籍无不大致粗备。图表照片五千余种，内有罗马教皇凡的康宫所藏明末唐王之太后，王后，王太子，及其司礼监太监皈依天主教上教皇书之影片，及中国古画十余轴，均张氏购入以供编辑考订古代制度俗尚之用；此外如德英美诸国所出地质地图，人体解剖图，西洋历史地图，以及本馆出版各种古画油画及照片之原底，尤为不可胜数。……当本馆总厂被毁之日，东方图书馆及编译所即已有人传言因火焰冲过马路，亦遭殃及。迨二月一日晨八时许东方图书馆及编译所又复起火。顿时火势燎原，纸灰飞扬。直至傍晚，此巍峨璀璨之五层大厦方焚毁一空。东方图书馆三十年来继续搜罗所得之巨量

---

① 王寿南：《王云五先生年谱初稿》（第一册），台湾商务印书馆1987年版，第256页。

中外图书，极大部分之旧四部各善本书，积累多年之全部中外杂志报章，全套各省府厅州县志，以及编译所所藏各项参考书籍及文稿，至是焚化为劫灰。"

何炳松还说，商务印书馆所藏善本书，可分为旧四部各书、方志和中外杂志报章三大类，尤为珍贵。以旧四部为例：

经部：354 种，2973 册；

史部：1117 种，11820 册；

子部：1000 种，9555 册；

集部：1274 种，10735 册。

以上各书就版本而言如下：

宋版：129 种，2514 册；

元版：179 种，3124 册；

明版：1449 种，15833 册；

清版：138 种，3037 册；

抄本：1460 种，7712 册；

批校本：288 种，2126 册；

稿本：71 种，354 册；

杂本：31 种，383 册。

以上总计 3745 种，共 35083 册。其中只有 5000 余册寄存在金城银行库中，幸免于难。另外，购进扬州何氏藏书共约 4 万册，部别版本正在整理之中。① 这些数据，都已经化为灰烬，计入历史。

在这样的情况下，身为总经理的王云五如何应对呢？他在《两年

---

① 王寿南：《王云五先生年谱初稿》（第一册），台湾商务印书馆 1987 年版，第 261 页。

中的苦斗》一文中写道：

接着我便要揭开这两年苦斗记的幕了。幕的背后表显着散布在将及百面地方的工厂和货栈，完全付诸一炬；数千职工都感着失所和失业的痛苦；千数百股东都忧虑着血本的无着；千百万等待着供给读物的人们，都叹息着丧失了供给之源，其中一部分的人从前不甚满意于这个被毁的机构，现在却都变更态度，一致表示同情。这时候四马路一间事务室内，挤满了无数喧嚷和哀泣的人们，或要求救济，或询问将来办法。但是这种喧嚷和哀泣的声音，总掩不住十里外的枪炮声，尤其是炸弹声。室内有一个终夜未曾合眼的人，一方面应付这许多人的要求和呼吁，一方面倾听外间的枪炮和炸弹声，一方面内心正在打算，趁此摆脱一切，以谋一己的安逸和一家的安全呢？或是负起一切责任，不顾艰苦危险，不计成败利钝，和恶劣的环境奋斗，以谋打出一条生路呢？结果他竟然下了最大的决心。他虽然在这个机关只是一个极小的股东，他和这个机关的关系也不过十年，比诸许多同事们毕竟还是后进。他如果趁此卸责，或者尚不致有人责备他，同时他还有八十多岁的老父，将及八十岁的老母，以及尚在提抱的幼儿；他明知肩负这种责任，可以陷他于极度的危险，使其全家老幼失所倚赖。但是他一转念，敌人把我打倒，我不力图再起，这是一种怯弱者。他又念，一倒便不会翻身，适足以暴露民族的弱点，自命为文化事业的机关尚且如此，更可为民族之耻。此外他又想起，这个机关三十几年来对于文化教育的贡献不为不大；如果一旦消灭，而且继起者无人，将陷读书界于饥馑。凡此种种想念，都使他的决心益加巩固。他明知前途很危险，但是他被战场的血兴奋了，而不觉其危险。他明知前途很困难，但是他平昔认为应付困难便是最大的兴趣；解决困难也就是最优的奖励。[①]

正是在这样的背景之下，王云五怀着如此决绝的态度，如此坚定的恒心，如此伟大的情怀，如此爱国的热忱，开始了领导商务印书馆重新崛起的行动。

1.1932 年 2 月初，组织董事会讨论通过，宣布商务印书馆上海总馆停业；当年 3 月初即宣布，当年秋季，商务印书馆必须复业，工作重点要放在中小学教科书和参考书的承印上。

2.1932 年 5 月 9 日，商务印书馆董事会接受王云五建议，宣布解雇上海的 3700 余名职工，一时引起轩然大波。王云五受到最大压力："记自三月十六日商务印书馆董事会决议停职职工全体解雇之日起，至八月一日复业之前后，半年以内，我无时不受辱骂和威吓。好几次，因我被攻击得太厉害，许多亲友都力劝我摆脱商务书馆，以免名誉扫地，或遭遇意外。我答应只要良心过得去，脸皮尽管厚些；至关于遭遇意外之可能，我则自计人皆有死，只要为公家尽职而死，既然于心无愧，也顾不得许多。"[②] 当时胡适从北平来信也写道："南中人来，言先生须发皆白，而仍不见谅于人。"时年王云五只有 45 岁。

3.1932 年 7 月 14 日，商务印书馆正式宣告，将于 8 月 1 日复业。8 月 1 日，商务印书馆总管理处、上海发行所与租界内新设工厂，同时复业。王云五用大字书写的"为国难而牺牲，为文化而奋斗"标语，

---

① 王云五：《十年苦斗记》，台湾商务印书馆 2005 年版，第 112—114 页。

② 王寿南：《王云五先生年谱初稿》（第一册），台湾商务印书馆 1987 年版，第 275 页。

悬挂在发行所。

4.1932 年 10 月，开始组织大学丛书编委会，编印"大学丛书"，计划第一集出书 300 种，聘请各科专家达 55 人。

5.1932 年 10 月 16 日，《东方杂志》复刊，王云五在《卷头语》中写道："我所以不顾艰苦，不避嫌怨，力排万难把商务印书馆恢复；并没有什么高远的目的，只是为我们中国人争一点点的气。日本帝国主义者认为商务印书馆是中国人自办比较有点规模的企业，觉着有些讨厌，便首先把它炸毁。我认为一打便倒，一倒便不会翻身，这是莫大的耻辱；所以极力要把他扶起来。日本帝国主义者认为商务印书馆出版的图书杂志，多有提倡民族主义和反对帝国主义的也觉着有些讨厌，便趁势一火把它烧尽。我认为一火便不能复兴，也是莫大的耻辱；所以不独要把旧出版物赶紧重印，而且对于新刊物也仍积极进行。试举一例，日本帝国主义者于炸毁商务印书馆后，借口商务出版的教科书多含排日教材；揣其意一方面似为暴行辩护，一方面或亦以为今后无如我何。但是商务印书馆在劫后重印的各种教科书，仍旧不止千万册，而且每册都带着一·二八国难的创痕。"[1]

6.1932 年 11 月 1 日，商务印书馆宣布自本日起，每日出版新书一种，不包括教科书。本月 16 日决议，使商务印书馆资本总额由银元 500 万元，减为 300 万元，分作 5 万股，每股银元 60 元。[2]

7.1933 年 4 月 29 日，商务印书馆董事会通过王云五建议，建立复兴东方图书馆基金，订定《东方图书馆复兴委员会章程》。[3]

---

[1] 王寿南：《王云五先生年谱初稿》（第一册），台湾商务印书馆 1987 年版，第 292 页。

[2] 王寿南：《王云五先生年谱初稿》（第一册），台湾商务印书馆 1987 年版，第 293 页。

[3] 王寿南：《王云五先生年谱初稿》（第一册），台湾商务印书馆 1987 年版，第 296 页。

8.1934 年 1 月，商务印书馆宣布，自本年起，每日出版新书一种改为每日至少出版新书一种，多则二三种。[①]

9.1935 年 3 月 31 日，商务印书馆股东会通过，复股 50 万元，使资本额增为 400 万元。[②]

10.1937 年 3 月，商务印书馆股东会通过，恢复股份为 500 万元。1936 年全国出版物总数为 9438 册，而商务印书馆一家就出版 4938 册，占全国出版物的 52%。[③]

（二）第二次危机。在王云五的努力下，商务印书馆逐步走出"第一次危机"，完成了复兴的大任。1937 年 3 月间，王云五自觉壮志已酬，遂向张元济提出辞职的请求，结果受到张元济极力挽留。及至 7 月抗战爆发，再至"八一三"事变，日本军队占领上海，商务印书馆陷入所谓"第二次危机"之中，王云五辞职的念头只好作罢。7 月 7 日，卢沟桥事变爆发；7 月 16 日，王云五受邀去庐山参加蒋介石召集的"国是谈话会"，知道政府已经决定要实行全面抗战。所以会议没结束，王云五就日夜兼程赶回上海，再作战时准备。[④]

1.1937 年，"八一三"事变爆发，日军进犯上海，商务印书馆暂停出版工作。10 月 1 日，恢复出版新书。并发表启事："本年八一三之役，敝馆上海各厂因在战区以内，迄今无法工作；书栈房亦无法提货，直接损失虽未查明，间接损失实甚严重。自沪战发生之日起，所有日出新书及各种定期刊物预约书籍等遂因事实上之不可能一律暂停

---

① 王寿南：《王云五先生年谱初稿》（第一册），台湾商务印书馆 1987 年版，第 306 页。

② 王寿南：《王云五先生年谱初稿》（第一册），台湾商务印书馆 1987 年版，第 313 页。

③ 王寿南：《王云五先生年谱初稿》（第一册），台湾商务印书馆 1987 年版，第 324 页。

④ 王寿南：《王云五先生年谱初稿》（第一册），台湾商务印书馆 1987 年版，第 329 页。

出版。月余以来，就较安全之地点，设置临时工厂，并就分厂力量设法调剂，决自十月一日起，恢复新出版物。……"①

2. 在王云五运筹之下，商务印书馆将印务工作转移到香港与长沙两地继续出版新书。自上述启事发布之日起，一直到太平洋战争爆发，香港沦陷，每日至少还能维持一种新书出版。

3. 1937 年 10 月上旬，王云五离开上海，来到香港，并将商务印书馆之体制改为战时体制。其基本原理是，先将上海的商务印书馆总管理处降格为驻沪办事处；而总经理来到哪里，那里的管理处就自动升格为总管理处。比如王云五来到香港，驻港管理处即升格为总管理处。这样一来，王云五就可以以总管理处的名义，向全国各个分馆发号施令了。②

4. 1938 年 2 月，王云五改订商务印书馆上海发行所及各分馆考核办法：（1）考核每年分 3 期，每 4 个月考核一次；（2）每期由总管理处按照各该营业机构之过与今后情势，规定其营业及解款之标准数；（3）每期终了时，某机构之营业解款实数均超过标准者，由总管理处对其一部分或全体人员加给薪水半个月至一个月。

5. 1938 年 6 月，王云五为商务印书馆的出版物采行"战时版式"。他后来在《自撰年谱手稿》中谈道："出版家之消费以纸张为最大宗。我为着节省用纸起见，经过二三个月之研究，本决定采行一种战时版式，尽量减少空白地位，并每面增加行数字数，于是在版式大小相同的一面书籍，前此仅能排五百字者，此时可排至一千字上下，约可节省纸张半数。又每面的天地头平时空白很多，战时重版各书未经重排

---

① 王寿南：《王云五先生年谱初稿》（第一册），台湾商务印书馆 1987 年版，第 333 页。
② 王寿南：《王云五先生年谱初稿》（第一册），台湾商务印书馆 1987 年版，第 335 页。

者，初将天地头尽量缩小，约可减纸张十分之一二。经此变更后，同一字数之书，如系新排或仅重排，所用纸张仅当平时百分之五十，如未经重排，所用纸张亦仅当平时百分之八十乃至九十。"①

6.1938 年 8 月，王云五创编中小学生战时补充教材。他在《自撰年谱手稿》中写道："我认为中小学生对于战时，实有必要获得的基本知识，而非平时编印之教材所具有的。因此我为商务印书馆另编中学及小学战时补充教材，以供各校之选择讲授，以期适应现实。此项补充教材备受各学校欢迎，各出版同业纷纷仿效。教育部虽无何规定，已因出版家与各校之供需关系，战时补充教材已普及于大后方矣。"王云五先后出版有"战时常识丛书"、"抗战小丛书"、"抗战丛刊"、"战时经济丛书"、"大时代文艺丛书"等。②

7.1939 年 6 月，王云五为适应环境变化，采取措施：（1）节约用纸（缩小天地头）；（2）采用轻磅纸张；（3）使用航空纸型；（4）组织运输车队。还开始编印"时代知识小册"，他在《自撰年谱手稿》中写道："此时我计划为只识千字左右之民众，针对大时代的需要，编印时代知识小册，每册一题，内容文字以三千至四千字为限，其不得已而超出此范围之生字，一一各附注音与释义。又为节省纸张计，每册皆取消封面，一律排成八面，分售定价每册国币一分半，每辑五百册，合售国币五元。"③

（三）第三次危机。1941 年 11 月，王云五在重庆参加国民参政会第二届第二次会议。11 月 26 日会议结束，王云五先去成都华西大

---

① 王寿南：《王云五先生年谱初稿》（第一册），台湾商务印书馆 1987 年版，第 343 页。

② 王寿南：《王云五先生年谱初稿》（第一册），台湾商务印书馆 1987 年版，第 348 页。

③ 王寿南：《王云五先生年谱初稿》（第一册），台湾商务印书馆 1987 年版，第 353 页。

学看望两位公子学农与学哲，12 月 8 日准备返回香港，没想到该日清晨，日本军队突袭珍珠港，同时狂炸香港，日本陆军也进攻香港，太平洋战争爆发。王云五知道，此时商务印书馆将迎来更为艰难的局势，他需要带领同人走出"第三次危机"。

1.1941 年 12 月 8 日，王云五亲自拟写电报，发至商务印书馆所有后方分馆，告知太平洋战争爆发，商务印书馆在上海、香港两地的重心恐怕都不能再发挥指挥作用，即日起在重庆成立总管理处，希望各馆厂安心并积极进行，听从新成立之总管理处命令。同时指令，立即办理两件事情：一是在一星期或本月内，尽可能结算交给重庆总管理处款项。一是各馆现存图书，各保留两部，限期开单报告总管理处，以备调用为重版的样书。同时成立驻渝办事处，统辖后方馆厂。

2. 日军占领香港后，四处搜寻王云五。其时，上海内山书店主人内山完造，由于购书的关系，与王云五相识。他以实名登报，巧言相诱。①

3.1942 年 1 月，由于太平洋战争爆发，商务印书馆在香港、上海两地的财产全部丧失。当时重庆商务印书馆遇到困难，周转资金不足一月之需。蒋介石听到此事，专门派国民参政会秘书长王世杰和军事委员会幕僚长陈布雷来重庆办事处慰问。愿以政府名义贷款给商务印书馆三百万法币，只需王云五本人担保，月息七厘，三年为期。王云五接受了贷款额度，却在使用上改为透资方式，即急需钱时随时提取。三年期满，王云五却分文未取。王云五说，是因为经营出现转

---

① 王寿南：《王云五先生年谱初稿》（第一册），台湾商务印书馆 1987 年版，第 386 页。

机，不需要提取这笔钱。[①]

4.1942 年 1 月下旬，王云五为了摆脱生产困境，做出两项发明：其一是为了快速恢复生产，重现大批商务印书馆的图书，他组织专人研究化学翻印的方法，取得成功。得以在成都将许多重要的辞典和大学丛书翻印出来，恢复市场供应。其二是在战时的重庆，找不到熟练的排字工人，培训新人时间又很长，并且用于铸造铅字的资源缺乏。面对这种情况，王云五埋头钻研，发明了"云五式中文字架"。以此为基础，把一个新工人的培训时间，由原来的 3 年缩短为两个月；而且把以往字架每人所需铅料 820 余磅减至 350 磅。由于王云五出色的工作，商务印书馆很快恢复了"每日一书"的传统。[②]

5.1942 年 4 月，王云五派前商务印书馆西安分馆周经理去上海，面见商务印书馆驻沪办事处鲍庆麟代经理，并拜谒张元济，重点传达王云五一个极为重要的意见，那就是千万不要与敌伪合作。王云五在后来的文章中写道："我在后方，收拾余烬，定可维持商务事业与令名于不坠；所虑者，商务的基地上海全为敌人所控制，敌人仅能摧残与掠夺我之物质，伪组织却可诱使商务同流合污，影响尤巨。我认为此时万勿顾虑物质资产，数年后盟国战胜，我方定可取偿；惟无论如何，必须坚守国家立场，力拒与敌伪合作；第一不可参与敌伪资本，第二不可以任何方式与敌伪合作，出版方面宁可停止一切，必不得已以维持职工生活计，或仅印旧版之古书或科学书，或变更业务方针，侧重文具甚至百货之贩卖，万万不可有违反国策之出版物，以维

---

① 王云五：《八十自述》（上），《王云五全集》（第 15 卷），九州出版社 2013 年版，第 225 页。

② 王云五：《十年苦斗记》，台湾商务印书馆 2005 年版，第 69—70 页。

正义，而保令名。将来如有办法，我仍可自后方划款至沪，以维持职工生计，万一无法划款，此外亦别无他法可以维持职工生计，即变卖资产亦所不惜。这些话已由周某一一转达，数月后周氏复返后方，谓历访张先生及鲍代经理，均表赞同，一切请我放心。等到抗战胜利，信息通畅无阻，我获悉上海沦陷期内，许多企业，甚至大多数的出版业，都变更资本，向敌伪组织声请注册，因此不免参入新股本；但商务印书馆始终未变更资本，遂未向伪组织变更注册，甚至因此不敢召集股东会，仅由董事会决定借发股息数次，以免股东因此而要求开会，复因开会而引起增资等问题。此节张先生与各位董事确曾煞费苦心，与我第一项的意旨完全相同。惟另一项却显美中不足。胜利后，经过一二个月，重庆有若干报纸登载上海通信，攻击沦陷期内上海商务印书馆竟与数家出版业合组所谓'五联出版公司'，承印伪组织核定之教科书，有协助敌伪散布毒素之嫌；并谓重庆之商务总管理处，在我主持之下，虽极力拥护国策，编印许多有助抗战的图书，并领导承印国定本教科书，但看了上海商务印书馆之所为，尤其是我虽是总经理，而在总经理之上之董事会却仍留在上海，决定与敌伪同流合污，编印含有毒素的伪教科书；于是纷纷主张功过分明，不可因我在后方之有功抗战，而置商务董事会在上海之违反国策行为于不问云云。我在查明真相以前，固然不便作何种辨正，但自揣八年抗战，商务艰苦备尝，坚贞自守，今当胜利伊始，竟有此项恶评，精神殊感愤懑。此时渝沪函电畅通，经查询后，不幸确有其事，固由敌伪之压迫甚力，为着保存资产起见，在沪商务当局于拒绝多次以后，不得不与出版教科书之同业数家，作此联合组织，俾不致有玷本身其情故可恕，然未能按照我所传达的意旨，宁牺牲资产而不与敌伪合作，致不幸而遭此意外的责备，则不免遗憾。后来我自渝东下，抵沪数日，即坚决辞去商务总经理之职，除有其他许多原因外，这也是重要原因之一。我辞职后，闻有人向高等法院监察处检举此案，牵涉商务印书馆彼时驻沪经理鲍庆麟，因鲍氏业已去世，而他家人之关系人多已离沪，故侦查后尚未闻有进一步的措施。但是法律上的制裁虽然幸免，而在商务印书馆对于抗战的光荣史中却不免构成一个污点，至可痛心也。"①

（四）第四次危机。1964 年 7 月，王云五以 77 岁高龄出任台湾商务印书馆董事长，开始带领这个屡弱的企业一步步走向振兴。王云五说，这是他第四次带领商务印书馆走出危机。回顾这一段经历，王云五完全是在一种理想主义的状态下，投身台湾商务印书馆的。

1. 可以肯定地说，商务印书馆是王云五一生最大的精神支柱。他在战乱时期，带领商务印书馆一次次走出危机时，就曾经说过，我既不是老板，又只是一个小股东，但为商务印书馆做事时，却总会不由自主地拿出老板主义的态度，总会更多地为商务印书馆的安危和未来着想。所以说，在王云五心中，商务印书馆已经化成一个精神的东西，时时刻刻都让他牵挂。此时，大陆的出版情况他无从知道；况且早在 1948 年末，张元济就来信告诉他，商务印书馆董事会已经解除了他董事的身份。为了延续自己的文化理想，台湾商务印书馆是一个最好的平台。

2. 在王云五进入台湾商务印书馆之前，他刚刚辞去台湾"行政院"副院长的职务。他在台湾的社会地位很高，除了做政治大学教

---

① 王寿南：《王云五先生年谱初稿》（第一册），台湾商务印书馆 1987 年版，第 396 页。

授之外，还兼任着许多社会职务，比如"故宫博物院"管理委员会主任，还有许多基金会的董事长，还在写他的年谱和回忆录等。显然，此时的王云五已经很忙了，他的精神生活与物质生活，都已经十分丰富了，似乎没有必要在77岁的时候，再做这样的身心投入。但是，作为一位多栖的职业人，王云五最看重的职业是出版，他做得最成功的职业也是出版；而在出版之中，商务印书馆几乎是他唯一的栖身之地，也是他最有感觉的文化企业。在这一层意义上，他晚年回归出版，台湾商务印书馆不是他最好的平台吗？

3.此时的台湾商务印书馆，与当年商务印书馆的大好局面根本无法相比。首先，它先天不足。前身只是1947年建立的一个分馆；1949年以后，按照当时台湾法令，更名为台湾商务印书馆，但是由于条件的限定，直到1964年都没有开过董事会，生产只是处于一种维持的状态。其次，它的规模很小。起初它的资本金只有20万元新台币，后来由于房产增值，才增加到100万元新台币。王云五接手时，它只有19个员工，平均年出书不到50种，营业额不到200万元新台币，年利润不到100万元新台币。正是在这样的情况下，王云五接受了台湾商务印书馆，他不是看重商务印书馆这个品牌，不是为了自己心目中的某种文化理想，还能为什么？也正是在这样的条件下，王云五经过努力奋斗，在文化上与商业上，很快地又获得了成功。

第四章

选题思想

　　"选题"是出版界的一个专业概念。对于
王云五而言，在长期的出版工作中，他对于
选题的理解与思考，一直都在进行着。王云
五关于选题建设的三个高峰期，恰恰发生在
他的三次任职过程中。他的第一个选题思想
的高峰期出现在 1921 年，他进入商务印书馆
编译所的时候；他的第二个选题思想的高峰
期出现在 1930 年，他出任商务印书馆总经理
的时候；他的第三个选题思想的高峰期出现
在 1964 年，他出任台湾商务印书馆董事长的
时候。可以说，这是王云五出版生涯的一条
主线，其他的事情，都是围绕着这条主线展
开和发展的。

一、任编译所所长时的选题思想

就出版家王云五的一生而言，在商务印书馆编译所的那段工作，是他构建选题思想的起步，也是一个最重要的时期。无论是天赋、机遇，还是创造性，他此时的选题计划已经达到很高的境界，并且一直成为王云五出版工作的纲领。这一方面说明，王云五是一位一以贯之的人；另一方面也使我们认识到，正确的方向与高超的起点，决定了王云五一生的成就。

（一）与胡适谈选题。1921年下半年，在张元济、高梦旦等人邀请下，胡适从北京来到上海，考察商务印书馆编译所的工作情况。当时王云五正在上海家中闭门读书，7月23日，胡适去王云五家中拜访，写下一段日记，从中可以看到他对王云五的高度赞扬。① 这也为此后胡适推荐王云五代替自己出任商务印书馆编译所所长埋下伏笔。

第二天，王云五回访胡适。胡适在日记中记道："云五先生读书极博，他自己说他的好奇心竟是没有底的，但甚苦没有系统。我昨天劝他提出一个中心问题来做专门的研究（最好是历史的研究），自然会有一个系统出来。有一个研究问题做中心，则一切学问，一切材料都有所附丽。他昨天把我这话想了半天，今天来说，他极赞成我的主意。他已决定做一部中学用的大《西洋历史》。他的办法是：（1）以'平和的英雄'代平常历史上的'战争的英雄'；以文化的进步代国家朝代的兴亡。（2）用威尔逊《美国史》的办法，本文极少而附注极多；

---

① 胡适：《胡适日记全编》（3），安徽教育出版社2001年版，第395页。

本文皆是提纲挈领的要旨，供一般学生的教科书，用大字印；附注或为传记，或引原料，或为详论，供教员的参考，及高才学生的研究，用小字印。我极赞成这个办法，并劝他即日动手。他说一月之内可拟一个纲目给我看，一年为成书之期。我非常高兴，因为我可以断定这部书一定会好的。"①

注意，从上面这封信的内容可见，王云五与胡适所谈，正是一个极好的图书选题。这个选题得到了胡适的充分肯定，同时也显示出王云五构思选题的卓越才华。这两天的见面与对话，一定对胡适推荐王云五去商务印书馆编译所，起到了决定性的作用。果然，在此后不到一个月，即8月19日，商务印书馆经理兼发行所所长王仙华宴请王云五与胡适在"一品香"吃饭，胡适即已经向商务印书馆推荐王云五代替自己进入编译所；而当时王仙华还推荐王云五为总务处机要科科长。到了9月16日，也是农历中秋那一天，王云五就去编译所考察工作了。②

（二）《改进编译所意见书》中的选题思想。其实王云五刚进入商务印书馆时，张元济、高梦旦等人对于他的真才实学，还是将信将疑的。究其原因，一是王云五没有学历；再一是王云五没有在出版社工作的经历，更不用说像商务印书馆这样首屈一指的大出版公司了；尤其是商务印书馆一向很注意发现人才，却没有听说过王云五这个人。他们只是给胡适面子，让王云五来馆中接触了解。时过不久，当时的编译所所长高梦旦就极力推荐王云五接替自己出任所长，可见他对王云五印象极好。是什么力量在起作用呢？读王云五11月13日写给商

①　胡适：《胡适日记全编》（3），安徽教育出版社2001年版，第396页。
②　王寿南：《王云五先生年谱初稿》（第一册），台湾商务印书馆1987年版，第105页。

务印书馆的《改进编译所意见书》，就会清楚，主要是王云五的选题思想，打动了商务印书馆的董事会。

王云五在这份意见书中有一个专题是专门谈选题思想的，其题目为《编著书籍当激动潮流不宜追逐潮流》。他开篇即谈道："营业上贵有充裕的资金，以能稍待时日而获较大之利也。普通书肆之出版物所以追逐潮流者，以资本短缺，亟图目前之利耳，然潮流即至，尽人得而追逐之，则竞争者多，为利亦仅矣。以本馆资本之雄厚，在营业上固不必追逐潮流，而当激动潮流，盖显而易见者。"① 由此可见，王云五首先在战略层面上，为编译所的选题方向做了一个清楚的定位。他实际谈到三点：一是出版要引领潮流而不宜追逐潮流；二是一些没有经济实力的出版社追逐潮流，实属无奈之举，但一般难以成功；三是商务印书馆实力雄厚，理应走"激动潮流"的道路。在这样的战略前提下，王云五列举了三个选题板块：

1. 各科使用的专门书籍。王云五用大量数据详细分析了当时大学专科以上教材的使用情况。他发现的问题之一是此类书籍非常缺乏，许多学校在使用外国教材；问题之二是许多出版社苦于此类书印数小、销售周期长，不敢从事这方面的出版。王云五说："鄙意亟宜就基础科学应用科学等专门书籍，为积极计划编印，虽一时或未能十分畅销，然以实际需要者之众多，苟从营业上特加注意，故不难逐渐发展，及效果渐著，则所谓'社会大学校'将成立于无形中，此后需要之增加，尤不可以常率推定。譬如现在苦心孤诣者未尝入中等学校，而欲径读高等专门书籍，目前基础值学未备，必先购取中学普通书籍

---

① 王寿南：《王云五先生年谱初稿》(第一册)，台湾商务印书馆 1987 年版，第 112 页。

而读之，则本馆中等教科书销路必随而长进，此间接之利也。社会教育与学校教育互为因果，今社会上之高等教育既随出版物而发达，则学校中之普通教育必因而益盛，中等教科书之销路亦因而长进，此又间接之利也。此外间接利益尚多，不遑枚举。"①

　　从上述王云五的选题与市场分析中，可以看到他自身的三点优势：其一，王云五此前是教师出身，十分熟悉教育界的情况，他对于教科书的使用以及教育市场的分析，很有水准；而商务印书馆是靠教材起家的出版社，自然会看重王云五这方面的优势。其二，王云五本人又是自学成才，所以他对于求学者的状态十分了解，知道他们的需求。其三，王云五对于图书市场的动态分析观点，即高等教科书与中等教科书之间的互动关系，即使在今天来看，依然显得十分高明。

　　2.各类工具书的出版。王云五指出，虽然商务印书馆在口头上，似乎很重视工具书的建设，但在实际上，他们在这方面的选题建设，还是十分薄弱的。究其原因，还是面对投资较大、见效较慢的工具书生产，对其市场状态信心不足。对此，王云五首先以原版《大英百科全书》在中国的销售业绩为例，说明中国市场工具书销售的巨大潜力。他甚至已经设想出组织百科全书建设的一个个步骤：我们可以从翻译一部《少儿百科全书》入手，用以熟悉它的生产流程；我们也可以从《新时代百科全书》入手，它的规模还不及《大英百科全书》的十分之一；我们还可以从《尼尔逊活页百科全书》入手，它的规模只相当于《大英百科全书》的五分之一，而且我们可以借鉴其"活页"的做

---

　　①　王寿南：《王云五先生年谱初稿》（第一册），台湾商务印书馆1987年版，第113页。

法，去掉其中不合中国国情的内容，同时由商务印书馆不断向购买者供应新鲜的活页资料。

除此之外，王云五还提出更多的工具书选题构想：《教育大辞典》、《商业辞典》和《农业辞典》等，使之与高等小学的《商业教学纲要》、《农业教学纲要》等发生关系。以此为范例，可以进一步出版与学校各个学科教学相关的专科辞典，诸如《作文词典》、《文法词典》、《历史词典》、《地理词典》以及《美学词典》等。而那时的商务印书馆，只有《英文词典》和《国文词典》等。

3.手工玩具的制作。对此，王云五指出："可以同时发展德育智育体育美育四项，其关系至重大，不仅提倡生徒技术观念或儿童兴趣而已。最近欧美各国教育界多注重此项，至以手工玩具代替平常教室功课，如学的梅里教育法，其显著者也。然此犹限于初程之儿童，今则有逐渐推及于较长之儿童，而名为'心手相应'之教育法，目前我国流行之手工玩具，多以模仿的、兴趣的，而未尝注意于创作的、自动的；且即此尚无充分之供应，鄙意乘此无人竞争之时，本馆如能急起进行，则对于教育上之贡献，与对于营业上之利益，皆非浅鲜也。"①在这段选题创意中，可以更加清楚地看到，王云五在教育方面的认识确实较他人技高一筹；他对于许多新教育理论熟稔于胸，这也是商务印书馆欢迎王云五的重要原因之一。

（三）入主编译所之后的选题构建。1922年，王云五开始出任商务印书馆编译所所长，一直到1929年辞职，历时7年多的时间。在

---

① 王寿南：《王云五先生年谱初稿》(第一册)，台湾商务印书馆1987年版，第114页。

这期间，王云五在选题建设方面，可以说，给编译所带来了巨大的变化。下面我们以年为限，看一看每年的重点选题状况。

1922 年，《儿童世界》和《儿童画报》创刊。王云五重点做了三件事：一是聘请专家改组编译所机构；二是把原有的英文函授科，改组为函授学社；三是创编各科小丛书。就选题建设而言，王云五看到此前的商务印书馆，主要的出版物是中小学教科书，其次是编印参考书和工具书，如《辞源》、《新字典》等；还影印古籍如《四部丛刊》等。至于新学的书籍，一直零星出版，没有一个整体的计划。王云五最初的选题设计，即从此处入手，计划为各个学科出版一些入门的图书。以此为后面准备编纂的《百科全书》及"万有文库"做内容上的准备。他首批推出的小丛书有："百科小丛书"、"学生国学丛书"、"国学小丛书"、"新时代史地丛书"、"农业小丛书"、"工业小丛书"、"商业小丛书"、"师范小丛书"、"算学小丛书"、"医学小丛书"和"体育小丛书"等。王云五计划在三四年内，每套丛书都陆续编印百余种。每种书以 2 万字为限，聘请各科专家执笔。以"学生国学丛书"为例，将我国古籍分立题目，"选其精要，详加阐释，并于导言中说明全书大要，使尝其一脔者，除细嚼其一部分外，并得窥全豹之外形与内涵。其中属于经学部分，为融通脉络起见，间或分类改编其顺序，仍大体说明全书之轮廓？"[1]

1923 年，王云五组织创编的"小丛书"陆续出版，还出版了《科学大纲》、《英汉双解韦氏大学字典》和《动物学大辞典》。自本年起，王云五与一些大学及学术团体等，签订出版丛书合约。包括

---

[1]　王云五：《八十自述》（上），《王云五全集》（第 15 卷），九州出版社 2013 年版，第 89 页。

"北京大学丛书"、"东南大学丛书"、"尚志学会丛书"、"中华学艺社丛书"等。他的这项工作是为此后编辑出版"大学丛书"做准备。另外，此前商务印书馆的工具书建设只有《辞源》和《植物学大辞典》等几种。从本年开始，王云五开始启动各科词典的编辑工作，此后历年编印各种词典不下 20 种。在王云五的努力下，商务印书馆的新出版物迅速增长，由 1921 年的全年出书 230 种、773 册达到 667 种、2454 册。

1924 年 2 月，《少年百科全书》出版，全书 20 册，以美国出版的 Book of Knowledge 为底本，由此迈出了王云五《百科全书》计划的第一步。本年还出版有《国音白话注音学生词典》、《白话词典》和《新撰小学生教科书》。

1925 年 3 月，王云五发明"四角号码检字法"。"学生国学丛书"（王云五、朱经农主编）出版 90 余种。

1926 年，《自然界》（周建人主编）创刊。

1927 年，《中国植物图谱》（胡先骕）、《市民千字课》和《国际音标国语正音字典》等出版。

1928 年，《四角号码学生字典》、《教育大辞书》、《综合英汉大辞典》等出版，编印"世界文学名著丛书"。

1929 年，编印"万有文库"第一集，1010 种，11500 万字，分装 2000 册，另附参考书 10 巨册，编印"汉译世界名著丛书"。①

---

① 《商务印书馆百年大事记》（1897—1997），商务印书馆 1997 年版，1923—1929 年。

二、任商务印书馆总经理

1929 年 9 月，王云五辞去编译所所长职务，离开商务印书馆。1930 年 2 月，由于商务印书馆总经理鲍咸昌去世，高梦旦等人又把王云五请了回来，接任总经理职务。王云五在这个位子上，一坐就是16 年，直到 1946 年王云五辞去总经理职务，其间经历了许许多多的风雨，包括：实施科学管理方法的风波以及由于战争带来的商务印书馆的"三次危机"，等等。这是在王云五一生中，连续任职时间最长的一段经历，也是遭遇风波最多的一个阶段。那么，在这样的背景之下，王云五的选题思想有哪些表现呢？显然，这是一个非常重要的问题，因为在商务印书馆的工作中，企业管理与选题管理，始终是王云五战胜困难、走向成功的两翼。对于选题管理，可以从 16 年中通过对一些重点图书项目的考查，读出王云五的出版理念。

（一）"一·二八"事变后的选题构建。历经这次灾难，商务印书馆资产损失惨重，而最大的损失是在遭受轰炸之后，商务印书馆宣布停业。作为一个商业单位，停业就预示着将市场让了出来；况且，你遭到轰炸，同业的其他出版社并未遭此厄运，他们自然会迅速地将你让出的市场抢占过去。比如在 1932 年，即"一·二八"事变爆发这一年，中华书局与世界书局的新书出版数量都大大超过了商务印书馆：商务印书馆为 61 种，中华书局为 608 种，世界书局为 317 种。这也是此前许多年中商务印书馆的新书出版量，首次落在他人的后面。①

---

① 王寿南：《王云五先生年谱初稿》（第一册），台湾商务印书馆 1987 年版，第 327 页。

好在此前的商务印书馆已经有30多年的选题积累；况且，此时距离王云五离开编译所的时间也不长，他那7年多精心组织的图书出版和选题积累，都是战胜此次突发事件的基础。所以说，王云五领导商务印书馆复业的首要任务，就是重印那些有价值的图书。他们先从恢复中小学教材生产起步，正如1932年7月11日《时报》记载商务印书馆股东会的情形中写道："选举完毕后，即由董事会宣布，该馆总发行所定于八月一日开始复业，因该馆自遭炸毁后，关系吾国国运教育甚巨，故乃力谋恢复，惟范围则已缩小。至秋季开学教科用书，亦经尽力筹划，先就北平、香港两分厂赶印各级教科书。两厂规模本不甚大，并以原有图版多不完全，准备手续实费心力，故以由平港两局分任印刷中小学用书及重要词典为主，所有两处机器均全，日夜二十四小时继续工作，并添置必要之机器，使工作继续不断，两局印刷能力，因之较平日增加多倍。至今小学用书已印出千余万册，中学书百余万册，字典词典数十万册，其他参考用书亦陆续印出数百种，颇足付本届秋销之急需，至于仪器文具等，亦均有相当之准备云。"[1] 当然还有许多恢复重印的图书，此处不再赘述。我们重点看一看他们新开发的选题。

1932年，出版《辞源·续编》。更重要的工作有两项：其一，10月，复刊《东方杂志》，胡愈之出任主编。其二，成立"大学丛书"编委会，组成55人的编委会。请看名单（依姓氏笔画顺序排列）：丁燮林、王世杰、王云五、任鸿隽、朱经农、朱家骅、李四光、李建勋、李书华、李书田、李圣五、李权时、余青松、何炳松、辛树帜、吴经熊、

---

① 王寿南：《王云五先生年谱初稿》（第一册），台湾商务印书馆1987年版，第284页。

吴泽霖、周仁、周昌寿、秉志、竺可桢、胡适、胡庶华、姜立夫、翁之龙、翁文灏、马君武、马寅初、孙贵定、徐诵明、唐钺、郭任远、陶盟和、陈裕光、曹惠群、张伯苓、梅贻琦、程天放、程演生、冯友兰、傅斯年、傅运森、邹鲁、郑贞文、郑振铎、刘秉麟、刘湛恩、黎照寰、蔡元培、蒋梦麟、欧元怀、颜任光、颜福庆、罗家伦、顾颉刚。另外，1937 年 9 月 1 日，商务印书馆广告上曾列出"1932—1937 年大学丛书出版目录（翻译不在内）"，具体见附录 1。

1933 年，影印北京图书馆所藏善本 12 种、故宫博物院《宛委别藏》40 种，编印《复兴教科书》和"小学生文库"。

1934 年，辑印《四部丛刊续编》，收书 81 种，1438 卷。辑印《四库全书珍本初集》。影印《六省通志》（湖南、浙江、广东、畿辅、湖北和山东）。编印"万有文库"第二集，其中包括："国学基本丛书"二集，300 种，1200 册；"汉译世界名著"第二集，150 种，450 册；"自然科学小丛书"，200 种，300 册；"现代问题丛书初集"50 种，50 册。编印"幼童文库"200 册。

1935 年，辑印《丛书集成》，收丛书百部，计 4100 种。编印《四部丛刊》三编，70 种。编印"小学生分年补充读本"600 册。

1936 年开始编印"中国文化史丛书"。辑印《四部丛刊三编》，收书 73 种，1910 卷。出版文学研究会"创作丛书"和"世界文学名著丛书"。影印《续古逸丛书》第 43 种《永乐大典》写本《水经注》。影印《缩本四部丛刊》初编。关于"中国文化史丛书"，在 1937—1939 年间出版 40 种，书目见附录 2。

以上是商务印书馆经历"一·二八"事件之后，陷入所谓"第一次危机"，在逐渐复苏的过程中，重点选题的发展状况。其中的亮点是：1. 启动"大学丛书"，这是王云五在进入编译所之时，就已经在《改进编译所意见书》中提到的选题；2. "万有文库"第二集，依然与《百科全书》及图书馆建设一脉相承；3. "小学生文库"、"幼童文库"和"小学生分年补充读本"，这是一些具有创新意义的选题，规模极大，累计有千余种，是商务印使馆整个教育板块的新鲜血液。4.《百科全书》建设，王云五一直组织一些人从事资料整理工作；还有《中山大辞典》的编纂工作，也在 1936 年立项，但是当 1937 年 6 月第一册已经交稿发排之后不久，"八一三"事变爆发了，纸版铅字尽毁，只有原稿底本尚存。1938 年，王云五依此底稿，在香港出版《中山大辞典一字长编》。

应该说，王云五这几年的选题操作非常有成效，单从数据上看，我们上面提到，1932 年，也就是"一·二八"事件爆发的那一年，商务印书馆的年出书数量，只有 61 种；到了 1936 年，商务印书馆出版物已经上升到 4938 种，而中华书局只有 1548 种，世界书局只有231 种。当年全国出版物总数为 9438 册，而商务印书馆一家就出版4938 册，占全国出版物的 52%。[①]

（二）"八一三"事变后的选题构建。1937 年 7 月 7 日卢沟桥事变爆发；8 月 13 日，日军攻占上海，商务印书馆再次停业。9 月1 日，商务印书馆发布启事，宣布 10 月恢复出版新书。启事中写道："敝馆五年以来，两遭国难。二十一年一·二八之役，总馆及总栈全毁，损失奇重，总馆因是停业半年。复业后，鉴于学术救国之重要，于同年十一月一日，宣布每日出版新书至少一种，五

---

① 王寿南：《王云五先生年谱初稿》（第一册），台湾商务印书馆 1987 年版，第 328 页。

年以来，从未间断，且逐渐增加至每日三四种，教科书及大部书尚不与焉。本年八一三之役，敝馆上海各厂，因在战区以内，迄今无法工作，书栈房亦无法提货。直接损失虽未查明，间接损失实甚严重。自沪战发生之日起，所有日出新书及各种定期刊物、预约书籍等，遂因事实上之不可能，一律暂停出版。月余以来，就较安全之地点，设置临时工场，并就分厂力量，设法调剂，决自十月一日起，恢复新出版物。惟是能力有限，纸张短缺，运输亦重感困难，只能量力分别进止，其继续进行者，亦只能分别缓急次第出版。邦人君子鉴于敝馆今日处境之困难，始终为文化奋斗之诚意，当能垂谅一切也！"① 那么，王云五在如此艰难的情况下，拿出了哪些新选题呢？

1937年，编印"民众基本丛书"、"抗战小丛书"、"战时常识丛书"、"战时经济丛书"、"战时手册"和"抗战丛刊"等。还有"职业学校教科书"、"元明善本丛书"10本，《国语辞典》第一册（黎锦熙主编）。

1938年，《东方杂志》、《教育杂志》、《儿童世界》和《少年杂志》在香港编印。《东方画刊》和《健与力》在香港创刊。《中山大辞典一字长编》在香港出版。

1939年，"万有文库"第一、二集简编，在香港编印。《辞源》正续编合集在香港编印。出版《金文编》（容庚）、《伪书通考》（张心澂）和《广韵校勘记》（周祖谟）。

1940年，出版《石鼓文研究》（郭沫若）、《钟祥方言记》（赵元任）、《海宁王静安先生遗书》和《神曲·地狱》（王维克译）。②

---

① 《商务印书馆百年大事记》（1897—1997），商务印书馆1997年版，1937年。

② 《商务印书馆百年大事记》（1897—1997），商务印书馆1997年版，1937—1940年。

这几年，王云五一直在香港维持商务印书馆的工作。他创意的那几套与抗战相关的小丛书，在社会上影响不小，一些出版社还有效仿。还有《中山大辞典一字长编》以及"万有文库"简编在香港出版，都是很少的几个亮点。

（三）太平洋战争爆发后的选题构建。1941年太平洋战争爆发，上海与香港两地的货栈与印刷厂均被日军劫持，《东方杂志》再次停刊，商务印书馆总管理处迁到重庆。此时王云五在重庆主持总管理处的工作，在翻印商务印书馆各种典籍方面做了许多努力，但在新书出版方面始终没能有更好的表现。

1941年，出版《孤本元明杂剧》（王君久校订）32册、《南海先生诗集》（康有为）、《论道》（金岳霖）、《中国音韵学研究》（高本汉著，赵元任译）、《约翰·克里斯多夫》（罗曼·罗兰著，傅雷译）。

1942年，出版《中国文法要略》（上卷，吕叔湘）。

1943年，《东方杂志》和《健与力》复刊。出版《清代学者著述表》（萧一山）、《中国现代语法》（王力）、《国史大纲》（钱穆）、《新原人》（冯友兰）。编印《中学生文库》。

1944年，《学生杂志》复刊，《发明杂志》创刊。出版《比较宪法》（王世杰、钱端升）、《新唯识论》（熊十力）、《维也纳学派哲学》（洪谦）、《绿营兵志》（罗尔纲）、《历代治河方略述要》（张含英）、《新理学》（冯友兰）和《王云五新词典》。

1945年，出版《隋唐制度渊源略论稿》（陈寅恪）、《清代史》（萧一山）、《唐宋帝国与运河》（金汉升）、《新原道》（冯友兰）、《啼笑皆非》（林语堂）、《工商组织与管理》（杨端六）、《回教哲学史》（马坚译述）、《文化论》（马林诺斯基著，费孝通译）、《大战学理》（克劳什维兹著，黄焕文译）和《巴曼尼德斯》（柏拉图著，陈康译）。①

三、台湾商务印书馆董事长

1964 年 7 月，在王云五 77 岁的时候，他来到台湾商务印书馆出任董事长。此时，他已经辞去官职，但还在兼任台湾政治大学的教授。不过，王云五心里清楚，对他来说，再做出版是一种人生轨迹的回归，更是一种精神的回归，生命的回归。可以说，王云五在台湾做出版的一段经历，颇具传奇色彩。由于海峡两岸的隔绝，我们一直对其知之甚少。因此，本书设一个专门的章节"在台出版"，比较详细地讲述王云五的这一段故事。在此处，只将王云五在台湾商务印书馆工作 15 年（1964—1979 年）间亲自操作的一些重要图书选题，按照年度开列出来。

1964 年，从"万有文库" 4000 种中，选出"万有文库荟要" 1200 种，首印 600 套。

1965 年 5 月，出版《四部丛刊初编》缩印本，一共印了 400 部。6 月，创刊《出版月刊》，徐有守主编。8 月，辑印《丛书集成简编》，共计 860 册，也印了 400 部。

1966 年 2 月，预约发售"汉译世界名著甲编" 200 种，共计 600 册，此套书选自当年商务印书馆历年出版的数百种"汉译世界名著"。7 月，开始出版"人人文库"；计划出版"各科研究小丛书"。8 月，《四部丛

---

① 《商务印书馆百年大事记》（1897—1997），商务印书馆 1997 年版，1941—1945 年。

刊续编》600 册预约发售。9 月，增订出版"小学生文库"600 册。11 月，影印索引本《佩文韵府》。12 月，编印《嘉庆重修一统志》。

1967 年，2 月影印老版"幼童文库"100 本，加注音出版。4 月重印《百衲本二十四史》。7 月《东方杂志》复刊，金耀基任主编。9 月重印《涵芬楼秘笈精选汇刊》10 巨册；重印《韵史》。10 月创编"经部今注今译丛书"第一集 10 种。11 月重印《宋蜀本太平御览》；重印《中山大辞典一字长编》。12 月编印"国学基本丛书"400 种。

1968 年，1 月出版《蔡元培全集》。

1969 年，1 月重印《四库全书珍本初集》。2 月重印"宋元明善本丛书"10 种。4 月向台北"故宫博物院"借印出版《清代道咸同光四朝奏议》。10 月计划译印出版"新学科小丛书"。

1970 年，6 月影印出版王云五自藏《绀珠集》；借印孤本类书《儒函数类》。8 月开始出版《云五社会科学大辞典》。12 月影印《四库全书珍本二集》。

1971 年，1 月出版《续修四库全书提要》。5 月出版《合印四库全书总目提要及四库未收书目禁毁书目》。8 月影印《四部善本丛刊第一辑》。11 月重版影印《明清名人百家手札》。12 月重印《东方杂志》全部旧刊 50 卷，影印《四库全书珍本第三集》。

1972 年，7 月影印《格致镜原》，出版《中山自然科学大辞典》，影印《涵芬楼原本说郛》。11 月影印《四库全书珍本第四集》，出版《道咸同光名人手札》。

1973 年，1 月出版《明代名人手札》，选编出版"人人文库"甲乙辑。3 月出版王云五著《商务印书馆与新教育年谱》，出版《乾嘉名人手札》。4 月《精印历代书画珍品第一集》。8 月影印《岫庐现藏罕传善本丛刊》。12 月影印《四库全书珍本第五集》。

1974 年，3 月影印《国粹学报旧刊全集》。12 月影印《四库全书珍本别辑》，编印《四部丛刊三编》。

1975 年，9 月影印《教育杂志旧刊全部》。12 月影印《四库全书珍本第六集》。

1976 年，3 月出版《四部丛刊续编缩本》。9 月制定《科学技术大辞典》纲要。10 月拟编"国民医药卫生小丛书"，编印"社会科学及人文科学大学丛书"。12 月辑印《岫庐已故知交百家手札》，影印《四库全书珍本第七集》。

1977 年，10 月出版《孤本元明杂剧》。11 月影印《四库全书珍本第八集》，出版《中国历代思想家》10 册。

1978 年，3 月编印《新编中国名人年谱集成附详尽索引》。6 月编印《中正科技大辞典》。7 月编辑《增修辞源》。11 月影印《四库全书珍本第九集》。

1979 年，7 月编辑《涉园序跋集录》（张元济）。[1]

四、最有创造性的出版物

1970 年 5 月 2 日，王云五在台湾商务印书馆月会上演讲，谈到两个观点。第一个观点是商务印书馆建馆 74 年，划分为三个时期：前期是 1897—1921 年，约 25 年；中期是 1946—1964 年，约 18 年。

---

[1]　王寿南：《王云五先生年谱初稿》（第三、四册），台湾商务印书馆 1987 年版，1964—1979 年。

后期是 1922—1946 年，约 25 年；再加上 1964 年秋王云五入主台湾商务印书馆，已经 6 年，合计 31 年。第二个观点是在这三个时期中，一共只产生了 30 种具有创造性的出版物。其中：前期产生了 7 种，中期几乎为零，后期 23 种。

显然，王云五的这个分期法有些奇怪，但是他提出的 30 种具有创造性的出版物的观点，还是很值得我们了解和研究的。他说："我认为一个出版家能够推进与否，视其有无创造性的出版物。"这话确实点到了出版的本质。王云五在亮出这样的观点之后，利用 4 次月会的时间，逐一讲述了这 30 种出版物。

（一）王云五赞扬的出版物。王云五编书的眼光很高，他看得上的图书选题确实不多。他曾经说过："所谓创造性即是以前所没有的。……现在本馆七十四岁了，本馆先后的出版物不下万种，而堪称创造性者，只有三十种，因而够得上创造性出版物之名称，可不容易。"其实在认定的 30 种具有创意的出版物中，只有 7 种是别人编的，而 23 种都是王云五自己主持创编的。那么，王云五究竟赞扬过哪些别人编创的图书呢？

1. 王云五赞扬过的出版社和有创造性的出版物。一是开明书店和他们出版的《二十五史》；还有传记文学社和他们出版的各种传记丛刊。他甚至说，中华书局的《辞海》和《四部备要》都不算创造性出版物，其前者是在商务印书馆的《辞源》之后，后者是在《四部丛刊》之后。而中华书局出版的《中华大字典》却比《康熙字典》和《集韵》所收的字略有增加，即把现代新造的字也收入其中了，这部书勉强算得上是有一半的创造性。

2. 商务印书馆出版的第一种有创造性的出版物。正是由鲍咸恩、鲍咸昌、夏瑞芳和高凤池四位共同创编的《华英初阶》与《华英进阶》一套读物。其原书是英国人为印度人编写的,没有中文解释。上述四位原来就职于美华书馆,两位鲍先生是技工,夏瑞芳是营业员,高凤池是买办。他们动了一个念头,托一位谢牧师将这套书译成英文,再以中英对照印刷成书,一共有六七本。结果第一本初阶 2000 本几天就卖光了;于是他们继续译印进阶 4、5 册,也销得很好。商务印书馆也由此树帜。

3. 中小学教科书。王云五说,在商务印书馆建馆之前,有 4 家出版社:其一为广学会,专出教会的书;其二为江南制造局,翻译理工方面的书;其三为广智书局,出了很多革命方面的书籍;其四为扫叶书房,专出石印的古书。与商务印书馆同时的出版社,有文明书局和南洋公学,主要出版教科书。不过,编印全套的中小学教科书,商务印书馆是第一家。民国之前登记的教科书,商务印书馆的书占到一半以上。主持这项工作的人是张元济,他当时组织成立编译所,自任所长,创编的第一套书即为《最新教科书》。参与编写的人有高梦旦、蒋维乔、庄俞、杜亚泉,还有一位日本顾问。

4.《东方杂志》。此杂志的前身为《外交报》,由徐珂主持。《东方杂志》首任编辑是杜亚泉,接手的主编是钱经宇。

5.《辞源》。民国初年编印,主持者陆尔奎花了不少工夫,几乎失明。后来中华书局跟着出版《辞海》。

6. 各科辞典。如《中国人名大辞典》、《古今地名大辞典》、《动物学大辞典》、《植物学大辞典》等,还有王云五发起编写的《教育大辞书》(朱经农主编)。

7.《四部丛刊》。完全由张元济一手主持,以影印好的版本为主。

后来中华书局跟着出版的《四部备要》，不重版本，而重注疏。

8.《百衲本二十四史》。亦由张元济一手支持出版。

（二）王云五亲自创编的出版物。此中有 23 种王云五认为是具有创造性的，也是他一生从事出版的写照。注意：在王云五《最后十年自述》中，记载了这个创造性出版物目录，但王云五陆续在几次月会上讲述时，将"万有文库"占了两个序号，因此它实际上不是 23 个项目，而是 22 个项目。

1."百科小丛书"。创编于 1921 年，每本 2 万字，为后来的"万有文库"准备资源，最终集合成一部无所不包的整体丛书。

2.编印各科小丛书。像"工学小丛书"、"农学小丛书"、"商学小丛书"、"师范小丛书"、"算学小丛书"、"国学小丛书"等。

3.《百科全书》。这是王云五投身出版之初，最大的文化志向。他计划全体条文的字数不下一亿字，经过三四年的努力，已经成稿约 5000 万言，不幸被"一·二八"战火烧光了。后来连年战乱，未能再启动该项目，留下一段终生的遗憾。

4.四角号码检字法。王云五为此花费了三四年时间，经过三四次变更而成。

5."学生国学丛书"。选定几十种国学要籍，分请专家选定其中若干篇加以详细注释，另外在书前就全书撰写一个概要的说明，使读者能够对全书有一个鸟瞰的印象。

6."万有文库"。自 1927 年开始计划，1928 年底完成，1929 年出版，包括"国学基本丛书"、"汉译世界名著"、"百科小丛书"及各科小丛书共 13 种，2000 册。此后又出版第二集 2000 种。

7."大学丛书"。1921 年王云五进入编译所之前，商务印书馆始终没有出版过大学教本类书籍。王云五创编此项目，先以各大学的名义出版丛书，如"北京大学丛书"等，七八年中签订此类丛书不下 10 种，为后来出版"大学丛书"奠定基础。至抗战胜利之日，出书共达 400 余种。

8.四库全书珍本。起因于"一·二八"事变后，蒋复璁以中央图书馆筹备主任身份，将一部《四库全书》押送到上海，寄存在一个天主教堂中，准备翻印。他以为商务印书馆刚受重创，无力负担此事，就与中华书局、世界书局、正中书局等治谈，均未成。因此，他又来找王云五。王云五说，商务此时既无此能力，也无此必要，但他提议先把外面没有流行的大约六七百种，以"珍本"为名，分期印行。第一期一共印了 260 余种。

9."中国文化史丛书"。王云五、傅纬平主编，从计划到目录，王云五都认真研究，他主张文化史研究须从专题分编开始，随后才到用分编的资料合为一书。原定出版 80 种，因抗战原因，只出版 40 种即停止了。

10."自然科学小丛书"。共出版 300 种，是此类著作中规模最大的一套书。

11.丛书集成。王云五编辑此书的主旨，是从数千种丛书中，精选出其中最有用的 100 种，合并起来，共得到子目 6000 种以上，去除重复的子目，还剩 2000 余种，在此基础上编印成书。

12.《中山大辞典》。王云五在出版《四角号码字典》之后，还不满足，即以类书为主，连同许多古书新籍，或剪贴，或抄录，编成约有 800 万张卡片，构成一部大规模辞书的资料。后来与以孙科为首的中山文化教育馆签约，准备编一部约 50 巨册的《中山大辞典》。后因战乱，王云五离开上海，资料散失，最终只在香港出版一册《中山大辞典一字长编》。

13. 各省通志。只出版了 6 省的通志，后因战事发生，其余各省资料已有，却未出成。

14. 年谱集成。在 1936 年之前，王云五已经搜罗到 1000 多种年谱，准备印行，却为抗战爆发而终止。

15. "小学生文库"。以及后来续编的"幼童文库"。

16. "中学生文库"。抗战时期在重庆编印，后来朱经农接任总经理，定名为"新中学文库"。

17. "人人文库"。王云五在台湾创编的一套书。先以旧著为主，陆续加入新著，每月新出 20 本。

18. "各科研究小丛书"。每学科 1 册，5 万字左右，分为概论、小史及研究方法 3 部分。

19. "国学基本丛书"。共出版 400 多种。国学浩如烟海，选书极难。王云五亲力亲为，先就个人意见初选，再与专家选目对照，最终定下书目。

20. 《古书今注今译》。在台湾，王云五为"文化复兴会"设立的文化项目。

21. "新科学文库"。王云五在台湾商务印书馆推行的出版计划，重点出版二战以后应用科学方面的著作。

22. 《云五社会科学大辞典》。王云五 80 岁时，由政治大学校长刘季洪发起，嘉新水泥公司捐赠 100 万元编撰费，200 多位专家参加，用 3 年时间完成，共计 700 余万字。①

---

① 王云五：《最后十年自述》（上），《王云五全集》（第 17 卷），九州出版社 2013 年版，1970 年 5 月 2 日、6 月 6 日、7 月 4 日、8 月 1 日。

王云五（1888—1979）

1921 年，始任商务印书馆（上海）编译所所长

1929 年，始任商务印书馆（上海）总经理

1937 年摄于上海

1938 年访美归来于上海机场

王云五爱书如命，收藏颇丰

王云五最后两年，双腿无力，常于晨间由家人陪同，推轮椅至邻近台湾大学校园勉力散步

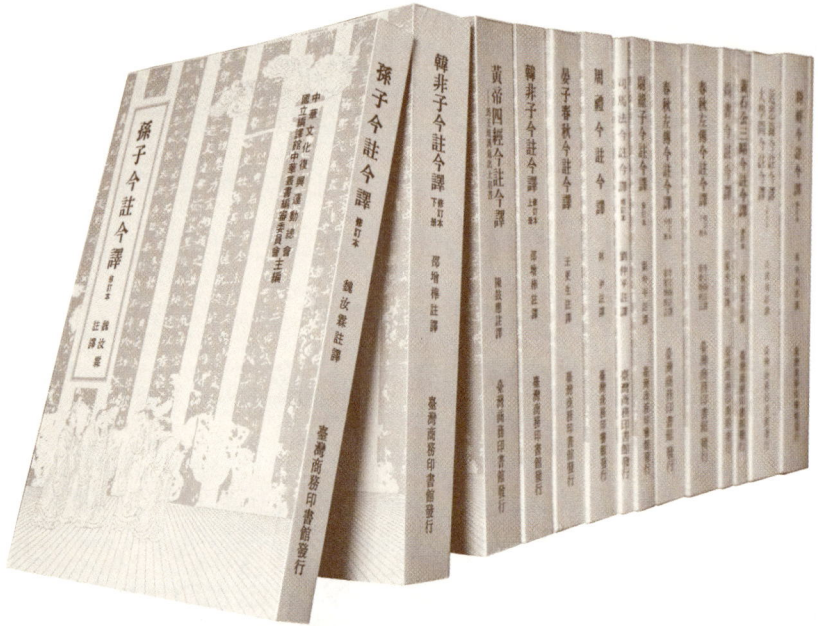

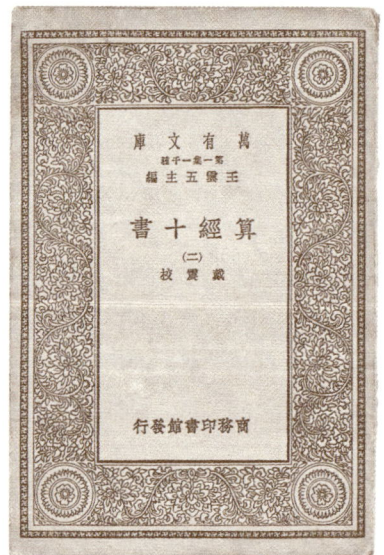

王云五主持编辑的部分书籍

第五章

经营理念

出版是一个特殊的产业，在任何社会中，都有社会效益与经济效益两重并重的属性。平衡这两者之间的关系，是一件很难的事情。总结王云五的出版生涯，他在处理出版产业的双效问题上很有一些独到之处，尤其是他在出版企业的管理方法上，创造了一些行之有效的方法，其中许多内容，今天依然可以借鉴。

王云五的经营理念，也是在他从事出版工作的三个节点上，表现得最为丰富。其一是他入主商务印书馆编译所之前，曾经写过一份《改进编译所意见书》；其二是他担任商务印书馆总经理之后，出国考察半年归来，为商务印书馆制订的"推行科学管理方法的计划"；其三是他晚年执掌台湾商务印书馆时，为台湾商务印书馆提出的拯救计划。在这三个结点上，由于企业的状态不同，王云五所采取的思路与方法也不同。在任职编译所所长时期，他的工作重点，只是对于编辑人员的管理办法；在任职商务印书馆总经理时期，他建立的理念，则是一个庞大的、雄心勃勃的、面面俱到的企业管理计划；而在任职台湾商务印书馆董事长时期，面对一个弱小的企业，他建立的只是一个拯救与重建的计划。

一、改进编译所意见书

1921 年 11 月 13 日，王云五经过在编译所 3 个多月的考察，写出一份《改进编译所意见书》。我们曾经在研究王云五选题思想时，谈到过这份意见书中的内容，其实其中更多的论述，是关于企业管理与经营方面的事情，包括工作考核、资料积累与重复利用、编辑职责、内部组织的沟通、人力资源等。王云五正是依靠这些思想征服了高梦旦等人，决心请他入主编译所。同时，他也是依靠这些思想推进了编译所后来的工作。

（一）制定人员考核标准。商务印书馆编译所的工作性质比较复杂，其中人员既有作者角色，又有编辑、校对等角色。所以在薪资分配上会出现一些混乱，比如一些编辑一面拿工资，一面还要支取他工作中创作的稿费。对于此类现象，胡适在编译所考察时，倾向于保护作者权益，要名正言顺地为编辑在工作中的创作支付稿费。王云五认为，这样做不妥，它会使编辑人员都走创作一途，不再愿意或认真去做审稿、编稿、校对，以及一些事务性的工作。为了解决这个问题，王云五提出一种所谓"按事记值法"，即将编译所中所有应该做的事情一一赋值，譬如、编书每千字定为 8 元、6 元、4 元三等，译书每千字定为 5 元、4 元、3 元三等；改稿每千字定为 1 元半、1 元、半元三等；还有审查书稿每册、计划事项每件等，各定为相当于若干日工资的数额。除了高级管理人员可以从整体工作上考察业绩，校对员、杂务员和编译生等仍然按照时间考核之外，其余的人员，凡是能够从事编辑、编写、翻译等工作的，一律按照"按事记值法"考核工作。为每一个人建立一个详细的记事簿，将他的工作划分为进款与支款两个方面。所谓进款，就是他每次所办理事项的价值；所谓支款，就是他每月所领取工资的数目。年终结算，如果进款方面多于支款方面，则除了酌量加薪之外，再按照多出来的钱数特别赠送一半给个人。比如，一个员工月薪 100 元，一年支出 1200 元；而其全年工作实值为 2000 元，则除了下一年要给他涨工资之外，本年还有特别奖励 400 元。如果一个员工进款的数额远远低于支款的数额，那就要酌情辞退此人了。

（二）资料管理。王云五经过考察后发现，在编译所编辑工作中有两项最不经济的做法：其一是各种教科书使用若干年后，因为时事要求，往往必须改编。由于编译所没有资料管理系统，没有对旧时的资料随时加以更定和修正，所以一遇到改编事情时，旧资料完全作废，一切从头再来，大大浪费时间与资金。其二是在没有互通系统的情况下，同类书籍先后出版，互相冲突，使书馆利益受到影响。针对这些情况，王云五建议，其中第一项可以参照外国报馆搜罗资料的方法，将原有各种教科书的资料，选择其中具有存留价值的内容，开列在一个档案中，分类保管，遇到发生变更或增减时，随时修正删补。

其中第二项，在编辑一些大型图书项目时，在启动之初，就要预算到此书可以产生若干个子项目，或者旁系的著作；根据这些思考，注重编写的特色，同时拿出利用原有资料出版各类、各种版本图书的办法。这样做，既可以避免自相矛盾、各自为政，又可以充分利用资料，节省资金。

（三）编辑职能。王云五认为，编译所的编辑人员可以由两部分人员组成：一部分是所内专职编辑，另一部分是外聘兼职编辑。不同的图书可以由不同的编辑担任。比如，编写中小学各种教科书、百科全书、字典、辞典等，就需要专职编辑完成；而组织出版一些专门性的译著，则比较适合有一些兼职的专家完成。在这里，王云五分别论述了编辑人员的职能要求：

1. 编辑教科书的人员，至少要具备 5 个条件：（1）相当的学识。（2）应用上的经验。（3）拥有充足的资料。（4）适当的文体。（5）了解与其他各科教科书的联系。对于这 5 项要求，王云五给出了解决方案，即吸纳一部分新人，与旧人结合，解决第（1）、（2）两项问题；利用编译馆中的资料以及前面阐释的资料管理办法，第（3）项的问题可以解决；文体问题，主要是要求馆内各科编辑将自己的经验结合潮流，就可以解决第（4）项问题；解决第（5）项问题，也是一个内部协调的问题。王云五说："上所云者，于高小及国民教科书尤为必要。其中师范等，暂因人才缺乏，分约所外专家担任，尚无大碍，但仍须力谋与其他教科书连成一气也。"

2. 编辑百科全书、辞典、字典的编辑人员，其中要使用大量中、下级人员，琐事极多，所以最好由所内人员担任。

3. 一些专门的译著，需要有各科专家担任创作。如果将这些专家招聘到编译所中，无论在经济上还是在专家们的志向上，都无法实现。所以应该采取聘任他们为馆外专家的方法，请他们在暇余时间为编译馆著译图书，按字数付酬，然后由馆内的编辑人员审定，这样做具有极大的可行性。

（四）编译所内各部门的协调。王云五指出，编译所内的编辑各具所长，如果能够收到互助的效果，就会发挥更大的力量。比如：编辑字典一项，就包含了各个学科的内容；编写教科书的编辑，也具有很多才能。但是他们处于各自为战的状态，造成人员数量很多，没有互助精神，工作效率很低。王云五说："盖人各有长短，不仅随学科而异，即同一学科之中，有长于大体者，有长于细节者，有长于选材者，有长于属稿者，故当以全所人员作为一有机体，如手与足，与耳与目，各尽所长，各补所缺，夫然而后可也。"比如，编辑一部小学教科书，至少要经过四种人的手：第一种人是确定大纲的人，此人需要明白大形势，富有种种经验和知识；他能够在动手之初，决定使用教育方针，决定使用何种文体，以及其内容选材的各部分所占比重等。第二种人是选择资料的人，他应该是具有该学科学识和教学经验的人。他能够根据教学要求，从已有的资料中适量地选择出有用的内容。第三种人是能够编写书稿的人，他首先需要有很好的文笔，再根据上述第一种人制定的编写方针以及第二种人选择出来的资料，把书稿编写出来。第四种人是审查书稿的人，仍然可以请第一种人胜任，或者委托所外各科富有学识的专家来完成。

（五）人事调整的原则。王云五提出的原则是，"新设机构要因事择人，旧有机构则不妨因人择事"。因为根据他的观察，当时编译所中的人员，除极少数之外，绝大多数人都能胜任一部分工作，只是需要把他们调整到恰当的位置。此时王云五采取的改造措施，还是比较温和的兼顾政策，他不想过多地触及编译所旧人的既得利益，以免影响他改进工作计划的进行。他说道："月来各机构谋改革者，辄先注意于用人问题；更张既多，阻力斯起，厥功不竟，盖有由来，即幸而得免阻力，然而经验有稳重之效用，学识有前进之特长；惟能互助，始克共济，否则非塞缓不前，将鲁莽灭裂矣。鄙意本所极当改革者，乃在支配人才之方法，既得其当，则原来人员咸能各尽所长，然后就其确非所长者，酌以新人补充之，则事无不成矣。若只换人而不换方法，行见新人物入于旧漩涡，鲜无不同化者。故吾谓人才无不可利用者，惟方法当改而不可不改耳。"基于这样的思想，王云五指出编译所存在的问题：其一是人与事的安排不尽恰当；其二是没有考核成绩的标准；其三是部门之间缺乏彼此的互助。为了解决这些问题，王云五提出编译所应该拥有的人才标准：

1. 具有深远眼光，知道教育大方向以及各种学术梗概，而且有能力规划出版大纲的人。

2. 具有某一科专门学识的人。

3. 有丰富的编辑工作经验，并且非常了解商务印书馆历史以及教科书生产状况的人。

4. 深明教育原理，或者对教科书研究富有经验，知道学生对于教科书需求实际状况的人。

5. 长于国文语文，能够在短时间里写出活泼的文稿的人。

6. 精通外国文字，能够著作或翻译的人。

7. 具有广博的知识，能够搜罗资料并且编辑整理的人。

8. 能够与知识界联络的人。

9. 做事公正，能够监视勤惰、稽核成绩的人。

10. 干练而能守秩序，善于办理行政事务的人。

11. 勤慎精密，善于校对的人。

12. 善于书写正体字，能够担任记录员的人。

13. 能够绘制地图以及各种绘图的人。

针对这 13 种人，王云五还给出了他们适合的岗位：第 1 种人适合主持全局工作；第 2 种人适合主持一部分工作；第 3 种人适合担任编辑顾问以及普通审查工作；第 4 种人适合抉择和审查编辑资料与出版形势；第 5 种人适合撰著书稿；第 6 种人适合翻译书稿或者撰著外文书稿；第 7 种人适合为编辑做助手，或者保管资料；第 8 种人适合搜罗外部来稿以及征求所外专家的意见；第 9 种人适合考核成绩；第 10 种人适合办理事务性工作；第 11 种人适合校对；第 12 种人适合书写；第 13 种人适合绘图。王云五说，目前编译所最缺乏的人，大致为第 2、4、6 三种人，但是需要的人数不多，只需要针对缺项，引进少量新人就可以了。①

二、科学管理方法

1930 年 2 月，商务印书馆总经理鲍咸昌去世，高梦旦等人出面将刚于上年 10 月离任编译所所长的王云五请回来，接任总经理工作。当时王云五提出两个条件，一是取消现行的总务处合议制，改由总经

---

① 王寿南：《王云五先生年谱初稿》（第一册），台湾商务印书馆 1987 年版，第 109—115 页。

理独任制；二是上任后，立即出国考察半年，研究科学管理办法。商务印书馆董事会接受了王云五的条件，所以他上任几天后，就起程前往日、美、英、法、德、比等国考察。途中已经写好"采行科学管理计划"，当年9月9日回国，9月11日将此计划交给董事会，获得一致通过。

在这份报告中，王云五开篇即谈道，他此次考察，走了9个国家，参观了40余家公司工厂，咨询了50余位专家，通信接洽30余处，读书三四百册，搜罗刊物千余种，草成笔记40余万言。他还在美国和德国聘定了7位留学生，派他们去当地机关和工厂实习三四月，将于同年10月1日前同时回国，成立研究所。他接着写道："科学管理方法系对于社会，对于雇主，与对于被雇者，三方兼利之方法，现已为欧美各国劳资两方公认，甚至过激如俄国，近亦积极采行。其结果则施诸公司，公司进步；施诸国家，国家发达。其方法虽至繁复，其原则实至简单。一言以蔽之，即对于一切措施，悉本科学的研究，有客观的根据，与因袭的或主观的相对。欧美各国间称为'合理化运动'，亦即谓一切措施，悉本乎理性，与情感或冲动相对而已。"该计划篇幅很长，共分为12个部分。

第1部分：讲预算制的重要性。王云五谈到在当时国际上预算制已经被许多先进国家所接受。当年召开的"各国公司预算管理大会"，参加会议的有30多个国家的代表，共同讨论以预算支配公司业务的方法。王云五将预算分为4个等级：（1）全公司的预算；（2）各所各科的预算；（3）各部各股的预算；（4）各个人的预算。先从前两个入手，逐步推进。

第2部分：讲设立成本会计的重要。王云五指出，不设立成本会计，弊端有 3 项：（1）预算不能准确；（2）工作标准无法规定；（3）盈余不可靠。为此，王云五派周自安在美国印刷所研究其编制成本会计的方法，回来后结合商务印书馆情况，建立成本会计处。

第 3 部分：讲设立统计工作的重要。王云五指出，实施科学管理方法，必须依赖于统计工作。没有统计工作：（1）预算不能准确；（2）工作方法难以改良；（3）标准化与简单化无所依据；（4）营业无标准。为此，王云五派关锡麟在英美各大公司研究其编制统计方法，回国后在研究所中筹备，并在短期内实行。

第 4 部分：讲标准化推进的步骤。王云五分 7 个问题剖析了实行科学管理方法的一些实际问题和改造方式。（1）全厂的布置，需要对原厂按照新的系统，进行逐步改造。（2）各种工作力量的衔接，比如出版的发稿、排字、校对、制版、印刷、装订、分发、销售等等，每一个步骤都要与系统相称。（3）场内运送，其方法研究，最受重视。王云五以美国福特公司为例，他说："至 Ford 厂之运送制度，目标在使工人受机器约束，故管理上无需过严而自严，产生人与机器一致之结果。"（4）原料供给，注意三点：一是适合规定标准；二是在可能范围内种类愈少愈好；三是时时有充分之供给。（5）栈房，原料栈房的布置，科学管理方法非常重视，需要标准化。为此，王云五在日本专门参观了中山太阳堂的标准化栈房。（6）各种底版的存储。（7）机器的利用。其一，王云五看到国外工厂无不 24 小时三班轮流工作。其二强调机器之间的衔接，专设单位管理。

第 5 部分：讲公司的工作分类与职工总调查。（1）确定每一个工作岗位的性质、责任、所需技能以及应得报酬。（2）确定每一名员工的资格、能力、生活、期望。由公司发放调查表，表中包括教育、技能、经历、年资、成绩、地位、报酬、生活，半年填报一次。重点是他对于目前地位及薪酬是否满意，为什么？（3）将各种工作在尽可能的情况下分解成为基本动作，然后测定这些基本动作的工作时间，进而算出整个工作所需要的时间，再制定评估标准。

第6部分：讲动作研究与时间研究。这是科学管理方法的两大因素。（1）关于动作研究，最初以研究最速为标准，后来改进为以最易为标准，可以使工作节省时间达到50%以上。（2）关于节省疲劳研究，其内容涉及工作方法、工具改进、工厂布置、环境设计等等。

第7部分：讲关于时间的研究。（1）对于手工或机器工，选择熟练工人若干人试做各种基本动作，算出平均所需时间，再加上必要的休息时间和间休时间，构成标准时间。美国印刷研究会曾经将印刷工作一一分析，作为标准。（2）对于售货方面，测定其比较数。（3）对于脑力劳动方面，按统计及成本会计估定出标准。（4）事务员的考核，在不容易达成的标准中规定标准。（5）对于计件工方面，根据测定的标准整理出付酬比率。（6）对于月工资的认定方面，测定标准，予以加薪或奖励。在这里，王云五给出6种测定方法，包括：分级件工制、赫尔西制、洛文制、干特氏奖金制、爱默生制、贝多制等等，每种制度都有利有弊，但都以奖励为主。

第8部分：讲关于标准化的研究。其一是标准化与简单化的同一性；其二是标准化会给企业及国家带来巨大的效益。据当时美国统计，美国实业界实行标准化之后，可节省美金一百亿元。它主要包括几个方面：（1）设备方面。（2）原料方面。（3）出品方面。比如第三条，商务印书馆以出品书籍为主，单就版式的种类而言，就非常需要加强标准化管理。

第9部分：讲销售的研究。（1）以售货比较，为店员考核，使人人自知勤勉。（2）改良零售手续，务求简易迅速。（3）对于分馆与代理处，提供最恰当的商品。（4）发展通讯营业。

第10部分：讲公司组织与确定责任。（1）改良组织，王云五列举了西方4种管理组织的架构，即纵的组织、横的组织、纵横组织以及合作组织。王云五认为，商务印书馆的组织接近于第3种，可以以此扩充，并趋向于第4种组织。（2）确定责任，明确总经理、经理的职责。（3）训练管理人员。

第11部分：讲公司与工会的关系。（1）解决劳资问题务求迅速。（2）与工会、职工代表大会共同研究公司工作效率的提升。（3）增加公司领导层与职工个人接触的机会。（4）建立职工升级训练。

第12部分：讲商务印书馆工作改进。一是图书内容，再一是印刷技术。①

以上科学管理计划公布之初，反响甚佳。没想到，1931年1月准备实行时，突然遭到商务印书馆4个工会的联合反对。王云五一时陷于被动，骑虎难下。经过分析，他觉得，科学管理的改革对象，是对人、对物、对财三者并重，而反对者只反对"对人"一项。所以王云五不久即宣布，自动撤回全案。他的这一举动，让双方都感到不可理解，觉得不符合王云五做事的一贯风格。王云五后来说："我之深意为何？科学管理在彼时国内尚无行之者，其真相与效用，国人鲜有所知，我既为商务书馆率先尝试，其成其败，当为国内企业界深切注意。我熟权利害，认为如就原计划修改至获得工职会之同意，则无异

---

① 王云五：《八十自述》（上），《王云五全集》（第15卷），九州出版社2013年版，第138—163页。

于名存实亡。其施行结果定与期望大异。国内企业以科学管理在商务书馆所表现如是，不免误认此有名无实之科学管理为名实相符之科学管理；于是我个人之体面虽幸而维持于一时，然科学管理在我国施行之前途将遭重大打击。我不敢以个人之私，使科学管理蒙不白之冤，乃断然撤回原案，而于不动声色之下，实施对事物与对财务之科学管理，期以若干时日对此二者获致相当效果，再进而恢复对人方面之实施。"事实上，后来在评价这段历史时，王云五为我国企业建立科学管理方法的贡献，深获肯定与赞赏，甚至被称为"中国科学管理之父"。

接续前段，1931 年 2 月，王云五首先避开了"对人"一项的科学管理改革，开始了后两项的改进工作。其一是采行出品及原料的标准化。其二是尽量利用原有机器，减少不必要的新购机器。其三是研究各生产单位之相互配合等等。收到很好的效果。[1] 翌年初，"一·二八"事变爆发，商务印书馆被迫停业，3700 多名职工被迫解雇。王云五在重建商务印书馆的过程中，融入他的科学管理方法，在对人、对物、对财三个方面，一并推进，取得成效。

三、重振台湾商务的计划

1964 年 7 月，已经 77 岁的王云五出任台湾商务印书馆董事长。我们知道，在 1947 年 9 月，商务印书馆台湾分馆建立；1949 年之后，

---

[1]　王云五：《八十自述》（上），《王云五全集》（第 15 卷），九州出版社 2013 年版，第 167 页。

商务印书馆将原来在台湾的分馆改为独立机构，更名为台湾商务印书馆。但是从建馆伊始，直到 1964 年，它从未召开过董事会，业务与财政情况一直不好。王云五当选董事长时，馆中的业务人员只有 19 人，平均每年出书不到 50 种，年营业额只有 200 多万元，利润只有 100 余万元。所以说，王云五此时来到台湾商务印书馆见到的情形，已与几十年前商务印书馆的情形，有了天壤之别。

对于这样的状况，王云五是有心理准备的。他一生历经风雨，意志坚强，从来都没有在困难面前服输过。这一次，他的志向不仅在台湾，更是带着重振商务印书馆品牌的决心出山的。1964 年 6 月 22 日，王云五时隔 17 年之后，再次站在商务印书馆的讲台上。虽然此商务亦非彼商务，但是在王云五的心中，商务印书馆不单是物质的，它还是一种精神的存在！此刻，即使它的规模和他的团队已经那么弱小，王云五依然十分认真地面对这一切，依然满怀激情，满怀斗志，满怀一个大企业家的气魄。他开篇说道：

> 自上星期日起，在整整一个星期内，我每日至少花了七八小时，为商务印书馆检讨和计划。我过去曾为商务印书馆三次挽回命运；此次在勉任董事长之半年内，自不敢稍辞劳苦，或有所规避。我曾和每一位同人详谈；我又曾搜集许多资料。于是我发现本公司十几年来的病因、病象，并且想出一些对症下药的办法。
>
> 谈到病因和病象的时候，如果我不能忠实报告，实在对不起自己，如果忠实报告，就不能讳疾忌医。……卅七年终我在广州接到菊老来信云："公近正韬晦，不敢再以董事相溷。"于是我在前几年力辞董事而不得者突被轻轻解除了。所以在撤退来台的时

候，我无法把本公司在香港的财产转移到台湾来，以致现在本公司资本短缺。这实在是主要的病因。到了台湾以后，我既不是董事，实亦爱莫能助。以后我又从政，于是连业务计划委员也无法担任了。十几年来赵经理单枪匹马，孤立无援，所以就产生了很多病象。①

紧接着，王云五列举了台湾商务印书馆的三大病象：其一是开支大。比如 1963 年应收账款多达 40 万元，馆方最少可以追回 30 万元；而馆方不去追款，反而贷款 10 万元，如果按照 2 分利计算，每年付给银行 6 万元。其二是营业小。商务印书馆的老书被人大量盗印，馆方却只会事后急着翻印，没有掌握主动权。其三是没有制度。没有继承老商务印书馆的法治，变为人治，开支无预算。

针对这三大病象，王云五再进行深入分析。1. 在"开支大"的名下，他逐年逐项列出人事费、财务支出、修缮费的明细，逐年增长，吃掉每年的纯利越来越多。2. 在"营业小"的名下，他指出两个原因：一是没有人主持出版；二是缺乏资金。3. 在"没有制度"名下，他列举了一些盲目的做法。为了解决这些问题，王云五给出三点方针：一是节流，二是开源，三是建立制度。然后，王云五提出五种办法，提交董事会讨论：

（一）薪津调整办法。下面设有七条规定，包括废止由经理酌按基薪乘倍数制暂行办法、统一薪津规定、原支伙食费津贴并入统一薪津内等等。

① 王寿南：《王云五先生年谱初稿》（第三册），台湾商务印书馆 1987 年版，第 1367 页。

（二）本公司同人进退服务奖惩及福利金支付办法。下面设有七条规定，包括管理人员任免办法、管理人员任期时间、发放福利办法、兼职的限定等等。

（三）本公司采购办法。下面设有三条规定，包括大宗采购纸张的程序，零星采购材料的办法等等。

（四）本公司营缮修理办法。下设四条规定。

（五）本公司同人服务规则。下设六章，共五十一条。每章题目为：第一章总则；第二章规则；第三章安全与卫生；第四章奖励；第五章惩戒；第六章附则。这个规则内容非常详尽，实际上是以商务印书馆在上海时制定的《服务规则》为底本，结合台湾的情况做一些修订之后，由台湾商务印书馆董事会通过实施的。[①]

四、营销案例

以上三节，仅仅是王云五三次出任商务印书馆要职期间颁布的三个管理方案。实言之，这些内容既琐碎又有些乏味，许多人也以此攻击王云五做出版最注重这些锱铢必较的事情，因此够不上一位出版家的称号，实为一介出版商而已。其实不然，就出版的属性而言，我们无论有怎样高大的文化理想，没有企业经营管理的依托，没有产品营销的依托，任何事情都是做不成的。所以，就出版而言，问题的关键不是我们是否要关心经营，而是我们怎样做才能将文化与经营两者恰

---

① 王寿南：《王云五先生年谱初稿》（第三册），台湾商务印书馆1987年版，第1367—1379页。

当地结合起来，使我们的企业能够健康发展，使我们的图书能够有更大的销量，更好的传播，从而满足更多的读者需要。下面列举两套图书的营销案例，由此了解一下王云五的经营才智以及他为文化传播所耗费的一片甘苦之心。

（一）"万有文库"。本书中已经多次谈到这个题目，其实在 1929 年二三月间，这套书完成编辑工作之后，构成了一个具有 2000 册图书、10 巨册参考书的大项目。王云五计划从 7 月份上市发行，提前 3 个月开始预订，预订价为 360 元。最初，王云五对这套书的市场估计非常乐观。他深信，如此大规模而有系统的丛书，售价如此低廉，销售应该没有问题，所以主张初版印 5000 套。

但是，当时商务印书馆实行合议制，最高层的会议为总务处会议，由总经理、经理、编译所所长、出版部部长、发行所所长等人构成会议成员，对于馆内的重大项目，要上会讨论。王云五在介绍"万有文库"构成时，与会者没有异议，但是时任机要科副科长的盛桐荪却提出 5000 册印数太多，需要考虑。闻此言，为编此书辛苦了七八年的王云五立即激动起来，与盛桐荪发生争论，他一时间滔滔不绝，谁都拦不住。幸亏深知王云五秉性的高梦旦出面调和，才使局面平静下来，还是按 5000 册开机，盛桐荪也没再说话。

但是，后来事实证明，盛桐荪的担心并非没有道理，"万有文库"最初的预订非常不理想，许多读者都在观望。由于有了那次争论，王云五也显得非常紧张和焦急。没想到天降救星，当时浙江省财政厅厅长钱新之手中有一笔经费，他想拿出来做公益，看上了商务印书馆广告中介绍的"万有文库"，几经核算，一次订购了 80 套，为浙江省每个县赠送一套。有图书馆的，放于图书馆中；没有图书馆的，以此为基础建立图书馆。王云五后来写道:"我得此鼓励,精神为之一振,遂计划集体预约办法,分别按合购部数之多少,予以相当折扣;一面分函各分馆,向该省教育厅或其他主管机关接洽,并举浙省之先例。果不出所料,各省集体订购者至少五十部,多至一二百部,不久便增加了二千余部之预约。"同时,私人藏书家也参与进来,纷纷订购,到预定期满时,已经订购了 6000 套,比初印数还多出 1000 套。面对这种情况,只好增加印数,同时订购部赶紧调整计划,延长预定时间,最终竟然订购 8000 套。

但是,事后王云五反思自己,他还是认为盛桐荪的意见有道理。王云五在此后出任商务印书馆总经理时,遇到印数问题,他一般倾向于"少印勤添"的方针,这样做可能会增加一些成本,不过比较印量过大造成库存积压而言,风险要小很多。[1]

(二)"人人文库"。这是王云五在台湾商务印书馆出任董事长期间亲自操作成功的一套大型丛书,自 1966 年 7 月份开始发行。在选书方面,王云五依然坚持新旧掺杂的方式,在每月推出的 20 本书中,有 15 本是旧书新印,有 5 本是新书,可见王云五对老商务印书馆的追随,以及他在经济上的善于核算的一贯作风。一直到 1974 年,一共出版 1590 种。后来由于台湾纸张缺乏且涨价,被迫停止印行。对于这套书,王云五曾经写过三篇序言,文中将自己富于创新的经营理念说得十分清楚。

1. 实际上,这套书是王云五对于"万有文库"的一种接续,但在丛书名字上,却是模仿英国人的"人人文库"。1969 年 6 月 30 日,

---

① 王云五:《八十自述》(上),《王云五全集》(第 15 卷),九州出版社 2013 年版,第 128 页。

在"人人文库"创刊满三年之际，王云五曾经写过一篇《编印人人文库序》，其中谈到了他的经营思想。他写道：

> 余弱冠始授英文，为谋教学相长，并满足读书欲，辄广购英文出版物。彼时英国有所谓人人丛书 Everyman's Library 者，刊行迄今将及百年，括有子目约及千种；廉价而内容丰富，所收以古典为主，间亦参入新著。就内容与售价之比，较一般出版物所减过半。其能如是，则以字较小，行较密，且由于古典作品得免对著作人之报酬，所减成本亦多。

> 余自中年始，从事出版事业，迄今四十余年，中断不逾十载。在大陆时为商务印书馆辑印各种丛书，多寓廉售之意，如万有文库一二集，丛书集成初集以及国学基本丛书等，其尤著者也。民五十三年重主商务印书馆，先后辑印万有文库荟要，丛书集成简编，汉译世界名著甲编等，一本斯旨。惟以整套发售，固有利于图书馆与藏书家，未必尽适合于青年学子也。

> 几经考虑，乃略仿英国人人丛书之制，编为人人文库，陆续印行，分册发售，定价特廉，与人人丛书相若；读者对象，以青年为主，则与前述丛书略异。本文库版本为四十开，以新五号字排印，与人人丛书略同；每册定价一律，若干万字以下，或相等篇幅者为单册，占一号；超过若干万字或相等篇幅者为复册，占二号，皆依出版先后编次。每号实价新台币八元，一改我国零售图书向例，概不折扣。惟施行以来，发见间以万数千字之差，售价即加倍，颇欠公允。研讨再四，决改定售价，单号仍为八元，双号则减为十二元，俾相差不过巨。又为鼓励多购多读，凡一次

购满五册者加赠一单册，悉听购者自选。区区之意，亦欲借此而一新书业风气，并使购读者得较优之实惠而已。

抑今后重印大陆版各书，除别有归属，或不尽适于青年阅读者外，当尽量编入文库。同时本文库亦尽可能搜罗当代海内外新著，期对旧版重印者维持相当比例。果能如愿，则本文库殆合英国人人丛书与家庭大学丛书 Home University Library 而一之也。

韶光荏苒，今距本文库创刊时恰满三年，出版书号已达一一一〇，册数多至七百三十，间有极合本文库性质，徒以篇幅过多，不得不割爱者，深觉可惜。几经考虑，决字本年七月，即创刊第四年开始之日，于原有单号及双号之外，新增特号一种，凡每册自三百五十面至五百五十面者，一律作为特号，售价定为二十元，俾本文库范围益广，而仍维持定价一律之原则，当为读书界所乐闻也。①

2. 上述事情确实做得好，既精细又有说服力，让人佩服。但王云五是一位不满足现状的人，他的思维一直在活跃着，变化着。在1973 年 1 月 27 日，他又写一篇《精选人人文库甲乙辑序》，其中写道："兹为针对各中等学校，特别是新设国民中学之需要，以其成立未久，图书多欠充实，特就已出版之千四百五十种中，精选八百种，其中单号占二九九种，双号三五九种，特号一四二种，各科各类，殆无不备，计总类占三十一种。……以上八百种，统称为精选人人文库甲辑，可谓包罗万象，其效用殆与万有文库荟要相若。……因就甲辑

---

① 王云五：《序跋集编》，《王云五全集》(第 19 卷)，九州出版社 2013 年版，第 374 页。

中精选其半，都四百种，皆为青少年必读之书，其分量、书价，均约当甲辑之半，称之为精选人人文库乙辑，计总类占十六种……"①

3. 到了1973年，台湾纸张市场风云突变，纸张价格奇涨，王云五不得已，只好在1973年1月宣布"人人文库"停刊。此时该文库已经出版1500余种了，现存图书售完为止，不再重印；王云五处理存书非但不降价，还加价25%，足见其对于产品的自信以及营销智慧。到了同年三四月间，市场情况好转，王云五又提出在5月份"人人文库"复刊，并且为此写了《复刊人人文库序》。此时王云五调整了书价，单号每册12元，双号18元，特号30元。②

---

①　王云五：《序跋集编》，《王云五全集》(第19卷)，九州出版社2013年版，第491页。

②　王云五：《序跋集编》，《王云五全集》(第19卷)，九州出版社2013年版，第527页。

第六章

教育经历

王云五一生经历丰富，正如金耀基所说："他一生服膺爱迪生的生活哲学，那就是'工作、工作'。云五先生自十四岁做小学徒起，就一直没有停止过工作，他一生做了别人三辈子的事。"[①] 如果按照王云五的算法，从18岁开始正式就业，到92岁去世，一共做了大约74年事情，其中从事出版40多年，从事教育25年，从事公务政务17年，三者合计超出实有年数，因为有些年份是同时兼任两职。他在《八十自述》后语中说："由于我开始所就之业属于教学，至今八十之年尚兼教学与出版二职，足见我一生以出版为主，教学次之，公

---

① 金耀基：《人间壮游——追念王云五先生》，《敦煌语丝》，中华书局2011年版，第115页。

务、政务殆如客串。"①

　　本章将重点回顾一下王云五从早年做补习班助教开始，到后来做大学教授、博士生导师，这一段令人感动的人生经历；然后再专题考察一下，王云五在教育出版方面所做的一些事情。

一、从教生起步

　　王云五早年由于种种原因，始终未能得到完整的正规教育。他 9 岁在上海入私塾，此后学习断断续续。15 岁辍学，去一家五金店当学徒，同时就读于一家英文夜校；不久随母亲回乡，不再读夜校。16 岁入上海守真馆读英文。17 岁时，父亲让他担任助理，再度辍学。但是此时，王云五对学习的兴趣已经显露出来。

　　（一）1904 年暑期后，王云五进入上海同文馆修业，进步极快，他只用 3 个月的时间，就从该校的英文 2 级达到 1 级。第二年，王云五 18 岁时，同文馆创办人、英国人布茂林，请王云五在就读英语 1 级期间担任同文馆教生，除不必交学费之外，每个月还可以领到 24 元津贴。同文馆开设五个级别的英语教学，教师只有布茂林一位，他忙不过来，所以还会聘一位英国式的教生（Monitor），一般是由 1 级班中选出来的学生兼任。教生的任务是每星期用 6 天上午的时间，帮助布茂林给第 3 级以下的学生讲课，同时他还可以听 1 级班的课程。王云五把这一年确定为自己正式就业之年，从此开始了他从事教育工

_____

　　①　王云五：《八十自述》（下），《王云五全集》（第 16 卷），九州出版社 2013 年版，第 985 页。

作的生涯。①

（二）王云五在同文馆做教生的时间并不长，1905 年 10 月，他就受聘于智益书室，离开了同文馆。智益书室是一所私立英文专修学校，校主梁先生经过明察暗访，发现王云五是一个人才，只是年龄太小。为了进一步考核，梁先生亲自找到王云五面谈，然后决意聘请王云五为该校唯一教员，一切开支由校方负担，保证每月报酬至少为200 元，如果教学有成绩，学生人数增加，所得收入与王云五对半分成。以此与同文馆的收入相比，两者差异太大，所以王云五才离开同文馆，来到这里任教。

在益智书室教学不久，王云五的组织才能就显露出来。他后来回忆说："到了次年开始，我进入十七八岁之交。便采行几项革新的措施。一是略仿同文馆的办法，就在年终考试的结果，拔取两名成绩最优而品行纯良的学生，其中一人便是我的老同学梁信瑚（私塾中的同学），使他们二人分任教生每人从我自己的收入项下，各给以津贴十五元，使他们对于初级的学生们辅导其课业，并为我修改他们的练习课本，这却与同文馆的教生仅任教课者有别。第二项新措施，则以中英文结构不同，遇着较长的文句，纵然每字都认识，往往不免误解原意；因此，对于文法的教学特别注重图解分析。第三项新措施，则对于有志研究算学者尽量提高其程度，括入初等代数及平面几何两科目。第四项新措施，便是采用有关世界史地和普通科学知识的补充读物，使英文程度较深诸生自行阅读，再由我按时发问，相与讨论。凡此措施采行仅及半年，梁信瑚居然考取唐山路矿学堂。该学堂系专科

---

① 王寿南：《王云五先生年谱初稿》（第一册），台湾商务印书馆 1987 年版，第 50 页。

大学程度，其招生声明，必须中等学堂毕业或有同等学力者。信瑚竟以同等学力报名而获考取，一时使益智书室获得特殊的荣誉。还有一位学生名霍锡祥，经我教授不满一年，考入邮局为邮务佐，后来积资升至邮务总局局长。在那时候，专修英文的学生能够考入海关或邮局者，均视为重大的成就。因此二事，本年暑假后开学，学生的人数大增，使我每月的实际收入由二百元的保证额增至二百八十余元，梁先生每月多付给我八十余元，但他自己也是水涨船高，也多得八十余元，所以感到非常愉快。"①

（三）1906年10月，王云五的教职再次向上跃进，他受聘于中国新公学做英文教师，每星期教课18小时，月薪250元，讲授文法与修辞学。该校只聘有两位英文教员：一位是王云五，教文法和修辞学；另一位是宋耀如，教文学。这一年王云五只有19岁，他的学生中有21岁的朱经农，还有17岁的胡适。王云五回忆说："在我初任教的一星期，质疑问难者颇多，可能出自试验教师能力之意。经我一一解说详明后，次一星期质问者渐减，最后倒是我对他们随时质问其是否了解。"后来胡适在《四十自述》中写道："我在中国公学两年受姚康侯和王云五两先生的影响很大，他们都是注重文法上的分析，所以我那时不大能说英国语，却喜欢分析文法的结构，尤其喜欢拿中国文法来做比较。现在做了英文教师，我更不能不把字字句句的文法弄得清楚，所以这一年中，我虽没有多读英国文学书，却在文法方面得着很好的练习。"但据王云五回忆，他还教过胡适算学。因为当时胡适预备报考公费留美，国文和英文的底子都

---

① 王寿南：《王云五先生年谱初稿》（第一册），台湾商务印书馆1987年版，第55页。

很好，只有算学程度不够，所以王云五特意为胡适补习了 3 个月的大代数和解析几何。[1]

（四）1907 年年中，中国新公学与老公学合并，称中国公学，时年 20 岁的王云五继续留校任教。回忆这段经历，王云五说："到了上半年，新公学与老公学间，复合的机运日渐成熟，新公学拥有多数和优良的学生，却缺少经费，老公学则拥有充裕之经费，却只有少数学生，而且程度远不如新公学的。于是调停人士益加强撮合。结果双方协定了若干条件，其中最重要者，一为所有新公学的学生成绩一律由老公学承认，已毕业者由老公学补发毕业证书；二为新公学一切债务由老公学偿还，但因教员是按年续送聘书的，所以新公学的教员到了年终聘约终止时，老公学续聘与否，当然有权。不过新公学的学生们，透过学校当局，向老公学要求，对于两位教员必须续聘，一位是我，另一位是教博物的程瑶笙先生。"[2]

（五）1909 年秋季，王云五在中国公学的一位学生叶某来找他，自称奉江宁提学使李瑞清之命，拟在上海筹办"留美预备学堂"，希望王云五出任教务长。王云五最初没有答应。后来李瑞清来到上海，面见王云五，极其热情，王云五盛情难却，只好答应兼职。该校师生中，有些人物值得记录。教师中有黄宾虹，还有王云五在 1904 年在公文翻译班学习时的同学郭尚贤；学生中有万鸿图（字仞千）。王云五在《自撰年谱手稿》中回忆："教师阵容，大致布置妥恰，惟尚缺

---

①　王寿南：《王云五先生年谱初稿》（第一册），台湾商务印书馆 1987 年版，第 58 页。其中引胡适《四十自述》，还提到杨亮功《胡适之先生与中国公学》，载《传记文学》第二卷第三期，1963 年 3 月。

②　王寿南：《王云五先生年谱初稿》（第一册），台湾商务印书馆 1987 年版，第 60 页。

最重要之英文学及听讲会话教员一人。余原拟自兼英文法及修词学之教学。经多方物色其他一人，嗣得友人推荐圣约翰书院毕业生郭君。一经晤谈，即认识其为若干年前余加入青年会公文翻译班之同学，于结业时考列第一名之郭尚贤君。旧雨重逢，倍加亲切。决定聘任为英文学及听讲会话教员。因与之熟商本校英文教学之主旨，及如何分工负责。郭君认为直接教学法，可以加速听讲及会话，余深表赞同。余则认为留学生于听讲会话之外，不能不自动参阅图书，以搜求研究资料，中英文字，构造不同，非详加分析，不能明了内容之精义，故亦有重视文法，特别是分析结构之必要。郭君亦深表赞同。于是决定分工，郭君注重前者，余则注重后者，实行以来，合作无间。最初半年以内，深感教学之愉快。"①

直到 1911 年 11 月，王云五在上海旅沪香山同乡欢迎孙中山的宴会上，结识了孙中山。孙中山很赏识王云五的才华，当即邀请他担任临时大总统府秘书。王云五于 1912 年 1 月，离开教师职务，去南京出任临时大总统府秘书。至此，王云五的第一段教学生涯宣告结束。

以上 1905—1912 年，7 年多的时间，构成了王云五教学生涯的第一个阶段。总结他在这一段时间里的收获，我认为有三个重点：其一，这是他所谓早年"自学成才"最重要的时期。王云五的自学正是在这一段半工半读中完成的。他通读原版《大英百科全书》，他学习万国函授学校土木工程专业，他学习美国拉沙尔函授大学的法律全科等等，都是在这段时间完成的（详见第一章自学生涯）。这些学习活动，对于王云五学习方法的养成以及知识面的扩展，都起到重要作

---

① 王寿南:《王云五先生年谱初稿》（第一册），台湾商务印书馆 1987 年版，第 65 页。

用。其二，他最初对于图书馆的热爱与认识，也是在英国人布茂林那里做教生时开始接触布茂林的私人图书馆时养成的。作为一个自学的人，他在那里深深体会到，图书馆阅读对于一个求知者的重要。这些都为他一生追求图书馆建设，埋下心灵中的伏笔。其三，在这一段教学生涯中，王云五不但增长了知识，还结识了许多重要的人物，他们对王云五后来的发展，尤其是步入文化圈子从事出版工作起到重要作用。这些人有孙中山、蔡元培、宋耀如、李瑞清、胡适、朱经农、于右任、黄宾虹、郭尚贤、万鸿图……尤其是胡适、朱经农等人与王云五一生至交，奠定了王云五后来步入上层社会开创出版大业的重要基础。

实际上，一个人的一生会走哪一条道路，具有极大的或然性。按照父母的设计，王云五应该是继承家业，从事商业活动的。但是他由夜校学习刻苦攻读，成绩卓然，竟然走入教学事业，有了收入，使家庭不再干预他的学习与文化活动；接着，他由教育门径入道，逐渐成为一个学者，一个文化商人，将家庭的期望与他个人的喜好恰当地结合起来。正如王云五的二哥王日辉去世前，曾经对他父亲说的一段话："我从前很不赞成四弟硬要做一个书呆子，极力主张他改就商业，最好是当我光景好的时候做我的助理。想不到我自己不争气，落到这样的地步，同时四弟靠自己努力，不仅学问名誉蒸蒸日上，而且收入除自给外，还能协助家用。"①

---

① 王云五：《八十自述》（下），《王云五全集》（第 16 卷），九州出版社 2013 年版，第 48 页。

二、教育部任职

1912年1月，王云五到临时大总统府任秘书不足半个月，又接到教育总长蔡元培的亲笔来信，邀请他去教育部"相助为理"。王云五后来在《八十自述》中写道："原来在我入京任职以前，由于任教多年，对我国教育政策和制度颇有主张，便把我的意见写成建议寄给蔡先生。我对于蔡先生，并无一面之缘，而且已有总统府的职务，更无借此求职之意；只是以教育界一份子贡献一点有关教育的意见而已。想不到蔡先生对于一位向未谋面的青年，而且丝毫没有透露毛遂自荐之意，竟也特别拔擢。我接读这一封信，心里倒着实盘旋一下，由于我从十六七岁开始担任教师，对教育颇感兴趣；同时我对于清末教育制度不大满意，趁此新缔造之时，向教育当局贡献一得之愚，居然获得赞许，并邀我到部相助。假使我能趁此机会，参加革新教育的任务，当然很愉快；但一念我承孙先生意外拔擢，对所任职务虽不见得有何特别兴趣，然在春风化雨之下，实也舍不得离开，尤其不便启齿。想来想去，我还是把孙先生视同家长，而不当他是国家的元首，持着蔡先生的信，面谒孙先生请示。孙先生听了我的报告，随即说：'你多年从事教育，担任教育部的工作实最适宜；但你在总统府任职也很得力。我主张一个两全的办法，就是上午接待处来访的人较多，你还是上半日留在这里，下半日往教育部办事；如此便两不相妨。'孙先生这一指示，恰好解决了我的左右为难。"①

---

① 王寿南：《王云五先生年谱初稿》（第一册），台湾商务印书馆1987年版，第73页。

此后不久，孙中山辞去临时大总统职务，袁世凯在北京出任大总统。蔡元培仍任教育总长，任命王云五为专门教育司第一科科长，随教育部北迁。在此期间，王云五主要工作是负责起草大学和专门学校令。王云五说："上述两令，实质上系采纳我在南京政府成立之初对蔡先生所建议的三点意见：（一）提高中等学校程度，废止各省所设高等学堂，在大学校附设一二年的预科，考选中等学校毕业生或相当程度者入学。预科毕业者升入大学。（二）大学不限于国立，应准许私立，国立者不限于北平原设之一所。全国暂行分区各设一所，并主张除北京原设之京师大学堂外，南京、广州、汉口应尽先各设一所。（三）各省得视需要，设专门学校，其修业年期较大学为短，注重实用。"①

在此期间，王云五曾经参与将京师大学堂改组为北京大学的工作。而京师大学堂原任监督是严复，改组后，要让何燏时接替严复出任北京大学校长。严复为人老气横秋，何燏时又是他手下的工科学长，即工学院院长，处理这样的交接之事，大家都有些为难。因此推给王云五去做。王云五后来回忆说："我对于严先生，以资历及年龄言，相去均有如云泥，但我却能不卑不亢，最后结果，不仅使严何两任顺利交接，且与严先生成为忘年之交。"后来，严复还曾经推荐王云五为外国人翻译文章，王云五为此而感叹："我初时颇不解，后来才知道，他和我在办公事上接洽多次后，对我颇为重视。不知怎样，间接上他竟获悉我的一切背景；老辈之关心后进，有如是者。"②

1912年6月，蔡元培辞去教育总长职务。翌年9月，王云五陷

①　王寿南：《王云五先生年谱初稿》（第一册），台湾商务印书馆1987年版，第76页。
②　王寿南：《王云五先生年谱初稿》（第一册），台湾商务印书馆1987年版，第77页。

入教育部一场纷争之中，最终辞去公职。

三、到大学任教

1912 年 9 月，王云五兼任国民大学法科英文教授，这也是他首次教授大学课程。对于这次回归教学工作，王云五回忆道："元年九月我兼任国民大学法科英文教授；盖其时国民党在北平西城根创办一所大学，名为国民大学。其校长为湖南袁雪安先生，知我对于教授英语甚有经验，坚邀担任每周数小时的功课。我既有教育部的本职，又为民主报每周撰文三篇，本来不愿再兼他事。拟利用余暇，从事于法律学之研究，因自放弃万国函授学校的土木工程专科函授后，已改入美国拉沙尔函授大学的法律全科，参加函授；并认为土木工程的基本科目虽不难借函授而自修，但实用科目除能有机会在铁路工程方面从事实际工作外，当不易收实验之效。至于法律全科便不同，尽可在家自修；因此，已于去年报名参加，在南京及北京时期仍继续研究不辍。此次国民大学之聘任，所以不予接受者以此。嗣以经农居间敦劝，我又想起前所教学校皆属中等程度，现既有对大学生教书的机会，亦可为尝试之一端，考虑后遂亦允之。但一经接受，却继续了四五年，直至离开北京之时为止。"①

1913 年 8 月，国民大学更名为中国公学大学部，王云五被聘为专任教授，仍以教授英文功课为主，还加授法科二年级学生的政治学

---

① 王寿南：《王云五先生年谱初稿》（第一册），台湾商务印书馆 1987 年版，第 79 页。

及英美法概论，均用英文课本讲授。当时的学生中有臧启芳（字哲先），辽宁人，后来曾任东北大学校长。

有趣的是，50 年后，王云五在整理自己的旧文件时，还发现了国民大学的一件聘书，是由代理校长彭允彝名义签订的，其中规约有四项：（一）每小时束修银叁圆，按月致送；（二）按照本大学规定时间表授课；（三）先期送交所任学科讲义稿；（四）依守本大学一切规定。①

1916 年 7 月，王云五因为接受公职，出任江苏、广东、江西三省戒烟特派员，离开北京，前往上海赴任，自此结束了他将近 5 年的大学教学工作。

四、台湾"博士之父"

1916 年之后 40 年间，王云五先是辞去政务，赋闲在家（1917 年）；然后投身出版事业（1921 年）；后来又从政（1946 年）；从政失败后，又做一段出版（1949 年）；然后再从政（1951 年）。直到 1954 年，台湾政治大学复校，先办了 4 个研究所，并且暂时不办大学本科，因此聘任王云五做政治研究所兼职教席，主讲现代公务管理，他才又回到教育工作中来。此时王云五已经 67 岁高龄，他的身份地位已经与 40 年前难做比较，所以他再次从事教育工作的意义，也与当年大不相同。

---

① 王寿南：《王云五先生年谱初稿》（第一册），台湾商务印书馆 1987 年版，第 80 页。

（一）此时他在台湾，任"考试院"副院长职务，后来经陈诚力邀，又出任"行政院"副院长，位高权重。在这段时间里，他做的最重要的一件事情，就是提议招收博士生。其实，早在20世纪30年代，当时国民政府关于学位的设立，已经有学士、硕士与博士三级。但是因为种种原因，关于博士学位的评定及考试的规章制度一直没有建立。此次王云五回归教育，曾经写文章《我国博士学位授予之研讨》，得到教育界人士赞同。[①] 他同时向"行政院"提议，起草《博士学位评定会组织规程及学位考试细则》。在他的推动下，这项工作进展很快，迅速得到落实。与此同时，王云五还身体力行，亲自指导高级研究生周道济，使之在1959年完成博士论文《汉唐宰相制度研究》，字数达到70余万言。正是由于王云五提倡实行授予博士学位制度，同时还培养出第一位博士周道济，因此获得"博士之父"的美誉。

（二）王云五在台湾政治大学任教，从1954年起步到1969年止，恰满15年。其中，兼职10年，专任5年。这一年，王云五82岁了，他几番向政治大学提出辞职，最终获准，从此结束了他一生的教育生涯。回顾最后15年，王云五离开教职不久，在台湾商务印书馆月会上说："这个三十的数字，和我其他事件颇多巧合。各位当以读过最近一期东方杂志我的留别政研诸子一首七律。我在政大任教的十五年间，经我指导的论文有三十篇。我在政大研究所教过的研究生，现在政大任教授和讲师的也恰好三十人。"[②] 王云五所言"三十篇"论文，其中硕士论文21篇，博士论文9篇，具体见附录3。

---

① 王云五：《论学》，《王云五全集》（第10卷），九州出版社2013年版，第456页。
② 王云五：《最后十年自述》（上），《王云五全集》（第17卷），九州出版社2013年版，第247页。

这张硕士、博士名单，见于王云五《八十自述》后语，共30位。但是在政治大学研究所年刊博硕士论文题目一览表中，还有一些人未在此中。比如硕士论文：朱武《美国胡佛委员会报告之研究》等。[1]其实王云五在离开政治大学时，他还在指导几位尚未完成论文的博士生。所以他最终的学生数，一定比30位要多，他那首七律写道："绛帏何幸会诸贤，盈耳弦歌十五年。逝水韶光一瞬眼，论文硕博几多篇。讲坛易地知艰否，即席问难语万千。教授人才喜辈出，余生有限意绵绵。"王云五在"论文硕博几多篇"后注道："余先后指导硕士论文约廿篇，博士论文约十篇。"看来"30位"只是一个虚数。

另外，更重要的是，后来在王云五的学生中有许多人投身出版行业，成为王云五身边以及出版业的重要人物。比如，徐有守曾任台湾商务印书馆经理兼总编辑；周道济曾任台湾商务印书馆总经理；金耀基曾任《东方杂志》主编；等等。还有王寿南，曾撰著《王云五先生年谱初编》，对于了解中国出版史，这是一部很重要的著作。

（三）王云五的身份证教育程度一栏内，只写着"识字"二字。其实后来，他也曾获得一个博士学位。1969年，在王云五82岁的时候，他被韩国建国大学授予名誉法学博士学位。当年10月15日，王云五乘机去汉城参加赠授学位的活动，对方同意他携带一位秘书，他婉言谢绝了。16日接受建国大学赠授学位，王云五回忆说："这是我第一次穿上博士服，事实上我从来也没有带过方帽子。我一张文凭也没有。……那袭博士服价值100美元，是建国大学定制送给我的。他们来信要尺寸，我很惭愧地告诉他们，身高只有一百五十公分。袍子

---

① 王寿南：《王云五先生年谱初编》（第二册），台湾商务印书馆1987年版，第846页。

顶合身，但是帽子太小，他们没想到这个矮个子的人，有这么大的头。"17 日，接受汉城庆熙大学赠授大学章。18 日回到台北，王云五还对记者开玩笑说："在中国古代，七十以上的人出国，就等于带棺材出国。"①

五、教育出版

王云五在从事出版工作的过程中，显然在许多方面都受到他曾经从事教育工作的影响。在这里，我们从王云五亲自操作的一些图书选题入手，看一看他对于教育出版的重视。

（一）《少年百科全书》。1924 年 1 月，王云五任商务印书馆编译所所长第三年，他在策划出版百科全书之初，首先译印了《少年百科全书》12 册。他在此书序言中说得清楚："我以为教育儿童及少年读物，应该特别注意。因为小时候所读的书，最足以影响一生的志向和行为，儿童有求知的渴望，而无辨别的能力。多看好书，便生良好的观念；多看无益的书，便受恶影响。小时候所养成的观念，后来是很难改变的。"②

（二）《教育大辞书》。王云五自 1922 年出任商务印书馆编译所所长的第一年始，就开始策划编印各种专科辞典。此《教育大辞书》规模最大、历史最久，直到 1928 年 2 月出版。此书在体例与编写上，

---

① 王云五：《最后十年自述》（上），《王云五全集》（第 17 卷），九州出版社 2013 年版，第 265 页。

② 王云五：《序跋集编》，《王云五全集》（第 19 卷），九州出版社 2013 年版，第 14 页。

以美国 Paul Monroe 主编的《教育百科全书》为底本，并参照英、法、德、日各国同类辞书。王云五称，此书在商务印书馆各科辞书中，首屈一指。他还在序言中写道："余以民国十年承乏本馆编译所，受事之始，计画出版次第，觉参考书之需要最亟者，无如教育辞书。语其理由，一则国中新建设类多塞缓不前，惟教育为能猛进；师资之造就，既不足以应学校之需求，任教者乃多有赖于参考书籍。二则辞书为最经济的参考书籍，在欧美出版发达诸国，教育书籍浩如渊海，辞书之功用，尚居次要；我国则此类书籍寥寥可数，殆不能不以辞书为任教者之唯一宝库。三则二十世纪以来，各国教育学说日新，其制度亦经重要之演化；我国适当新旧学说之过渡，日美法等国学制更番输入，变革尤多，非有系统分明之辞书，为研究教育者导线，将无以通其系统也。"[1]

（三）"幼童文库"和"小学生文库"。这两套书出版于1934年，前者200册，后者500册。王云五在《印小学生文库缘起》一文中写道："现今教育家盛倡自动教育。我想一个学校要实行自动教育，至少须有三项准备：1.引起儿童自动读书的兴趣；2.培养儿童自动读书的能力；3.征集各种适合于儿童的补充读物。……我们为着供给识字儿童精神上的适当食粮，所以从事于小学生文库的编辑。食物须合有种种滋养资料，始能使身体健全。读物也须包括种种有益资料，始能使知识与德行并进。本文库根据此旨，故以人类全知识的雏形为范围。"[2]

（四）"中学文库"。1943年启动编写，计划编400种。这套书的出版，成为商务印书馆重庆分馆战时恢复出版的高峰，不仅在营业数

①　王云五：《序跋集编》，《王云五全集》（第19卷），九州出版社2013年版，第21页。

②　王云五：《序跋集编》，《王云五全集》（第19卷），九州出版社2013年版，第31页。

字上占有最高地位，在印装质量上，也较此前出版的战时读物有很大改观。王云五在《印行中学文库（缘起）代序》一文中总结道："余认识此种必要久矣。自主持商务印书馆编译以来，二十年间，对于中小学生的补充读物，出版特多。除供小学生之需者不计外，中学阶段先后出版者有百科小丛书、少年史地丛书、新时代史地丛书、学生国学丛书、少年自然科学丛书、中学生自然研究丛书，以及农工商医算学各科小丛书，合计不下五六百种。嗣更进一步，对于中等以上学校图书馆作整个而有系统的贡献，相继印行万有文库第一、二集各两千册，汇集中等以上学生当读之书于一处，使中等以上学校及各地所设之图书馆，皆可借万有文库而奠立其藏书之基础。"[1]

（五）"大学丛书"。在王云五倡导下，商务印书馆从1933年开始编辑该套丛书，计划在5年间出版300种；至1937年已出版200多种；至抗战胜利之日，已出版400种左右。其实王云五早在1931年就已经有了出版"大学丛书"的想法。他在《最近三十五年之中国教育纪念集》导引中写道："国内各大学之不能不采用外国文图书者，自以本国文无适当图书可用；而其弊凡任高等教育者皆能言之。本馆见近年日本学术之能独立，由于广译欧美专门著作与鼓励本国专门著作，窃不自揣，愿为前驱，与国内各学术机关各学者合作，从事于高深著作之译撰，期次第贡献于国人。"[2]

---

① 王云五：《序跋集编》，《王云五全集》（第19卷），九州出版社2013年版，第41页。

② 王云五：《八十自述》（上），《王云五全集》（第15卷），九州出版社2013年版，第181页。

六、教育研究

王云五在从事教育工作的过程中，还做过许多演讲，写过许多教育理论文章，后来整理成册，在1965年由台湾商务印书馆出版《论教育》一书。此书共收入文章58篇，30余万字。王云五在该书序言中写道："余既与教育界有如此长远之关系，索性又对教育深感兴趣；故六十年间不时有关于教育的意见发表。最早者为民元对于新学制之建议，虽事后追述欠详，然大意已可概见。及任职商务印书馆之初，即对中学之科学教育提供意见，于今日教育界所提倡者已早肇其端。又于编辑计划中，首倡教育大辞书之纂修。中间对于我国古代教育思潮，曾以王一鸿之笔名，于退食之余，分别研究孔孟、荀卿、庄、墨之教育主张，撰为专论四篇，合刊为一册，曾收入万有文库第一集，迁台以后，是书已不复单行，最近始从某图书馆假得。前既由分而合为一书，兹复由合而析为数篇。余主持商务印书馆之后期，迭于各期刊发表有关教育之论著，迄今尚可搜集者不下十篇。来台十余年，著述多暇或出以专论时论，或为讲演方式，或作正式建议与计划，或与主管商榷，或就序跋发挥，为文不下四十，连同其前发表者，都五十八篇，三十余万言，悉依先后为序，与一年来陆续汇刊之论著六种，大致相若。"[1]

除此之外，王云五还有一些文章，已经载入其他著作中，诸如《谈往事》、《岫庐论学》和《岫庐论政》等等，大约有10余篇。[2] 这

---

[1]　王云五：《论教育》，《王云五全集》（第13卷），九州出版社2013年版，第3页。

[2]　王云五：《论教育》，《王云五全集》（第13卷），九州出版社2013年版，第4页。

些文章是王云五一生教育实践与研究的结晶，其中有许多文章影响极大。比如：《最近三十五年之中国教育导言》、《图书与儿童》、《中小学教科书及补充读物问题》、《为博士学位授与事与莫院长商榷》、《初中可以废止外国语文的教学吗》、《怎样才能消除国校的恶性补习》、《论函授》、《基金会与文化》、《宪法与教育》。

第七章

笔墨一生

在王云五的人生经历中，他从事过许多工作。归结起来，几乎每一项工作都有间断，如出版、教育和从政等。只有写作，这虽然不是他的职业，但是在他的一生中，无论生活如何忙乱动荡，他几乎从来没有停下过手中的那支笔。虽然就出版生涯而言，王云五的写作不能完全归于其中，但是，他的写作与出版的关系，是十分密切的。其一，王云五作为一个出版人，自己能够勤于写作，应该是他后来取得辉煌出版业绩的重要原因之一。其二，写作本身，对他的出版事业产生了极大的影响；在许多方面，甚至是决定性的。其三，透过王云五的文章，能够更清楚地认识到，他做事情的精神实质以及他的出版理念的思想基础。

一、最后的跋

王云五发表文章很早，在 18 岁的时候，报纸上就开始连载他的文章了；他搁笔的时间很晚，或者说，在他有生之年，从未放下过手中的那支健笔。因为直到 1979 年 7 月 25 日，他 92 岁的时候，也就是在他去世前 20 天，还在为张元济《涉园序跋集录》写跋。此跋文应该是王云五一生中最后一篇文章了，整篇文字写得好，丝毫见不到王云五笔力与思维的老态。

涉园者，海盐张菊生先生元济之书斋也。揣其命名之意，殆谓涉水未深，自谦其为学之肤浅；实则菊老于旧学无不深究，尤以版本校勘为最，于新学亦无不博通，故其处世致用之方，多令科学化也。菊老世代书香，家学渊深有自。自宋张九成以讫清末，科第迭出。菊老甫于弱冠，即入词林。散馆后，考入彼时总绾外交之总理各国事务衙门，于国际局势了如指掌，任职京华时，即提倡革新，首先就革除缠足陋俗，解放妇女，大疾呼声，为彼时士大夫所未尝道及；故其对维新之号召，远在康梁以前。及戊戌维新失败，康梁亡命海外，六君子授首市曹后，菊老竟被牵累，革职永不叙用。于是褫被南下，道出上海，为南洋公学所理罗，聘任中文总教习，与西文总教习美人福开森博士甚相得，相约交换语文学识。不数年菊老已能以英文撰文交谈，不让英文专家矣。

彼时商务印书馆由美联书馆职工四人发起创业，其始甚著成绩，越数年后，终以非读书人营出版业，未能继续进展，于是其发起人之一夏君坚劝菊老加入主持编辑大政，经菊老同意后，首设编译所，除国语重要教科参考图书外，别设涵芬楼为编译所参考资料馆。二十余年搜罗中外图书，为全国之冠，其中善本尤多，冠于全国。自民国四年起，景印善本丛书，以期大众化。其最早而最著称者为四部丛刊正编，都六千四百九十九卷，订为四百四十册，其中无一非宋元旧椠或后代精印精校者，而出自涵芬楼所藏者约占半数，余则分向海内藏书家三十余处征集，蔚为善本之大成。

自时厥后，菊老继续广搜善本，妥为编辑，付诸景印……每书皆由菊老就其专精版本学之长才，意义加以考证。兹经同人依四部次序，集其所为序跋三百余篇，汇刊为一册，颜曰涉园序跋集录，读此不仅可知菊老在其直接间接主持本馆之下所刊行之善本，且可借此获得版本学之精要也。

余于民国十年以后加入本馆，为第三任编译所所长，渐与菊老为忘年交，无话不谈。菊老平素抑谦逾恒，一日笑语余曰："余平素对版本学不愿以第二人自居，兹以远离善本图书荟萃之故都，或不免稍逊傅沅叔（增湘）矣。"即此一语，可知其对版本学自信之造诣。余于跋涉园序跋集录之末，谨赘一言，以留鸿爪。[①]

---

① 王寿南：《王云五先生年谱初编》（第四册），台湾商务印书馆1987年版，第1852—1853页。

二、翻译

　　从王云五的身世中可知，由于他的父亲在上海租界做事，经常与外国人打交道，即使父亲不让他进入正规学校学习，还是让他在学徒之余去夜校学习一些英文，为经商需要。在这样的情况下，王云五很早就有了很好的英文底子。同时，他自己也很注意这方面的自我培养。比如 1904 年王云五还在上海同文馆学习英文的时候，他听说邻近的青年会开办一个公文翻译班，只招收在读或毕业的大学生，为期 6 周。讲课的老师是留美归来的唐介臣，后来在 1911 年出任清华学校校长。王云五因为只是在一所私立学校中读书，能否视同大学学校，还需要证明。时年 17 岁的王云五坚持请校方对自己考试，结果由唐先生亲自考核，认为他可以参加此班学习。毕业时，30 多名学生考试，第 1 名是圣约翰书院的郭尚贤；王云五高居第 5 名。由此也为他后来从事翻译工作打下基础。

　　（一）1905 年，王云五 18 岁的时候，也就是他从青年会公文翻译班毕业之后，见到上海南方日报征集翻译文章，他鼓足勇气投去了有生以来第一篇稿子。他在后来的回忆录中写道："我在同文馆任教生的时候，因有半日与晚上的余暇，除广读西籍外，还开始练习中文的写作。某日见上海南方日报征求翻译的小品文字，并称有长期约稿之可能。我以偶读法国文豪嚣俄（Hugo，又译为雨果）的名著《可怜的人》*Les Miserables* 的节本，仅数千言，而有二三十万言鸟瞰之作用，于是一口气把它译完投去；该报社经即接受，于数日连续刊完。又以对我的译稿深表满意，遂约我长期在社外供应译稿，内容以有关世界珍闻为范围，间日刊登一次，每次以一千字为度，全月给酬六十元，继续了二三年之久。我的译稿均用笔名'出岫'，以后写作盖用此或'岫庐'之名。"①

（二）1914 年 3 月，熊希龄督办"全国煤油矿事宜处"，王云五出任该处编译股主任。在此期间，曾经以一昼夜时间将英文版《中美合办陕西延长油矿契约》译成中文，约 3 万多字，他 20 个小时没有睡觉。被熊希龄大为奖赏，立即将王云五的薪金由 100 元加至 350 元。②

（三）1916 年，经严复推荐，王云五翻译卫西琴（Dr. Alfred Westharp）文章《新教育议》，并作译序。他在《自撰年谱手稿》中写道："卫西琴博士，奥人，专攻音乐，对教育亦甚饶兴趣。民元始来我国研究东方文化，其第一篇著作为中国教育议，慕我国前辈学者严又陵先生（复）著译盛名，卑礼厚酬丐请汉译。越二三年，又著中国新教育议，仍请严先生续译，以高龄体弱婉却，而荐余自代。余与严先生素不认识，民元余任教育部专门司第一科长，奉派偕同司第三科长留英硕士杨焕之君（曾诰）同诣严先生，自前清监督之京师大学商谈交接事。严先生老气横秋，次日杨焕之不敢续往，余单人匹马坦然前往洽谈。尤于不卑不亢之态度下，颇获严先生赏识，认为孺子可教。至是因病不克续译。后竟荐余代之，老辈提携后进，热诚可佩。余受托不敢怠忽，脱稿后并以请教于严先生，承认为不负推荐，真使余受宠

---

① 王云五：《八十自述》（上），《王云五全集》（第 15 卷），九州出版社 2013 年版，第 38 页。

② 王寿南：《王云五先生年谱初编》（第一册），台湾商务印书馆 1987 年版，第 84 页。

若惊。"①

（四）1919年，王云五赋闲在上海家中，一方面学习德语和法语，一方面大量阅读西方著作，兴趣集中在国际问题上，以及相关的一些国际法问题。同时他对欧美新著产生了兴趣，开始翻译第一部译著《社会改造原理》，罗素（Bertrand Russell）著。王云五说："记得第一部所译为英国学者罗素所著《社会改造原理》，约二十余万言，盖借此消遣，并加强研究印象，则以译书一遍，胜过通读四五遍，初非为出版计也。"②

（五）1920年春夏之交，王云五在中国公学教过的一个学生赵汉卿与朋友合办一家公民书局，以出版新编译图书为主旨。他们知道此时王云五在家中闭门读书，也从事一些翻译工作，就力邀王云五来主编一套"公民丛书"。此项合作不入股，不领取薪酬，只按照稿费结算。于是王云五以此前翻译的《社会改造原理》，作为丛书的第一种，没想到上市后销路很好，一年之内就再版了4次。③

（六）1945年4月，王云五用20多天的时间将《苏联工农业管理》一书译出，大约11万字。王云五是在美国大使馆新闻处借阅此书的，读过后觉得有翻译出来的必要，一时找不到合适的译者，就亲自上阵。他翻译的速度飞快，最多时一个周日竟然翻译了12000字。译好后，王云五还写了一篇10000多字的长序，此书在商务印书馆重庆分馆出版。④

---

① 王寿南：《王云五先生年谱初编》（第一册），台湾商务印书馆1987年版，第88页。

② 王寿南：《王云五先生年谱初编》（第一册），台湾商务印书馆1987年版，第99页。

③ 王寿南：《王云五先生年谱初编》（第一册），台湾商务印书馆1987年版，第100页。

④ 王寿南：《王云五先生年谱初编》（第一册），台湾商务印书馆1987年版，第459页。

（七）1949 年，王云五在台湾和香港成立华国出版社，开始亲自译书。为此，他在《自撰年谱》手稿中写道："我自决心从事译作以来，决定除著作仍用原名云五外，所有翻译亦均改用笔名'龙倦飞'，取'云从龙'及'云无心以出岫，鸟倦飞而知还'之义。"在这段时间里，王云五翻译的第一本书是《在铁幕之后》，此后一年多的时间里，译有《工业心理学》、《现代武器与自由人》、《俄国人眼中的俄国》、《文化在考验中》、《莫斯科的使命》等。后来还编译过《原子与原子弹》。①

（八）1953 年 1 月 16 日，台湾商务印书馆经理赵叔诚来信，约请王云五译书。信中写道："月前面恳介绍名著由商务出版，兹承介绍 Profs Carman and Syrett 合著 *History of the American People*，该书一九五二年出版，译成中文约计一百三十万字，分成四册，自本年九月份起出版第一册，于一年以内出齐一节，此项世界名著，商务愿意排印出版，惟译稿人拟请我公代为约请，而稿件译成后并拟请我公代为校阅，倘能由我公亲自编译，尤所感幸，则译稿费与校阅费合共每千字台币五十元计算，谨祈察核赐示为祷"。②

王云五接受了台湾商务印书馆的约稿，从 1953 年 6 月开始亲自动笔翻译此书。1956 年 1 月，王云五译完此书，仍用笔名"龙倦飞"。并在《自撰年谱》手稿中写道："此书原文分装两巨册，我从四十三年（1954）夏季开始汉译，因两年来公务与写作并繁，致译事时断时续，迄本年一月上旬全部译成，计得汉文约一百五十万字，历时约一年有半，分订四册，除已先后印行两册外，全稿译完之日，第三册排

① 王寿南：《王云五先生年谱初编》（第二册），台湾商务印书馆 1987 年版，第 729—737、771 页。
② 王寿南：《王云五先生年谱初编》（第二册），台湾商务印书馆 1987 年版，第 782 页。

版将完，第四册本年底或明年初当可出版，此书系由商务印书馆约译，按字计酬，全部稿费不下十万元，大部供鹤仪在美疗治小儿麻痹迭次手术费用，与两年前为董显光汉译其所著'蒋总统'传，所得稿费，亦供同一用途也，此书在此时实为最详尽之美国历史新著。"① 文中提到的鹤仪是王云五的女儿。译完此书之后，王云五再没有大规模地从事翻译工作。

三、报刊文章

王云五最初从事翻译，也是从专栏写作开始的。此后不久，他的文章显露头角，开始了持续一生的报刊文章写作。

（一）1910 年王云五在中国公学和留美预备学堂任教时开始兼任上海《天铎报》主笔，用笔名"出岫"或"岫庐"发表文章，每星期至少撰写社论一篇，月得报酬 100 元。该报总编辑李怀霜是王云五的老相识，即在七八年前，王云五任振群学社社长时，李怀霜是社员，为粤籍举人。王云五回忆："十年老友，自任上海工部局华董公学中文总教习后，转任他处，兹重返上海，主持该报，旧雨重逢，李君深佩余近年之成就，故坚邀为此，好在仅在馆外撰稿，无须到馆，故乐许之。"②

（二）1912 年 4 月，王云五在北平兼任北平《民主日报》撰述，

---

① 王寿南：《王云五先生年谱初编》（第二册），台湾商务印书馆 1987 年版，第 872 页。
② 王云五：《八十自述》（上），《王云五全集》第 15 卷，九州出版社 2013 年版，第 52 页。

每周写社论3篇。实际上，该报隶属于同盟会，是他们设在北平的机关报。当时，王云五在新公学的一名学生朱经农在该报做编辑，他们知道王云五曾经为《天铎报》写社论，就邀请他来做社外撰述。在同年9月，王云五还加入了国民党（但在1927年国民党重新登记时，王云五因故放弃登记，成为无党派人士）。直到翌年，当时的大总统袁世凯枪杀了该社社长仇蕴存，并且查封了这家报社，王云五因为用笔名"岫庐"或"出岫"发文章，并且不在报馆中坐班，因此没有惹上麻烦。他也由此停止为该报的写作，一年多来，共写文章不下150篇。①

（三）1925年7月15日，《东方杂志》刊载王云五长文《五卅事件之责任与善后》，其中包括：1.国际上之责任；2.法律上之责任；3.道德上之责任；4.善后问题。此文引起租界当局恼怒，下令巡捕房对王云五起诉。经过多次开庭，最终王云五被判无罪。②需要指出的是，在王云五一生中，许多重要的文章都是在商务印书馆所属的《东方杂志》上发表的；甚至到了台湾之后，1967年《东方杂志》复刊，王云五还坚持着这样的传统，这当然与王云五在商务印书馆工作有关。在这里，我们列出他在《东方杂志》撰写的一些文章篇目，可以从一个侧面看到王云五的写作、工作和思想脉络：

1.《号码检字法》（二十二卷十二期，1925年）；

2.《四角号码检字法》（二十三卷三期，1926年）；

3.《十三月新历法》（二十八卷二十四期，1931年）；

---

① 王云五：《八十自述》（上），《王云五全集》第15卷，九州出版社2013年版，第63页。

② 王寿南：《王云五先生年谱初稿》（第一册），台湾商务印书馆1987年版，第130页。

4.《卷头语》（二十四卷四期，第一次复刊，1932 年）；

5.《两年中的苦斗》（三十一卷一期，1934 年）；

6.《出版与国势》（三十二卷十二期，1935 年）；

7.《我所认识的高梦旦先生》（三十三卷十八期，1936 年）；

8.《编纂中国文化史之研究》（三十四卷七期，1937 年）；

9.《编纂中山大辞典之经过》（三十六卷一期，1938 年）；

10.《蔡孑民先生的贡献》（三十七卷八期，1940 年）；

11.《四十年来之中国出版业》（三十七卷十二期，1940 年）；

12.《复刊词》（重庆第 3 次复刊，1943 年）；

13.《从限价到平价》（三十九卷一期，1943 年）；

14.《战后国际和平问题》（三十九卷四期，1943 年）；

15.《科学管理与国防》（三十九卷六期，1943 年）；

16.《中文排字改革的报道》（三十九卷十一期，1943 年）；

17.《新名词溯源》（三十九卷十五期，1943 年）；

18.《战时英国经济》（四十卷五期，1944 年）；

19.《战时英国财政》（四十卷六号期，1944 年）；

20.《战时英国政府》（四十卷七期，1944 年）；

21.《战时美国工业》（四十卷十五期，1944 年）；

22.《关于最高经济委员会》（四十一卷十九期，1945 年）；

23.《东方杂志复刊告各界书》（在台湾复刊，1967 年）；

24.《管仲——一个多方面的思想家与实行家》（复刊二卷一期，1968 年）；

25.《刘安政治思想》（复刊二卷五期，1968 年）；

26.《桓宽政治思想》（复刊二卷六期，1968 年）；

27.《两汉三国政治思想序》（复刊二卷七期，1969 年）；

28.《岫庐诗钞》（复刊二卷八期，1969 年）；

29.《我对国民党十全大会的期望》、《晋唐政治思想序》（复刊二卷十期，1969 年）；

30.《朱熹的政治思想》（复刊二卷十一期，1969 年）；

31.《留别政研诸子》（复刊二卷十二期，1969 年）；

32.《编印人人文库序》（复刊三卷一期，1969 年）；

33.《庄元臣的政治思想》（复刊三卷三期，1969 年）；

34.《黄宗羲的政治思想（上、下）》（复刊三卷四、五期，1969 年）；

35.《原民》（复刊三卷八期，1970 年）；

36.《王充的教学思想》（复刊三卷十二期，1970 年）；

37.《云五社会科学大辞典问世答客问》、《东游即事三十绝》（复刊四卷二期，1970 年）；

38.《国父孙先生的政治思想》（复刊四卷五期，1970 年）；

39.《发行人言》（复刊四卷十二期，1971 年）；

40.《国是刍言》（复刊五卷七期，1971 年）；

41.《国民大会第五次会议完成了两大任务》（复刊五卷十期，1972 年）；

42.《放言》（复刊七卷一期，1973 年）；

43.《景印岫庐现藏罕传善本丛刊缘起》（复刊七卷三期，1973 年）；

44.《景印国粹学报旧刊全集缘起》（复刊七卷十期，1974 年）；

45.《十年来的中山学术文化基金会》（复刊九卷七期，1976 年）；

46.《美国建国二百年理想主义与现实主义之消长》（复刊十卷一期，1976 年）；

47.《贺蒋经国先生当选中国国民党主席》（复刊十卷六期，1976年）；

48.《贺美国总统卡特先生就总统职并贡说言》（复刊十卷七期，1977年）；

49.《读卡特总统就职演词感言》（复刊十卷十一期，1977年）；

50.《九秩百咏附详注》（复刊十卷十二期，1977年）；

51.《一九七九年开始时的二十大愿》（复刊号外，1978年12月20日）。①

这些篇目，是从王寿南《王云五先生年谱初编》中整理出来的，应该比较全了。显然，文章数量之多，以及陆续刊载时间之长，都是他在其他报刊上发表文章所无法相比的。

（四）1928—1946年，在这段时间里，除去《东方杂志》之外，王云五还在其他报刊上发表了很多文章。由于他勤于思考，落笔飞快，写作速度超过常人，并且同时在多家报刊上发表，几乎无法尽述。本书根据王寿南《王云五先生年谱初编》记载，择要列出其中的重点文章，用以管窥王云五写作的全貌。有两点说明：其一，在这段时间里，王云五写了大量的序言，由于本章后面还会单列专门一节介绍王云五的"序与跋"，所以此处不再列入。其二，在1946—1949年期间，王云五应邀加入国民政府，位高权重，公务极其繁忙，所以在这段时间里，几乎无文可记；相关的文章，也是在王云五离职之后完成的，只好略去。

---

① 王寿南：《王云五先生年谱初稿》（第一—四册），台湾商务印书馆1987年版。

1.《国家与家庭》(《时兆日报》，1928 年)；

2.《图书馆学》(《教育与民众》，1929 年)；

3.《三十年来中国教育导论》(收入《最近三十五年来之中国教育》，商务印书馆，1931 年)；

4.《景印四库珍本缘起》、《辑印四部丛刊续编缘起》、《辑印小学生文库缘起》、《印行万有文库第二集缘起》(1934 年)；

5.《随便想起来的几个教育问题》(《教育杂志》二十四卷一号，1934 年)；

6.《战时教育问题》(《教育杂志》二十七卷十一、十二号，1937 年 12 月)；

7.《从奢侈说到教育》(《教育杂志》二十九卷一号，1939 年 1 月)；

8.《今后学校教育的几个目标》(《教育杂志》二十九卷七号，1939 年 7 月)；

9.《蔡孑民先生与广东人》、《蔡孑民先生的贡献》(香港《大公报》，1940 年 3 月)；

10.《我的生活》(《重庆读书通讯》，1940 年 4 月)；

11.《现代中国高等教育之演进》(《教育杂志》三十一卷一号，1940 年 10 月)；

12.《战时英国少年》(《少年杂志》，1944 年 6 月)，《现代青年应具备之条件》(《中国青年》，同年)；

13.《中国五十年来的出版趋向》(收入《五十年来的中国》，1944 年 12 月)；

14.《为青年学生颂祷》、《漫谈高等教育》、《漫谈中等教育》(《学生杂志》，1945 年)。

（五）1949 年以后，王云五在报刊上的写作，出现了一个持续的高潮期，并且这样一个高潮几乎一直持续到他生命的结束。本处选择其中的主要报刊文章记述于下：

1.1949—1958 年，此时王云五刚刚从国民政府财政部长的位置上辞职不久，离开大陆，开始主要在香港活动，后来转入台湾。他在《自由中国》和《自由人》上发表过许多政论文章，包括《民主与自由》、《第三次世界大战何时爆发》、《大战、韩战与台湾》、《争取人民》、《我们需要那样一种生活》、《大战是否在今年爆发》、《迟回瞻顾后的日本》、《我的生活片段，八年参政（一——十三）》、《苏俄虎视下的中东现状》、《围堵解放与共存》和《中东危机与其前途》等。

2.1952—1969 年，王云五在《台湾新生报》上发表大量文章，包括《从小学生赤足上课谈起》、《战后法国的损益账》、《谈回避制度》、《工业发展的一个重要因素——投资与再投资》、《一九五三年》、《雅尔达协定为什么不废止》、《异哉！所谓台湾托管的传言》、《联合国的生与死》、《解决升学问题》、《中西两国的关系》、《联合国宪章修正问题》、《所谓对俄不侵略协定》、《马林科夫的手法》、《自由的真谛》、《四国会议与五国会议》、《我国博士学位授予之研究》、《从历史与时代观察国父思想》、《经建与繁荣东台湾》、《促进学术研究出版》、《九十生日庆寿茶会致词》等。

3.1952—1965 年，王云五在"中央日报"上发表一些文章，例如：《俄帝侵华史实，控制外蒙与唐努乌梁海》、《国家与文艺》、《怀吴稚老》、《教育家孔子》、《新闻道德与新闻责任》、《基金会与社会化》、《行政改革之绩效与今后应有之努力》、《节约问题答客问》、《勿忘在莒与社会政治风气》等。

4.还有几个报刊发表文章较多，如《传记文学》、《法令月刊》、《青年战士报》等。

（六）演讲词：王云五是教师出身，很善于讲课或曰演讲。阅读他的故事，其中有一段与演讲相关的事情，让人记忆深刻，感佩至深。

那是在 1948 年 9 月 27 日，王云五以国民政府财政部长的身份赴美国出席"国际货币基金及国际银行第三届联合大会"，并且中华民国作为本次大会的主席国，王云五出任会议主席。此前第一、二届大会的主席都是英美人，此次为中国人，他们又听说王云五向未留学英美，很怀疑他的主持能力。但是大会开幕式上，王云五作为 47 个会员国的代表主持会议，面对 400 多位来宾，他用英文应对自如，引起轰动。致词时，"每一段落都博得各代表之热烈掌声。致词毕，鼓掌声继续一二分钟之久"。大会期间，该组织举行盛大宴会，邀约五百多人，请王云五及美、英、法代表讲演，王云五以汉字"和平"为引子，讲粮食与公平的重要，"听者咸大动容，掌声不绝。盖以能寓庄于谐，最为得体"。席中，美国财长施耐德赞扬说："一来自东方之人，即其所说英语，已较本身为美国人者远胜。此项大会得其主持，于和谐空气中表现权威，尤为不可多得。"[①]

说到"演讲"，原本不应该归于"笔墨生涯"名下；但是王云五不同，他的大部分演讲词，都已经整理成文章在报刊上发表，或收入不同的文集中。因此需要把它们整理出来，择要罗列如下。此处有几点说明：其一，重复的演讲题目，只记一篇；其二，大学授课题目未

---

① 王云五：《八十自述》（上），《王云五全集》第 15 卷，九州出版社 2013 年版，第 472—475 页。

记；其三，官场讲话未记；其四，讲演后未形成文字的一般不记。

1.《西方文化对现代中国文学之影响》（在沪江大学毕业典礼上，后其英文讲稿，在该大学刊物 Educational Review 上发表，1924 年 6 月）。

2.《劳资问题》（对上海工运及劳工领袖演讲，收入《岫庐论经济》，1930 年 10 月），《工作标准》、《工业标准化》（上海青年会，收入《岫庐论管理》，同年 10、11 月），《科学管理与我国工商业》（中国工商管理协会，收入《岫庐论经济》同年 10 月），《我国实行科学管理法之先锋》（在一工厂，同年 11 月），《工厂人事管理》（中央大学，同年 11 月），《科学管理法的目的和作用》（复旦大学，同年 12 月）。

3.《十年来的中国出版事业》（中国文化协会，1937 年 5 月），《战时教育问题》（长沙广播电台，同年 11 月）。

4.《现代中国高等教育之演进》、《人类大敌之克服者——体育》（香港广播电台，前者收入《岫庐论教育》，后者载《健与力》月刊，1939 年 7 月、12 月）。

5.《几个"专家"头衔》（香港青年讲习班，1940 年 3 月），《四十年来之中国出版业》（香港广播电台，1940 年 5 月），《与大学毕业生谈五育》（香港三育研究社，1940 年 6 月）。

6.《业余时间的利用》（中国农业银行，1942 年 4 月，收入《岫庐论为人》），《我的修养》（邮政局，收入《做人做事及其他》，1942 年 5 月），《战时出版界的环境适应》（中央图书馆，收入《做人做事及其他》，同年 6 月）；《旧学新探》（中央大学，收入《岫庐论学》，1942 年 6 月），《当前的工商管理问题》（中央银行，收入《做人做事及其他》，1942 年 6 月），《青年成功之路》（三民主义青年团中央团部，收入《做人做事及其他》，1942 年 7 月），《理想的警察》（中央警官学校，收入《做人做事及其他》，1942 年 8 月），《出版物的国际关系》（外交使领馆人员培训班，收入《做人做事及其他》，1942 年 9 月），《行政效率》、《事务管理》、《中小学教科书与补充读物问题》（中央训练团，前两者收入《做人做事及其他》，后者收入《岫庐论教育》，1942 年 9 月、11 月），《工厂管理的基本问题》（社会部，收入《做人做事及其他》，1942 年 10 月）。

7.《业务管理的原则》（中华职业教育社，收入《旅渝心声》1943 年 2 月），《科学方法与工商管理》（党政军人事管理训练班，收入《岫庐论管理》，1943 年 3 月），《军中文化之重要性》（中央广播电台，收入《旅渝心声》1943 年 6 月），《青年训练之目标》（三民主义青年团中央团部，同年 6 月）。

8.《实施宪政的先决条件》（宪政实施协进会，收入《旅渝心声》，1944 年 3 月），《新土耳其鸟瞰》（国民政府主席侍从室，收入《旅渝心声》1944 年 4 月），《工程师与工业管理》（中央大学，收入《旅渝心声》1944 年 6 月），《业余无线电的效用》（业余无线电协会，收入《旅渝心声》1944 年 6 月）。

9.《召集国民大会以前应有之准备》（国民月会，收入《旅渝心声》，1945 年 8 月）。

10.《就业与业余》（台湾师范学院，1951 年 8 月）。

11.《一九五二年的世局》（台湾大学长风社，1952 年 1 月）。

12.《美国共党渗透之可虑》（台湾广播电台，收入《谈国际形势》，1953 年 2 月）。

13.《青年成功的要素》、《读书先要识字》、《怎样识字》、《怎样检字》、《读书先辨性质》、《怎样精读》、《怎样略读和摘读》、《怎样鼓起读书的兴趣》、《青年就业问题》、《怎样做事》、《业余时间的利用》、《青年军事训练》、《谈函授》、《谈体育》、《运动家风度》、《谈修养》、《法治精神》、《自由界限》、《老板主义》、《谈婚姻》（中国广播公司青年讲座，收入《对青年讲话》，1953—1954 年）。

14.《改革排字问题》（台北市编辑人协会，1953 年 10 月）。

15.《文化的发展》（"考试院"学术演讲会，1955 年 4 月），《科学管理鸟瞰》（"总统府"动员月，1955 年 4 月），《科学方法与学习》、《科学管理与行政效率》（高雄市中学生、公务员，1955 年 6 月）、《古今中外谈速记》（中华速记研究会，1955 年 7 月）、《孔子与教育》（"总统府"，1955 年 9 月）、《科学方法与公务管理》（"立法院"，1955 年 10 月）。

16.《专才与通才》（中原理工学院，收入《岫庐论学》，1964 年 6 月），《国际现势的回溯》（陆军理工学院，1964 年 8 月），《与青年谈品德修养》（政工干校，收入《岫庐论为人》，1964 年 12 月），《图书馆与出版界》（"中国图书馆学会"，1964 年 12 月）。

17.《漫谈读书》（中西文化讲座，1967 年 5 月），《新精神》（中华学书院，收入《东西文化》，1967 年 7 月）。

18.《中华文化复兴运动的意义》（对大陆播讲，1968 年 5 月）。①

---

① 王寿南：《王云五先生年谱初稿》（第一——四册），台湾商务印书馆 1987 年版。

四、编著

王云五一生究竟写过多少本书呢？大约有 50 多部。其中有的书是多卷本，比如《中国政治思想史》一套书就有 7 卷之多。搜寻王云五的写作路径，可以发现几个特点。其一，他的许多著作都是在自己管理的出版社出版的。其二，他从政的经历对他写作的负面影响极大，担任公职时，他的写作几乎为零；但他从事出版工作时，虽然日常事务极忙，留下的文字依然很多。其三，他集中精力写作时，落笔极快，超乎常人，比如在 1968—1973 年，他每天能写 4000 余字。他写完《中国政治思想史》、《中国教学思想史》之后，还想写《中国经济思想史》、《中国法律思想史》和《中国教育思想史》。他对记者说："假若我还活着，最后我要写一部《中国哲学史》。胡适博士只写了《中国哲学史》上册，被佛教问题——广东和尚慧能绊住了，真可惜。我将不管这些，我要写佛教，也要写理学。"①1973 年，他写完前面两部大著之后，又在他的学生，当时台湾商务印书馆的总经理周道济劝说下，用一年时间写出百万字的《商务印书馆与新教育年谱》。时年 85 岁的王云五虽然雄心勃勃，最终还是心脏出了问题，再也没有了撰写大部头著作的力气。②

确实，王云五一生的写作太丰富、太复杂了，不但数量多，而且

---

① 王云五：《最后十年自述》（上），《王云五全集》第 17 卷，九州出版社 2013 年版，第 283 页。

② 王云五《最后十年自述》（下），《王云五全集》第 18 卷，九州出版社 2013 年版，第 682—694 页。

经常是许多文字交错在一起，让人产生眼花缭乱的感觉。在这里，我按照时间链条将王云五首印的著作粗略地清理出来，开列如下。

（一）1920年，《物理与政治》在上海公民书局出版，这可能是他第一部自撰的著作。

（二）1928年，《中外图书统一分类法》及 *Wang's System of Chinese Lexicography*，由商务印书馆出版。

（三）1930年，以四角号码编排的《王云五大辞典》亦由商务印书馆出版。撰写《中国古代教育思潮》一书，著文章时属笔名"王一鸿"。

（四）1938年，王云五编纂《中山大辞典一字长编》在商务印书馆香港分馆出版。

（五）1941年，王云五完成《古体字大辞典》之编纂。后因太平洋战争爆发，香港被日本人占领，该书当时未能付印。

（六）1942年，《做人做事及其他》在商务印书馆重庆分馆出版，此中包括他1941年到重庆后的11篇讲演词。此书上市后，3个月再版3次；第4版时，又加入两篇讲演词。

（七）1943年4月，《工商管理一瞥》在商务印书馆重庆分馆出版。其内容系王云五给党政军人事管理人员以及社会部社会工作人员两次讲演的底稿。8月，《新目录学的一角落》完成，收入相关文章10篇，在商务印书馆重庆分馆出版。10月，《王云五新词典》在商务印书馆重庆分馆出版。

（八）1944年7月，《战时英国》将由商务印书馆重庆分馆出版。

（九）1945年8月，英文版《访英日记》由商务印书馆重庆分馆出版。11月，《旅渝心声》由商务印书馆重庆分馆出版。

（十）1950 年 1 月，《王云五综合词典》在香港出版。

（十一）1951 年 8 月，《中国史地词典》出版；9 月，《谈教育》由台北华国出版社出版。

（十二）1952 年，《一九五二年的世局》、《我的生活片段》、《谈世界》、《读书常识》和《国际常识》，由台北华国出版社出版。

（十三）1953 年，《四角号码检字法》在台湾商务印书馆出版。

（十四）1954 年 2—12 月，《谈政治》、《对青年讲话》、《谈国际局势》和《科学管理常识》，由台北华国出版社出版。

（十五）1955 年 6 月，《科学方法及其应用》由台北华国出版社出版。7 月，《现代公务管理》由中华文化出版事业委员会出版。

（十六）1963 年，《我的生活片段》由台北华国出版社出版。

（十七）1964 年，《谈往事》由传记文学出版社出版。《纪旧游》由自由谈杂志社出版。《对青年讲话》由台北华国出版社出版。《岫庐论政》由台湾商务印书馆出版。

（十八）1965 年 3 月，《岫庐论管理》完稿；3 月，《岫庐论学》在大华晚报初版，半年后再版。4 月，《岫庐论世局》完稿；7 月，《岫庐论教育》交台湾商务印书馆出版。11 月，《岫庐论国是》完稿，交台湾商务印书馆出版。11 月，《我怎样认识国父孙先生》由台北传记文学社出版。12 月，《岫庐论学》转交台湾商务印书馆重印，名为初版，实为第三版。

（十九）1966 年，《十年苦斗记》、《国民大会躬历记》、《岫庐论经济》和《岫庐论为人》，交台湾商务印书馆出版。

（二十）1967 年 7 月，《岫庐八十自述》在台湾商务印书馆出版，《岫庐论国粹》亦出版。

（二十一）1968 年，多卷本《中国政治思想史》开始在台湾商务印书馆出版，本年还出版《先秦政治思想》和《两汉三国政治思想》。《岫庐语汇》由台湾商务印书馆出版。

（二十二）1969 年，《晋唐政治思想》、《宋元政治思想》、《明代政治思想》和《清代政治思想》完稿。

（二十三）1970 年，《民国政治思想与中国政治思想综合研究》、《先秦教学思想》和《汉唐教学思想》完稿。《民主与自由》由台北云天出版社出版。王云五与王寿南合作撰写的《我们的荣誉》，由幼狮出版社出版。11 月，《云五社会科学大辞典》12 册，全部印完出版。

（二十四）1971 年，《宋元教学思想》、《明清教学思想》、《革新时代教学思想》和《中国历代教学思想综合研究》完成。

（二十五）1973 年，《商务印书馆与新教育年谱》交台湾商务印书馆出版。

（二十六）1976 年 9 月，"国防部"选编王云五文章《岫庐文选》，印行 12000 部，分发各单位部队阅读。"国防部"除致送版税外，并颁发荣誉纪念状。

（二十七）1977 年，《岫庐最后十年自述》完稿。

（二十八）1979 年，《岫庐序跋集编》完稿，在台湾商务印书馆出版。[①]

---

① 王寿南：《王云五先生年谱初稿》（第一——四册），台湾商务印书馆 1987 年版。

五、回忆文章

王云五一生勤于笔耕，几乎逢事必记，因此留下大量的文字记载。仅就个人回忆的文章而言，他写了不下 500 万字的手稿，其中有大量精彩的史料。但是由于文字量太大以及其他原因，直到今天，还有许多文稿没有整理出版。比如，《王云五自撰年谱》手稿，《王云五手撰日记》（1958—1963），《王云五自藏之亲友来函》（王寿南说："甚多，颇凌乱"），《访美日记》等。在这里，我简要梳理出一个脉络，对王云五回忆文章做一点说明。

（一）《王云五自撰年谱手稿》。这是一部奇怪的年谱，有 300 多万字，连王云五自己都说，一个人为自己写年谱，也算是他的一个创造了。但实际上，它更像是一部编年体的传记。写这部书的起因，是在 1963 年 1 月 27 日王云五突然产生写一部"自撰年谱"的念头。他写道："今日星期多暇，整理生平任事文件，突然发生自撰年谱之意。本来我因中年以前尚无写日记之习惯，抗战前数年开始写日记，迄太平洋战争发生已有九年之详尽日记存在香港，战事起香港为日人占据，亲友畏祸，一举将我所存日记，尽焚之。此中具有许多读书治事心得，心血荡然，使我灰心，遂不复写。来台后数年，始恢复，然系利用日记册，语焉不详。前数年，仅就平生经历，而手边存有资料者，按纪年本末体写作，对于年谱或传记，殊无尝试之习气。今日忽然动念，当熟思之。奇怪得很，前此多年不敢尝试者，此次仅经整天工夫，即自昧爽三时迄旁晚五六时间之考虑，认为俗语'事非经过不知难'，不妨改为'事非经过不畏难'或'事非经过怎知难'。于是决心尝试……好在任何纪事之文字，总不外是'有话则长，无话则短'，又何必多所顾虑呢。因此我决心撰写之后，继续向搜罗资料方面考虑，打算从明日起即实行开始写作。"

王云五是一位意志极其坚强的人，他由此时开始动笔，一写就是3年，竟然有了二三百万字书稿，以及整理出300余万字的论著。但是王云五开始就说，他并未打算全文出版这部巨著，他在此后接受记者采访时说："这部'自撰年谱'，敝帚自珍，将不准备出版。人生百年，终归不免'寂灭'，当其死后，由人家来送挽联祭幛，胡乱歌功颂德一番，或由后人树立一块墓志铭，以状其貌，以述其不朽，倒不如趁垂老之年，由自己动手，把一生的形状真实的记录起来，算一算这笔总账，则较有意义得多。"后来，这部"巨稿"确实未出版，即使在他80岁的时候出版《岫庐八十自述》，也只是从中摘取120万字成书。①

在王寿南《王云五先生年谱初编》中，引用了《王云五自撰年谱手稿》中的许多内容，其中有些内容比较个性化；有些内容，十分珍贵。比如，王云五10岁时，在上海随萧老师读书，曾经迷上扶乩，在虹口一家"仙坛"学习扶乩，并且充当乩童，法名"王齐"。后来王云五对扶乩产生怀疑，此事才作罢。②对于这段故事，王云五在《自撰年谱》手稿中有详细记载，并且类似的人生经历还有很多，但王云五没有将这些所谓"不良记录"收入他的《岫庐八十自述》中。所以至今许多读者，还是很希望见到那部手稿的出版。

---

① 王寿南：《王云五先生年谱初稿》（第三册），台湾商务印书馆1987年版，第1282、1337页。

② 王寿南：《王云五先生年谱初稿》（第一册），台湾商务印书馆1987年版，第16页。

（二）《岫庐八十自述》。对于了解王云五一生的心路历程，这是一部非常重要的著作。关于它的成稿经过，前文已经谈到，它实际上是在王云五80岁的时候，从自己二三百万字的《王云五自撰年谱手稿》中整理出来的部分内容。关于此书内容，有几点提示：

1. 关于写作原则。王云五在《岫庐八十自述》的前言中写道："我觉得人于游览名胜之时，辄有记述。人之一生，无异长期之游览，其不可无记述，亦同此理。余以多次播迁，最后违难来台，日记旧文，泰半或已散失，或不及携带。五十二年（1963）冬谢政以后，开始撰著年谱，冀留迹爪，因乏蝉联系统之资料，颇感困难。幸而搜藏之出版品，间接尚可助记忆。三年以来，朝斯夕斯，已属稿成二三百万言，另附关系论著三百余万言；除后者大部分分类集刊，以十二种论集问世外，其年谱本文一时尚难发表。由于友好同学的敦促，今岁一月一日偶然动念，趁此八十开始之年，暂作要的报导，即就年谱中摘取要项，笔述完成，命名为岫庐八十自述，亦犹是暂就过去之吾生结一清各账而已。自出生以至今岁，凡有足记而又无碍公开者，辄摘举之。各章以事为纲，虽详略视事之繁简为转移，无不忠实报导，不敢言功，亦不讳过。"①

2. 关于王云五一生的志向。这部回忆录的后记中有一段话经常被研究者们引用，其中写道："在我生八十年间，自十八岁正式就业，迄今六十有二年，先后赋闲约共四年，实际就业五十八年。其中从事于教学者二十二年，从事出版者三十二年，从事于公务政务者十七年，三者合计年数超出于实有年数十有三，则因同时兼任两职之故。

———————

① 王云五：《八十自述》（上）自序，《王云五全集》第15卷，九州出版社2013年版，第3页。

由于我开始所就之业属于教学，至今八十之年尚兼教学与出版二职，足见我一生以出版为主，教学次之，公务政务殆如客串。我从事出版，为期虽最长，而一生就业之起讫均与教学攸关。故出版与教学，孰主孰从，尚未易言。"①

3. 王云五一生，争议之声多多。比如，对商务印书馆的贡献问题，用现代企业方法改造商务印书馆的问题，四角号码的发明问题，从政之后的所作所为，金圆券问题，到台湾之后的一些事情，等等，《岫庐八十自述》中都有详细的记载。

4. 在2003年1月，王云五的大儿子王学哲，曾经将此书缩写，形成一部20余万言的小书，名曰《岫庐八十自述节录本》，在台湾商务印书馆出版。2007年9月，上海人民出版社将此缩写本引入内地出版，笔者曾经为其写序《王云五：梦萦中的迷离影像》。②

（三）《岫庐最后十年自述》。关于此书的名字，王云五在自序中写道："至本书所以如是命名者，因去年为余八八生辰，承政大政治研究所旧游诸子盛意，为设茶会于政大企管中心，并有知好若干人闻风自动参加。会中决议集体为余撰著我所认识的王云五先生一书。余于面谢隆情之致词中，附带宣称，设幸能健存至九十生日，当续撰最后十年以为八十自述之续；盖余心脏衰弱已三四年，虽未恶化，然衰老日甚，对于寿命不敢过存奢望，拟名为'最后十年'而不名'最近十年'者，职是之故。"③

---

① 王云五：《八十自述》（下），《王云五全集》第16卷，九州出版社2013年版，第985页。

② 王云五：《岫庐八十自述节录本》（王学哲编），台湾商务印书馆2003年版。

③ 王云五：《最后十年自述》（上）自序，《王云五全集》第17卷，九州出版社2013年版，第1页。

写完这部书稿两年之后，也就是在 92 岁的时候，王云五不幸病逝，应验了他"最后十年"的书题。有言道，知生死，是人生的最高境界。王云五，抑或如斯？

六、序与跋

本章开篇，就引述了王云五生前所写的最后一篇跋文。其实，在王云五有生之年，他出版的最后一本书，正是他的《岫庐序跋集编》。1979 年 6 月 1 日，他为此书写的自序中谈道："总计自余二十八岁，迄今九十二岁，其间六十四年所撰自序他序经堂侄权之代为搜罗汇集者都二百四十篇，悉依原状，版式小于廿四开者予以放大，俾成一律，计得八百面，印为一巨册，命名岫庐序跋集编，余大半生生涯咸借此而呈现。"①

此处有一点需要强调，那就是作为出版人，"著书立说"似乎有些超出了出版的职业范围；但撰写序跋，却被认为是一个很好的职业习惯和传统。大凡编辑介绍书稿，先要从简介、提要、说明等文字做起，能够达到写序跋的能力，就是大编辑了。回顾王云五一生所为，他一直非常敬重张元济，许多事情都要有所追随。在写序跋方面，他总结说，张元济从 28 岁开始写，到 90 岁为止，其间 62 年，一共写了 230 余篇序跋。王云五也是从 28 岁写起，到 92 岁为止，其间 64 年，一共写了 240 篇序跋。两相比较，在数量上，何其相似乃尔。其实还

① 王云五：《序跋集编》自序，《王云五全集》第 19 卷，九州出版社 2013 年版，第 1 页。

有一件颇具神秘色彩的事情，那就是张元济于 1959 年 8 月 14 日在上海病逝；20 年后，王云五于 1979 年 8 月 14 日在台北病逝。他们的忌日，竟然在同一天。

第八章

人际交往

一个人的一生，会接触很多人，哪些人会成为朋友，哪些人会成为敌人，哪些人会成为事业上的伙伴，哪些人会成为一生的对手，与哪些人一生为伍，与哪些人分道扬镳，与哪些人老死不相往来……弄清楚这些问题，这个人的情况，也就基本清楚了。

王云五的工作足迹遍布教育、出版、学术和政务等许多领域。因此，在他的人际交往中，形成了一些好恶不同、志向不同以及职业不同的人群，这些人群也有交集，也有人在不同的人群间跨来跨去。本章引入一个俗词，即"圈子"的概念，将王云五的社会交际圈，大体划分为教育圈、出版圈、文化圈和政治圈，以人为纲，从一个侧面，重点了解一下王云五与出版相关的人生轨迹。

一、教育圈

王云五自己算过，在他的一生中，有 25 年是在做与教育相关的事情；再加上他早年读书的时间，他一生在教育圈里游弋的时间确实不短。单从时长上看，大概仅次于他做出版的时间。在这段时间里，他充任过两种角色：一是学生，包括他半工半读时双重身份；二是老师，他从补习班的教生，一直做到大学教授、博士生导师。所以，他在这里接触的人，也会有四种面孔：他的老师、他的同学、他当老师时的同事，以及他的学生。

（一）王云五的老师。王云五早年读书，无论私塾还是夜校、补习学校，基本都是在上海。由于这一时期的时间不长，并且时间段很零碎，所以留下的记忆也很零碎；有些老师，他甚至只记下了姓氏，没记下他们的名字。另外，王云五早年以自学为主，教过他的老师很少，真正对他产生重要影响的人就更少了。为此，我们列出四位王云五最敬重或接触时间较长的老师，权作一点说明。

1. 王日华。王云五的大哥，学问极好。18 岁应童子试一试而中。没想到两三个月后突然病逝。王云五 8 岁时，跟大哥读《三字经》、《百家姓》等，接着大哥教他读《四书》，但是大哥并没有按照通常的顺序从《大学》、《中庸》、《论语》和《孟子》讲下去，而是把顺序倒过来排列，大哥认为《孟子》较《大学》、《中庸》等更为浅显易解。王云五很喜欢大哥的教学方法，但大哥只教他一年书就回乡赶考去了，

不久即病逝，让王云五一生都感到遗憾。^①

2.萧老师。私塾老师，1896—1900 年，王云五一直跟随他读书。萧老师主张死记硬背，王云五始终不喜欢他的教学方法，几次提出问题，都受到萧老师的训斥。比如讲《孟子》时，萧老师只强调舜的孝道，却不讲舜的守法精神。王云五当场质问："那么'夫舜恶德而禁之，夫有所受之也'又怎么解释呢？"萧老师正色厉言道："这一段意义深远，不是你们孩童能够明白的，你也不应该问。"另外，萧老师要求学生背书，背错或背不出来要打手心。王云五自幼记忆力强，又怕打手心，曾经将《大学》和《中庸》一字不差背出来，获得萧老师奖励一册发帖。王云五后来回忆说，这是他在跟随萧老师读书期间，得到不多的好成绩之一。^②

3.李老师。私塾老师，顺德县人，李文田的同族。1901 年春—1902 年春，王云五跟随李老师读书。后来他回忆说："奇怪得很，李老师所处的时代还不易接受新的教育方法，他却主张要把读的书，仿佛和现在一般，分为精读与略读两类。对于要精读的，讲解不厌求详，不仅对字句的意义丝毫不肯放松，而且对于章法句法一一阐述分明。东莱博议的调子，在今日许多人视同陈腐者，在当时看起来，也还敬佩。他又教我读史记菁华录，也是选读与精读的。此外，他要我准备了《古文评注》、《孟子》、《左传》、《唐诗三百首》、《曾文正公家书》、《阅微草堂笔记》、《三国演义》各一部；后三种听我自己阅读，

---

① 王云五：《八十自述》（上），《王云五全集》（第 15 卷），九州出版社 2013 年版，第 6 页。

② 王云五：《八十自述》（上），《王云五全集》（第 15 卷），九州出版社 2013 年版，第 11 页。

等于现今所谓略读，前数种由他随时选择讲授。但不讲授时，如果我自己看得懂，尽管自己阅读，不很明白的也可向他请教。"

另外，李老师的弟弟来看他，王云五称其为师叔，王云五后来回忆："他对我希望很大，除听了李老师赞我能用功而且有思想外，他说他还懂得看相，认为我将来或不是一个平凡的人，要我好自为之，但望我第一不要畏难，第二不要自满。"当时王云五的小名叫日祥，师叔主动为他起一个别字云五。师叔说，它的本意是"日下现五色祥云"。师叔还按方寸大小写下"王云五"三个字，说将来找一位刻字高手刻出来，并可用为名片。十七八岁之后，王云五确实用师叔的字做了名片，许多人见到后，都说这字写得顶出色。①

4. 布茂林。英国人，来中国多年，曾经在京师同文馆当教习。后来到上海创办了自己的同文馆。他不但教英文，还教历史、地理、普通科学以及经济学、伦理学、拉丁文等，是一个知识面很宽的人。1904年秋季，王云五进入同文馆学习，第二年被布茂林任命为教生。在这里，王云五受到的最大影响是布茂林创办的一个私人图书馆，其中大多数是英文名著，不下千册。王云五说："这是他图书馆生活的开始。"布茂林指导王云五先从马可莱氏的《英国史》读起，还告诉他，纵然不注意这部书的内容，其文章也是最值得一读的。布茂林还指导王云五在经济学方面，读亚当·斯密的《国富论》；在社会学方面，读斯宾塞的《社会学原理》；在法学方面，读戴雪氏的《英宪精义》和孟德斯鸠的《法意》；在自然科学方面，读达尔文的《物种起源》；在哲学方面，读埃克曼的《哲学》、柏拉图的《对话》及休谟的《人

① 王云五：《八十自述》（上），《王云五全集》（第15卷），九州出版社2013年版，第14页。

类理解》；在政治学方面，读穆勒·约翰的《代议政府》和《自由论》，还有卢梭的《契约论》；在教育学方面，读斯宾塞尔的《教育论》；在历史方面，读克莱尔的《法国革命史》以及一位英国人写的《中国》(*The Middle Kingdom*)。在文学方面，王云五除了读培根的《论文集》、马克莱的《论文集》、富兰克林的《自传》、布恩的《天国历程》以及《天方夜谭》等，布茂林曾劝王云五读莎士比亚的戏剧和米尔顿的诗，王云五总觉得没有兴趣。他后来叹息："这或许是我不能成为英文学家之一原因。"

通过一段时间的阅读，王云五发现再读译著时，远不如读原著易于准确理解作者的思想。再者，他读过那部英文版的《中国》之后，激发了他对于中国历史的兴趣。他把家中那套《二十四史》拿来阅览，却发现也不如读英文书易于理解。所以他接着感叹说："因思中国人读中文竟不如读外国文之容易，实属可耻，遂决计多读中国书籍，以雪此耻。"①

（二）王云五的同学。与上述情况类似，王云五真正的同学，也不是很多。在这里，我们列出几位王云五很看重的，或者后来发生联系的同学。

1.公文翻译班。1904年，王云五17岁时，在同文馆读书之余，参加此班。此班是青年会开办的，其中有三个人物值得记忆：(1)唐介臣。他是主讲老师，也是这个班的毕业生，留美归来。此君后来出任清华学校首任校长，某日去教育部专门教育司办事，恰好王云五在那里任职，称他老师，他最初茫然，很快想起来在公文翻译班的旧

---

① 王云五：《八十自述》（上），《王云五全集》（第15卷），九州出版社2013年版，第35页。

事。（2）吴朗轩。他是青年会的干事，王云五12岁时，去青年会图书馆看书报刊，就是他应允的。此班结业考试，在30名学员中，吴朗轩获得第6名；王云五获得第5名。后来因为婚姻关系，他成为王云五的长亲。（3）郭尚贤。圣约翰书院学生，结业考试获得第一名。1909年王云五在留美预备学堂兼任教务长时，郭尚贤被聘来做教员，讲授英文学及听讲会话。①

2. 振群社：1906年，王云五在益智学室任教期间，与他在同文馆读书时的同学组织了一个学社，命名为振群社，王云五任社长。其中社员有：（1）司徒辉。后来留美学工程，成为著名的业余小提琴家。（2）陈公哲。王云五二嫂的弟弟，后来创办精武体育会。（3）甘养臣。北洋大学毕业，当时任南洋公学算学教员。（4）方容均。海关帮办，曾与林森在海关共事，极相稔善。（5）严伯芬。后来振群学社补习夜校发展成为振群学校时，他出任校长。（6）李葭荣（号怀霜）。粤籍举人。1910年，李怀霜任《天铎报》总编辑，请王云五兼任主笔，每周至少撰写社论一篇，署名出岫或岫庐。②

（三）王云五在教育界的同事。在这个人群中，值得记忆的人很多，其中许多人都对王云五后来的出版事业帮助不小。

1. 中国新公学与中国公学。1906年10月，王云五经他在振群夜校的一位同学介绍，来到中国新公学做英文教员。第二年，中国新公学与中国公学合并，王云五仍然受聘为教师。其中教师有：（1）宋耀如。他留美归来，是前辈，在中国新公学时教英文学。（2）程瑶笙。在中国新公学教博物的老师，两校合并时，新公学的学生要求：有两

---

① 王寿南：《王云五先生年谱初稿》（第一册），台湾商务印书馆1987年版，第49页。
② 王寿南：《王云五先生年谱初稿》（第一册），台湾商务印书馆1987年版，第56页。

位老师必须留下来，一位是王云五，另一位就是程瑶笙。（3）于右任。
王云五回忆："我每日须乘火车前往上课，数年以来，从未误点一次。
我每早从上海到吴淞炮，火车中常遇见于右任先生。他是以复旦公学
的教课为主，对于中国公学只兼少数功课。"①

2. 留美预备学堂。1909 年秋季，江宁提学使李瑞清（号梅庵），
在上海办一所留美预备学堂，请王云五来做教务长。其中教师有：
（1）黄宾虹。安徽名士，长于画学，在这里则教国文，后来王云五主
持商务印书馆编译所时，曾经聘他做美术部主任。（2）郭尚贤。英文
教师，王云五在公文翻译班的同学，前已提及。②

3. 国民大学。1912 年 9 月，在北京，王云五在教育部任职时，
兼任国民大学法科英文教授。其记载的人物有：（1）彭允彝。湖南
人，国民大学代理校长，在 1913 年 3 月，聘任王云五为教授。抗战
时期，与王云五同任国民参政会参议员。（2）黄达生（尊三）。教授，
王云五在中国大学的同事，创办《大公论》月刊，执笔者都是北平知
名教授。他邀请王云五撰文，王云五写政论文章《物理与政治》，拟
二三万字，分为上中下三期刊载。但只写一篇后，就因故未能续写。
（3）王正廷。1926 年左右，中国大学校长。他知道，此前该大学有
欠发教授薪水的事，就向曾经在该校任教的教授发通知，希望他们能
将当初的欠薪，全部或部分捐赠给该校。王云五同意全部捐赠，但希
望知道欠薪的数目。王云五去问当时的监察委员祁大鹏，祁大鹏说，
该校欠王云五薪金总额，达到 2 万多元，是在诸多教授欠薪之中，数

---

① 王寿南：《王云五先生年谱初稿》（第一册），台湾商务印书馆 1987 年版，第 64 页。
② 王寿南：《王云五先生年谱初稿》（第一册），台湾商务印书馆 1987 年版，第 65 页。

目最多的。①

4. 台湾政治大学。1954 年 8 月，台湾政治大学复校，先办了 4 个研究所，包括政治、外交、教育和新闻。他们聘任已经 67 岁的王云五做政治研究所兼职教席，主讲现代公务管理。王云五在这个职位上一直做到 1969 年，恰满 15 年，其中兼职 10 年，专任 5 年。王云五接受这个教职，很大原因，是当时台湾"教育部长"张晓峰（其昀）的邀请。其实，这所大学的兴办也来自张晓峰的倡议，他亲自主持了该校建立 4 个研究所的工作。最初他是请王云五等专家，对复校提出意见和建议，王云五提出要办现代公务管理专业，讲得头头是道；张晓峰接受了王云五的意见，接着也就请王云五出山担任了政治研究所的兼职教席。王云五讲授半年课程之后，张晓峰又将王云五的讲稿《现代公务管理》，收入"国民基本知识丛书"之中；1955 年由"中华文化出版事业委员会"出版。②

此时王云五的社会地位很高。1954 年 3 月，他与陈诚、石志泉二人，被"国大"代表 118 人连署提名，同为"副总统"候选人；同年 8 月，他又被蒋介石任命为"考试院"副院长；1958 年 7 月，应"行政院"院长陈诚之邀，出任"行政院"副院长。以这样的身份与政治大学的所谓"同事"相处，自然有了不同的感觉。但后来王云五重返商务印书馆（台湾）做董事长，曾经聘请过多位政治大学的老师到台湾商务印书馆任职。在这里，略记几个人物：（1）王梦鸥。政大中文研究所教授。1976 年 4 月，王云五聘其主持修订《辞源》；11 月，经杨树人推荐，拟于翌年夏，其在政大退休后，出任台湾商务印书馆编

---

① 王寿南：《王云五先生年谱初稿》（第一册），台湾商务印书馆 1987 年版，第 80 页。

② 王寿南：《王云五先生年谱初稿》（第二册），台湾商务印书馆 1987 年版，第 825 页。

审委员会副主任。后因出国推辞。(2)浦薛凤。教授。1978年1月，出任台湾商务印书馆总编辑；同年11月，因不肯兼任总经理，辞职去美国。(3)马起华。1978年11月，代理台湾商务印书馆总编辑。(4)朱建民。教授。1979年4月，接受王云五邀请，决定同年10月出任台湾商务印书馆总编辑，任期2年。

另外，王云五所带的硕士和博士研究生，其中有近30人成了政治大学的老师，这也是他的"同事"中一群特殊的人。①

（四）王云五的学生。王云五的学生人数众多，其中名人也很多。后来他们中的许多人都成为王云五事业中的伙伴、人生中的相知，甚至成为相伴一生的朋友。

1.朱经农。长王云五2岁，曾留学日本2年。1906年，在中国新公学跟王云五学习英文，同时兼任新公学教务干事，并教日语。1911年，朱经农在北平《民主日报》做编辑，请王云五每周写三篇社论。1922年，王云五出任商务印书馆编译所所长，任命朱经农为哲学教育部部长，后又转为国文部部长。1946年5月，王云五辞去商务印书馆总经理职务，推举朱经农接替他为总经理。1948年他离开商务印书馆，出任教育部副部长，并于当年冬天，奉命出席联合国文教会议。由于国内政局发生巨变，朱经农留在国外从事著书立说，1951年3月11日在美国康州病逝，终年65岁。朱经农在去世前不久，即2月17日在日记中写道："我为同盟会会员，民元转入国民党。对党始终如一，党当政时，我只守党籍，不争党权。党失败时，流离颠沛，绝不背党。国民革命初步成功，十七年国府成立，余因党的关

---

① 集自王寿南：《王云五先生年谱初稿》（第二、三、四册），台湾商务印书馆1987年版。

系，舍学从政，浮政二十余年，至今思之，实为重大牺牲。倘以二十余年光阴从事学术研究，埋头著述，则今日成就绝不止此。从政二十余年，所做建设工作，均被战争摧毁。至今回思，一场空梦。今年老力衰，虽欲从事著述，精力不逮，奈何！"①

1951年9月，朱经农之子朱文长，曾经在美国写信给王云五，督促他为朱经农作传。其中写道："先父生平至友不过数人，老伯为其中之一，且知先父最深；此篇文字不仅足以纪念先父，实亦老伯自传中不可少之一章。"不久，王云五撰文《我所认识的全面教育家朱经农先生》。他后来写道："经农长我一岁，为我执教中国新公学时之学生，其后半世纪间成为莫逆交，情谊有逾于骨肉，其在美去世，闻之至为痛悼。数年后，我因公赴美，并由其子文长博士导往葬地，一凭吊焉。"②

2. 胡适。较王云五小2岁。1906年，在中国新公学跟王云五学习英文、算学等，兼教初级英语。后来一直与王云五交往密切，最为人称道的事情是，他向商务印书馆推荐王云五进入编译所。1962年2月24日，胡适去世。王云五在他的《自撰年谱手稿》中记道："适之与我由学生而至交，与朱经农之与我相若。适之名满天下，学生亦满天下，而数十年来，迄于逝世前一星期，无论口头或书面，无不称呼我为老师。在我的生涯中，最大部分消磨于商务印书馆之任务，然推荐我商务印书馆当局者实为适之。适之自四十七年（1958）从美返台以后，其言论行动辄与我商量，亦多受我的影响，即其回国就'中央研究院'院长职务，亦由于我力劝。因此，彼此间之关系实甚深切。

---

① 王寿南：《王云五先生年谱初稿》（第二册），台湾商务印书馆1987年版，第749页。
② 王寿南：《王云五先生年谱初稿》（第二册），台湾商务印书馆1987年版，第759页。

其致我最后一函系本年二月十七日所写，其中尚有询我何时有暇，想过来一谈，不料遽而永诀，哲人其萎，至堪痛惜。兹检得此最后一函，兹附于左：'云五先生：昨天李济之先生告我，（台北）故宫博物院的常务理事会将于二十一日开会，他盼望我向会中提出摄制 microfilms 的问题。我匆匆草了一封提议的信，连同抄本两份，送呈老师。我觉得这件事是值得考虑的，倘蒙老师大力提倡支持，不胜感盼。我现在可以说是全好了。什么时候，老师有空闲，我很想来谈谈天。适之 五一、二、十七'。我阅报，得此噩耗，经以电话洽询，知业已移灵于极乐殡仪馆，乃于九时许赴一视遗体。下午四时至教育部参加治丧委员会，因治丧会主任委员'陈副总统'未能出席，有我以副主任委员代为主席。"王云五为祭胡适所撰挽联："虚怀接物，剖析今古问题，发扬儒家恕道；实证穷源，爬梳中西哲理，的是科学精神。"①

3.臧哲先（启芳）。王云五在北平中国大学的学生。1916年，王云五曾保荐他兼任国民大学附中英文教员，该校校长姚恨吾特准致聘。臧哲先毕业后，赴美专攻经济。归国后，被王云五聘为商务印书馆编审员。1924年冬，调任商务印书馆沈阳分馆经理。再后来任东北大学校长。来到台湾后，任私立东海大学教授。1961年，臧哲先去世，王云五曾写《悼臧哲先同学》以表哀悼之情。②

4.中国公学的几位学生。（1）万鸿图（字仞千）。河南人，长王云五三岁，国学很有根底，后来与王云五缔交数十年。（2）杨杏佛（铨）。也曾经在临时大总统府做秘书。后来成为知名教授。1922年，

---

① 王寿南：《王云五先生年谱初稿》（第三册），台湾商务印书馆1987年版，第1221—1222页。

② 王寿南：《王云五先生年谱初稿》（第三册），台湾商务印书馆1987年版，第1143页。

王云五任商务印书馆编译所所长时，聘其为馆外特约编辑。1929年9月，王云五辞去编译所职务，去中央研究院做研究员。时任该院社会科学研究所所长的杨杏佛，还希望效胡适故事，请王云五来做所长，被王云五婉言谢绝。(3) 赵汉卿。1920年春，在上海办公民书局，邀请王云五主编"公民丛书"，王云五推出第一本译著《社会改造原理》，接着在一年时间里，为其编书20余种。①

5. 台湾政治大学的几位学生。(1) 徐有守。硕士。(2) 周道济。博士，也是中国本土授予的第一位博士。(3) 金耀基。硕士。(4) 王寿南。博士。1970年1月，与王云五合撰《我们的荣誉》，在台北幼狮文化事业公司出版。1987年，出版4卷本《王云五先生年谱初稿》，台湾商务印书馆出版。

二、出版圈

王云五一直在说，在他的一生中，从事出版行业的时间最长，自然在这里接触到许多人。就传统出版而言，无论多大的出版社，其主题思想还是要落在一个人的身上，当然还有他周围的几个人在发挥作用。

（一）商务印书馆的前辈。商务印书馆创建于1897年，王云五经胡适推荐进入商务印书馆编译所，是在1921年。当时几位前辈对了解王云五的才华，确定他后来在出版界的地位，都起到极为重要的

---

① 王寿南：《王云五先生年谱初稿》（第一册），台湾商务印书馆1987年版，第100页。

作用。

1.高梦旦（凤谦）。商务印书馆元老之一。1921 年，他任编译所第二任所长。但在 7 月间，他将胡适从北京请到上海，希望胡适能接替自己担任所长。胡适在编译所考察一段时间后，认为自己不合适此项工作，推辞了商务印书馆的邀请。但张元济、高梦旦等人请他推荐一个人，他推荐了王云五。最初王云五答应去做副所长，但要先到编译所考察三个月。他于 9 月 16 日到编译所，每天跟着高梦旦了解情况。10 月间，高梦旦到北京看望病危的侄子，25 日来见胡适，对他说王云五好极了，将来一定可以替代他。胡适听了很高兴，还在当日的日记中调侃道："云五号岫庐，这次真是'云无心而出岫'了！"到了 11 月 11 日，胡适日记中又写道："下午梦旦来谈。梦旦决计请云五代他做编译所长，云五昨日有信来推辞。梦旦要我作函力劝云五。他的意思很诚恳，故我答应了。"王云五的那封推辞信中写道："适之同学：……梦旦日前来京，想必和你会过多次。他近来给汪伯训（应为：汪佰训——笔者注）一封信，请其转达菊生两件事：第一件他自己要脱离编译所，第二件要举我接任所长。他这番美意，我实在感激得很；但我却有点意见，以为他断断不可辞却编译所的事。我并不是客气；实在为顾全大局起见。梦旦的为人，我初次见面时，只知道他是个至诚待人的忠厚长者；等到和他共事后，我更发现他许多不可及之处：第一件就系思想细密，第二件能知大体，第三件富有革新的志向，第四件度量宽宏——这几件事都系做主体者最可贵的资格。"这段时间里，王云五曾经写了一份改进编译所工作的意见书，张元济和高梦旦看过后完全接受，王云五即同意来做所长。而高梦旦提出在王云五手下做出版部部长，在技术方面支持王云五，让王云五极为感动。他在晚年回忆录中叹道："此种精神实难能可贵。我经此次就职，实际上令我消费了二十五年的心血。"①

1926 年 4、5 月间，王云五遭到匪徒绑架。"离家约一个月，家人相见如隔世相逢，后来探悉是编译所同事张叔良君，受了高梦旦先生力托，为我奔走解说，得匪徒谅解，无条件复我自由。我坚询张君究竟花了多少钱，且由何人出钱，他只说请了两次客，连所谓少数车费也没有送过。后来间接探寻，所谓请客的钱是高先生所出。"②

1929 年 9 月，王云五短暂离开商务印书馆。翌年 2 月总经理鲍咸昌去世，张元济、高梦旦等元老力主请王云五回来，接任总经理，王云五坚决不肯，后来还是高梦旦出面，说服了他。③

1936 年 7 月 13 日，高梦旦去世。王云五撰文《我所认识的高梦旦》，在最后一段写道："高先生对家庭、对朋友、对事业、对学术，从现代的意义评价起来，任一方面都算得是理想的人物。胡适之先生称他为现代圣人之一。绝对不是过分。我小时失学，没有良师督教；我的几个哥哥又早年见背；我的父亲对我的管教向极放任。我就在这种情形之下，自己造成一个世界；因此个性过强，落落寡合。自从获交于现代圣人之一的高先生，有形无形都受了他的很大影响。假使近年我能够在任何方面有些贡献，高先生至少应居过半之功。高先生待我不仅是最知己的朋友，简直要超过同怀的兄弟。所以我正可模仿君姗小姐的话而说：'别人家只不过死了一个好朋友；我却不但死了好朋友，而且死了最可爱的长兄。'"当时此文在《东方杂志》（三十三卷

① 王寿南：《王云五先生年谱初稿》（第一册），台湾商务印书馆 1987 年版，第 107 页。
② 王寿南：《王云五先生年谱初稿》（第一册），台湾商务印书馆 1987 年版，第 140 页。
③ 王寿南：《王云五先生年谱初稿》（第一册），台湾商务印书馆 1987 年版，第 160 页。

十八号）上发表，张元济读后给王云五写信称："纪梦翁一篇，读此文如见其人，可谓写真能手。"①

2. 张元济。在商务印书馆诸位元老中，王云五与高梦旦的关系最好，后来就是张元济了。大约是在"一·二八"事件中，王云五的坚强表现震动了张元济，此后与王云五的关系日渐加深。在1933年3月，商务印书馆董事会上，作为会议主席的张元济说："本届公司如此艰难，能有如此成绩，此皆公司办事人之努力，元济仅代表与会全体股东及董事会向总经理王云五先生道谢，并向本公司全体同人道谢。"王云五在《商务印书馆与新教育年谱》中写道："其后高梦旦先生已去世，最可商洽者无人；其次则为张菊生先生。余初入商馆时，彼此虽尚融洽，究非无话不谈者。及一·二八以后，菊老知我益深，不仅在公务上无事不尊重余意，力为支持；即私交上亦无话不说，取代了梦旦先生对余之关系地位。"回顾张元济与王云五的交往，有五件事情值得记忆：

其一是1937年3月间，王云五带领商务印书馆走出"一·二八"事件的低谷之后，提出辞去总经理职务。此时高梦旦逝去不久，谁来劝阻王云五呢？当然只有张元济了。他对王云五说，自己眼角素高，不会用好话敷衍人，因为经过实际检验，认为王云五是商务印书馆最理想的主持人。王云五回忆说："菊老又动以感情，谓深知余与梦旦先生莫逆。梦旦生前引余入本公司，卒成为本公司之救星。梦旦时以此自豪。今梦旦逝世未久。冥冥之中，知余于复兴甫告一段落，使即舍去，如仍有知，定然万分不安。余经菊老掬诚相劝，无词以对。"②

---

① 王寿南：《王云五先生年谱初稿》（第一册），台湾商务印书馆1987年版，第320页。
② 王寿南：《王云五先生年谱初稿》（第一册），台湾商务印书馆1987年版，第326页。

其二是 1945 年 8 月抗战胜利，在重庆，王云五给张元济去信，谈到两点，一是借发股息，二是再一次欲辞去商务印书馆总经理职务。张元济回信写道："九月廿八日来示，虑股东不免有如一·二八后要求速开股东大会之事，以弟观之，此时情形，与前迥不相同。此间股东，对我兄之在后方维持发展，竭尽能事，公司声誉日上，股票涨至票面一百数十倍，信仰之不暇，安有他言。惟有一层，我兄将于同时提出脱离公司，此则必至演出卧辙攀辕之纷扰，不能不仰祈考虑。罗斯福岂恋恋于白宫，其所以再三连任者，亦为维持大局，贯彻己之计划也。"但是，这一次张元济的挽留没有生效，王云五还是在 1946 年 5 月离开了商务印书馆，离开了上海，去南京投身民国政府。[①]

其三是 1948 年 11 月 26 日，王云五离开南京来到广州。12 月，张元济从上海来信，谈到两件事情：一是表示商务印书馆不再选王云五为董事。王云五原来拥有商务印书馆的股份就很少，这样一来，他就仅仅是一个小股东了。二是张元济劝王云五赶快离开大陆，很让落难中的王云五感动。

其四是 1964 年 1 月 1 日，王云五于前一年底，听说张元济在大陆去世，写文章《张菊老与商务印书馆》发表在《传记文学》上。其实，张元济早已经于 1959 年 8 月 14 日在上海去世。

其五是 1979 年 7 月 25 日，也就是在王云五去世前 20 天，还在为张元济《涉园序跋集录》写跋。

（二）商务印书馆的同人们。商务印书馆的成就，在很重要的方面，是其一直重视人才的引进。王云五在任期间，特别聚集了一大批

---

① 王寿南：《王云五先生年谱初稿》（第二册），台湾商务印书馆 1987 年版，第 521 页。

当时的优秀人才。

1.编译所的同人们。1921年9月王云五入所，翌年出任商务印书馆编译所所长，立即聘请一大批优秀人才来馆工作，总人数达240人，其中新进达196人。百科工作委员会人数最多，31人之外，还临时募集以及馆外包件工作的，最多时达到100多人。在1924年《编译所职员表》中，记载了当时人才济济的盛况。①

2.商务印书馆的同人们。1930年商务印书馆总经理鲍咸昌病逝，王云五又返回来接任总经理。此时商务印书馆队伍庞大，人员众多，业务复杂，本文无须尽述，仅选择其时著名人物，或与交往过密者，略记如下：

（1）胡愈之。1914年进入商务印书馆编译所做实习生。"一·二八"事变后，王云五任命胡愈之为复刊的《东方杂志》主编，从29卷4期到30卷4期，共9期。最终因为胡愈之编特辑《新年的梦想》，与王云五意见不一致，故而辞职。后来王云五回忆道："胡氏于民国初年入商务编译所为学习员，以有志自修，学识进步甚速，经不次升擢，渐进为东方杂志助理编辑。其后一度赴法国留学，返国后，思想渐转变，然仍不甚显露。我因爱才之故，于东方复刊时，钱君（钱经宇，原主编）乃依序擢胡氏为主编。惜其担任此席后，所收外稿，甚至自撰社论，颇多不合国策，我不得不加以劝告。有一次不得已撤去其已发排之一文，胡氏为此深滋不悦，遂请辞职，我亦主张

---

① 章锡琛：《漫谈商务印书馆》，《商务印书馆九十年——我与商务印书馆》，商务印书馆1987年版，第118—120页。

不同，不便挽留，乃听其他去。"①

（2）沈雁冰。1916年进入编译所，最初在英文部任助理编辑；后跟随孙毓修翻译通俗读物，编过《中国寓言初编》；曾担任《四部丛刊》总校对员。1920年，只有25岁即出任《小说月报》主编，1926年，因抗议馆方检查稿件，向王云五提出抗议，最终辞职。②

（3）郑振铎。1921年进入编译所，翌年主编中国第一本儿童文学刊物《儿童世界》。曾接替沈雁冰做《小说月报》主编，1927年出国。③

（4）叶圣陶。1922年经朱经农介绍进入编译所。1927年接替郑振铎出任《小说月报》主编。1930年离开商务印书馆。④

（5）周建人。1920年经《妇女杂志》主编章锡琛介绍进入编译所。1925年1月，《妇女杂志》推出"新性道德专号"，遭到北京大学陈大齐教授攻击。王云五很紧张，要求每期都要清样送审，因此与章锡琛发生冲突。章提出辞职，王云五同意，又挽留章去国文部工作，周建人被调到理化博物部主编《自然界》。⑤

（6）陈翰笙。1928年经蔡元培介绍来到商务印书馆编译所，与王云五签订一年合同，月薪100元，审读一部百科全书的稿子。陈翰笙用9个多月时间，将书稿分为三类：一类约五分之一，放入百科全书；二类约五分之三，可以作为编词典的参考资料；三类约五分之

---

① 王云五：《关于东方杂志的回忆》，《王云五全集》（第10卷），九州出版社2013年版，第542页。

② 《商务印书馆九十年——我与商务印书馆》，商务印书馆1987年版，第140页。

③ 《商务印书馆九十年——我与商务印书馆》，商务印书馆1987年版，第265页。

④ 《商务印书馆九十年——我与商务印书馆》，商务印书馆1987年版，第299页。

⑤ 陈应年：《涵芬楼的文化名人》，《商务印书馆一百年》，商务印书馆2005年版，第476页。

一，质量太差，无法采用。他将审稿意见送给王云五定夺，据说这部书稿以《百科词汇》的名义出版。①

（7）李圣五。1931 年任编译所编审员，后接续胡愈之任《东方杂志》主编。1938 年底，汪精卫发表言论，主张与日本讲和，备受国人声讨。李圣五与汪精卫交往甚深，某日在《东方杂志》上发表《无畏与怯懦》，其中隐存偏袒汪精卫之意。王云五感到文章不妥，劝其抽取此稿，李圣五遂即辞职。后来王云五回忆说："彼时汪氏叛国之迹虽未甚著，但在全国精诚团结抗日之际，突然脱离阵容，发表违反国策之言论，以汪所处之地位，尤其不可宽恕。《东方》虽不能鸣鼓而攻之，亦何得曲为辩护。"②

3. 台湾商务印书馆同人。

（1）赵叔诚。1947 年 9 月，商务印书馆台湾分馆成立，赵叔诚出任经理。1965 年 4 月，赵叔诚辞职。王云五决定赠予其特别退休金 1 万元，并聘顾问 1 年零 3 个月。1966 年 6 月，赵叔诚因为偷渡去香港，不幸病故在船中。

（2）徐有守。1965 年 2 月，被任命为台湾商务印书馆总编辑。4 月，赵叔诚辞职，徐有守兼任经理。1967 年，因身体问题辞职。

（3）周道济。1968 年 6 月，王云五聘其为台湾商务印书馆经理兼总编辑。翌年 5 月，任总经理。1973 年 12 月辞职，由王云五推荐到台湾大学任教。

---

① 陈翰笙：《商务印书馆与我同龄》，《商务印书馆九十年——我与商务印书馆》，商务印书馆 1987 年版，第 363 页。

② 王云五：《关于东方杂志的回忆》，《王云五全集》（第 10 卷），九州出版社 2013 年版，第 542—543 页。

（4）金耀基。1967年5月，王云五有意令金耀基接任徐有守担任台湾商务印书馆经理兼总编辑职务，金耀基拟去美夏威夷大学东西文化中心留学，无意接任此职务。他给王云五写了一封长信，陈述种种推辞的原因，最后写道："以上意见，无一点非就感情而言，亦无一点非就理智而言，吾师明察，当不以生言为妄也。自政大忝列门墙以还，忽忽将近十年。生受益多矣，获恩深矣，时在念中，唯人微言轻，欲报无力耳，但愿此次赴美归来，能有较好之条件再随左右，并报恩师于万一。吾师知我爱我，必能含笑颔首，幸甚、幸甚。"7月，《东方杂志》在台湾复刊时，金耀基出任主编。①

（三）中华书局暨陆费逵。在出版圈中，对于商务印书馆而言，最值得记录的是中华书局，其实就是陆费逵（伯鸿）。陆费逵原在商务印书馆主编《教育杂志》，1911年因与张元济意见不同，脱离商务印书馆，创办中华书局，与商务印书馆竞争图书市场。对于这段历史，《浙江省立馆刊》（三卷一期，1934年2月28日）有一段记载："中华书局与商务印书馆为吾国最有悠久历史与规模最宏大之印刷机关；双方虽志同道合，而以营商手段传播文化事业，故常不免有同业互争之举；虽不见显揭旗帜，然其角逐之痕迹，固历历在明眼人目中也。泛观年来两方所出惹人注意而为鄙意所及之书，前之如商务出《辞源》，中华则印《中华大辞典》，商务出《四部丛刊》，中华亦印《四部备要》，无不遥遥相对，有如桴鼓。最近商务获得影印四库全书珍本之权利，又将影印北平图书馆之四库善本丛刊，于是中华书局亦不先不后，于兹际宣布古今图书集成及二十二省通志之影印。商务《印

---

① 集自王寿南：《王云五先生年谱初稿》（第二、三、四册），台湾商务印书馆1987年版。

四部丛刊续编》，中华乃拟《四部备要》之重版，又目前彰彰之事实也。综观前后，似商务恒取得机先，中华则微弱追步，是盖可见两者经营手段之高下，与主持者擘划设计之工拙。"

"一·二八"事件后，商务印书馆遭到日军空袭的重创，但中华书局与一些同业企业并未受损，因此对商务印书馆施加了更大的商业竞争压力。例如在影印《古今图书集成》事情上，使商务与中华的关系陷于白热化。对此，王云五在《商务印书馆与新教育年谱》中有一段回忆："余为复兴东方图书馆，利用董事会指拨乙种公积之特定部分，大量收购新旧图书，渐达相当程度，其中方志一项东方图书馆原藏有四千余部，为全国之冠，一旦全毁。余认为方志对图书馆典藏极关重要，率先搜购，计得一千四五百部，各省通志悉备，府厅县志亦居七八成。同时又购得铜版《古今图书集》成一部，仅缺数十册，经多方访求，幸已补足，于是开始计划将各省通志加编详尽之索引，附入书末，随同印行，并决定先印浙江山东广东等六省，随又考虑缩印《古今图书集成》全部。事为同业中华书局所闻，实际上中华亦备有《古今图书集成》底本待印，系其董事陈某购自康南海所藏，于是竞争颇尖锐化。按中华书局总经理陆费逵伯鸿君，民前原在商务印书馆编译所主编教育杂志，民元脱离商务，与友人创办中华书局，其与商务旧日当局间自不免有多少芥蒂，实则同业竞争原为不可避免之事，在平时本无所谓。然在商务印书馆一·二八重创，艰苦复业之初，便不免重感中华与若干同业所加压力，幸余沉着应付履险如夷。此次因《古今图书集成》之影印，竞争又趋白热。余入商务在伯鸿脱离后十年，彼此原无恩怨，至是双方各有一部《古今图书集成》待印，闻伯鸿某日向彼此互有友谊之某君表示，对余复兴商务书馆之努力与成功倍加赞许，独于竞印《古今图书集成》一事，颇咎余过甚。余闻此言，即语某君，以同业竞争过烈，难免两败俱伤，中华对《古今图书集成》之筹备影印，即早于商务，商务不妨放弃，以专让中华为之。唯盼能借此关系，今后彼此合作，以免除不必要之损失。伯鸿闻之，至为欣慰，经某君之介，与余把晤，前嫌一时尽释……抗战初期，余与伯鸿同留香港，均因处境艰难，益加合作无间也。"①

三、文化圈

事实上，在社会文化的结构中，出版人处在一个中间的状态，他们上面面对着作者，下面面对着读者，在供需关系上起着沟通与协调的作用。在这一层意义上，出版人所处的文化圈子，就要偏重于作者群体了。总体而言，作者是社会的文化精英分子，他们的优劣决定着一个出版人的地位，甚至决定着一个出版人自身品质的优劣。王云五是大出版家，在他的文化圈中，像胡适一类至爱亲朋就不用说了，还有一些学者、文化人、社会名流等，他们未必是王云五的朋友，却是他出版与文化事业的重要组成部分。

（一）入主商务印书馆之前。1921年秋，经胡适推荐，王云五进入商务印书馆编译所。在此之前，他半工半读、在中等学校教书、到国民政府工作及在大学工作，结识了一些人。其中他的老师、同学、学生以及教育界的同事等，诸如宋耀如、于右任、朱经农、胡适、黄

---

① 王寿南：《王云五先生年谱初稿》（第一册），台湾商务印书馆1987年版，第309页。

宾虹、郭尚贤、万鸿图、杨杏佛、臧哲先等，我们已经在前面介绍，此处不再赘述。

另外，在 1911 年，王云五在教育部任专门教育科科长时，改组京师大学堂为北京大学校。而京师大学堂原任监督是严又陵（复），新任北京大学校长是何燏时。我们知道，严复是大翻译家，康有为曾经有诗句称赞道："译才并世称严林"。这里的"林"说的是林纾，"严"就是严复了。严复是张元济的老朋友，1898 年戊戌变法失败后，张元济在李鸿章推荐下，来到上海交通大学的前身南洋公学，任译书院院长。他率先组织翻译出版了严复译亚当·斯密《原富》，还有巴尔扎克《英国文明史》、松平康国《美国宪法史》、下山宽一《万国政治历史》，以及《万国通商史》、《政群源流考》、《格致读本》、《日本近政史》、《欧洲全史》、《欧洲商业史》、《社会统计学》和《英国会典考》等。此时的商务印书馆，还只是一个由几位印刷工人集资合办的小型手工印刷工场。1902 年，张元济进入商务印书馆，第二年接替蔡元培任编译所所长，从此展开他介绍西方学术的事业。其中最有名的是出版严复与林纾的译著，仅说严复，张元济重点推出了他的 8 部著作，有亚当·斯密《原富》、赫胥黎《天演论》、斯宾塞《群学肄言》（即《社会学研究》）、穆勒《论自由》和《逻辑学系》、甄克思《社会学史》、孟德斯鸠《论法》、杰方斯《形式逻辑》。当时这些书非常畅销，1921 年《天演论》印到 20 次，1919 年《群学肄言》印到 10 次。与严复这样的大人物打交道，很多人都会怯懦。而那年仅 25 岁的王云五却不卑不亢。在这个交往过程中，王云五几次拜访严复，两人竟成为忘年之交。后来严复还指定王云五为一位外国学者翻译文章。

（二）商务印书馆时期。王云五这段工作分为两段：一是 1921 年

9月—1929年9月，在编译所工作；二是1930年3月—1946年5月，因为总经理鲍咸昌去世，王云五又回到商务印书馆出任总经理，直至抗战胜利。这段时间总长约25年，对出版而言，是王云五一生中最重要的时期。由于商务印书馆的地位以及王云五本人的社会基础和能力，他的身边聚合了许多优秀学者。在这里，以几个事例为代表，看一看当时商务印书馆的盛况。

1."大学丛书"。这是中国最早的一套大学教科书，陆续出版于1932年"一·二八"事件发生之后。实际上，早在1922年，王云五刚刚执掌编译所不久，他就提出要为大学和学术团体出版丛书的计划，并且签署了许多合同，包括"北京大学丛书"、"东南大学丛书"、"尚志学会丛书"和"中华学艺社丛书"等。1932年10月，"大学丛书"启动时，设有一个55人的编委会。①

2.一些有名的作者。早在王云五进入商务印书馆之前，它已经是中国一号的出版机构了。长期以来，名流汇聚，到王云五入主编译所，这样的局面又有所提升，但只能说是继往开来，或曰锦上添花。读王云五后来的回忆文字，谈到当时作者名字的文字就不是很多；读许多商务印书馆老作者的回忆文章，提到张元济、王云五、高梦旦等高层人物的文字，也很少见到。近几十年来，大陆商务印书馆推出几本书，如《商务印书馆九十年》、《商务印书馆九十五年》、《商务印书馆一百年》和《商务印书馆一百一十年》等，其中最多的同名文章，即为《我与商务印书馆》。除去一些老馆员的回忆文章，更多的都是老作者的文章。其中的名人实在太多了，如：

----

① 王寿南：《王云五先生年谱初稿》（第一册），台湾商务印书馆1987年版，第291—292页。

梁启超、严复、林纾、蔡元培、胡适、丁文江、赵元任、马君武、朱光潜、鲁迅、蒋维乔、梁漱溟、郑贞文、茅以升、杨端六、沈百英、顾颉刚、王成组、冰心、冯友兰、范寿康、贺麟、竺可桢、王力、陈翰笙、费孝通、董纯才、周谷城、陈岱孙、侯仁之、孙毓修、恽铁樵、吴敬恒、丁英桂、周越然、吕思勉、陈承泽、吴研因、胡怀琛、林语堂、顾廷龙、郭沫若、何炳松、周建人、老舍、丁玲、黎锦熙、丰子恺、胡焕庸、陈独秀、钱穆、王人路、向达、施蛰存、戴望舒、巴金、黄警顽、周昌寿。

对于这个名单，作几点说明：其一，他们基本上取自近20年商务印书馆的纪念文集，没有年代或笔画顺序；其二，这些人不一定曾经与王云五发生过直接联系；其三，这些人物，几乎每一个人都与商务印书馆有许多故事可讲。比如老舍，他的最初4部长篇《老张的哲学》、《赵子曰》、《二马》和《小坡的生日》，都是在商务印书馆所属的《小说月报》发表的。1931年，老舍的《大明湖》写好，寄给郑振铎，新一期特大号写道："《大明湖》心理的刻画，将要代替了行动表态的逼肖，为老舍先生创作的特点，全文约二十万字。"结果刚出清样，被"一·二八"战火烧了个精光，《小说月报》也停刊了，老舍只好将其改为中篇《月牙儿》发表。①

（三）台湾商务印书馆时期。1963年王云五辞去政务，出任台湾商务印书馆董事长。在此职务上，他一直做到1979年去世，又在出版界整整工作了15年。在此时期，虽然没有当年商务印书馆的辉煌，但王云五还是做了许多出色的工作（详见第十章在台出版）。在这里，

---

① 集自《商务印书馆九十年——我与商务印书馆》，商务印书馆1987年版。

我们粗略看一看，他接触到的一些文化名人，也先列出一个名单吧：吴健雄、吴相湘、周法高、余天民、张大千、李约瑟、吴大猷、陈大齐、顾维钧、朱文长、胡述兆、金耀基、陈立夫、吴讷孙、苏雪林、林孟工、王梦鸥等。显然，这个文化名人的名单，显得有些单薄，已经与1949年前商务印书馆的盛况无法相提并论。但是，其中一些故事，依然很值得记录，比如：

1. 吴健雄、吴大猷和陈大齐。他们与王云五接触，源于台湾嘉新水泥公司文化基金会。这个基金会成立于1963年，捐出1000万元新台币，资助：学生助学、学术讲座、学术著作与发明、专题研究、特殊人才出国等。王云五出任这个基金会的董事长。后来他们将"资助出国"一项，改为"特殊贡献奖"，并且在1965年将第一届大奖授予旅美物理学家吴健雄博士。又在1967年，将第二届大奖授予吴大猷、陈大齐，各20万元新台币。当时从美国赶来领奖的吴大猷接受记者采访，他说自己最推崇4位学人：李济（考古学）、李先闻（糖业、农业）、赵元任（语言学）和陈省身（数学）。①

2. 张大千。1969年1月，他以其临摹之敦煌壁画60余幅捐赠给台北"故宫博物院"，由张群（岳军）代表致赠，身为台北"故宫博物院"管理委员会主任委员的王云五代表台北"故宫博物院"接受捐赠。敦煌壁画乃北魏、隋唐人所作，张大千用3年时间，历尽艰辛，临摹270余件，其中200余件留在成都，随身携往巴西八德园61件，连同莫高窟石碣拓片一幅，悉数运到台湾。1976年2月19日，王云

---

① 王云五：《最后十年自述》，《王云五全集》（第17卷），九州出版社2013年版，第90页。

五曾经在台北"故宫博物院"设午宴招待张大千。①

3. 李约瑟、陈立夫。1969 年 8 月，王云五接受"中华文化复兴会"聘任，担任李约瑟《中国之科学与文明》编辑顾问委员会召集人。陈立夫为该项目的主译。1973 年 1 月 5 日，陈立夫给王云五写信道："岫庐先生大鉴：李约瑟氏之《中国之科学与文明》翻译工作，自成立编译委员会以来，瞬已三年有余，原其在四年内完成全部译本，乃截至现在为止，仅能出版第一册译本，及第一册节本，弟负责主译，每念及此，不胜内疚。按李氏原书分为七卷十二册，本会已购得而从事翻译者为第一至第四卷计六册，除第一卷'导论'已出版外，原第二卷'中国哲学思想史'以分量较多，依李氏来信意分为第二三两册（原二卷仅一册），此项译稿，已于上年八月初送请贵馆印行，原三卷上册译稿亦分为第四五六三册，其第四册数学译稿，亦已于上年八月间送请印行，第五册'天文学'已译竣，正审校中，不久即可送印，第六册'地理地质矿物等学'译稿已先完成，并经审查，即可付印，原第四卷可分七册，大部分早已译成，希望于半年内陆续送印，以符原定期限，至原第五卷以下，一俟其出版后购得，当即交译也，兹悉前此送印之第二三四各册译稿，为时已将三月，贵馆迄未予排成付校，似此情惠饬迅将前送三册限期出版，实深感幸，专此敬请。"

同年 1 月 15 日，王云五回信写道："立夫先生：大函敬悉，弟因老病侵寻，每星期到馆至多一二小时，馆中琐事多未过问。今日因中国科学与文明排版事，扶病到馆彻查，据主管人报告第二册已全部排成，其送经尊处指定之陈舜政君三校完毕者已至五二二面，余五十面

---

① 王寿南：《王云五先生年谱初稿》（第四册），台湾商务印书馆 1987 年版，第 1491、1646 页。

已经过敝馆初校,在印刷所改正中,不日即可送尊处三校,随即付印,计自去年九月十六日收到尊处来稿,迄今甫四足月,该册约六百面,实已全部排成,再经一个月,如三校不发生问题,当可出版,此外第三四册均已发排,当信第二册全部校毕,即可陆续送校。敝馆未设印刷所,排版除近年大量采用打字排印外,余均委托荣泰排字,因又各方不愿采用打字影印者,咸要求交荣泰排字,故荣泰积存待排之书甚多,虽极力催促,仍以不胜荷负,不觉略有积延,然以六百面之巨籍,于四个月内排毕,似尚不致过迟,附敝馆主管人说明该书进度一条,敬备参阅"。

1977 年陈立夫在美国还曾经给王云五写信,为美国圣荷西市筹建中山纪念堂请王云五在中山学术文化基金董事会内支拨美金 5 万元,以助其成。①

4.《云五社会科学大辞典》。1970 年 8 月开始出版。(1)出版委员会主任:刘季洪。(2)编纂委员会召集人:程天放,杨亮功,陈雪屏。(3)部门主编:社会学龙冠海,统计学张果为,政治学罗志渊,国际关系张彝鼎,经济学施建生,法律学何孝元,行政学张金鉴,教育学杨亮功,心理学陈雪屏,人类学芮逸夫,地理学沙学浚,历史学方豪。(4)名誉总编辑:王云五。(5)编辑:王寿南。②

5.顾维钧:1971 年 8 月 14 日,顾维钧自美国给王云五来信:"云五先生伟鉴前年敝人访台本获叙旧并聆教益无任快怀嗣偕内子参观博物馆复蒙设宴款待尤深感荷上周令内侄女革新自台回美寄来惠赠大著

---

① 王寿南:《王云五先生年谱初稿》(第四册),台湾商务印书馆 1987 年版,第 1499、1580、1731 页。

② 王寿南:《王云五先生年谱初稿》(第四册),台湾商务印书馆 1987 年版,第 1524 页。

《清代政治思想及民国政治思想与中国政治思想之综合研究》二册隆情厚谊无任铭感翻阅之下深佩宏论专此布谢并表钦迟借颂笔祺。顾维钧敬泐"。①

6.朱长文：他是朱经农的儿子。1971 年 9 月 19 日，他从美国来信写道："云五老伯、毅成、树人、道济诸先生：我所敬重的科学家孙观汉先生寄赠香港本年六月十五日出版的《人物与思想》(许冠三主编)第五十一期一册，其中有他一篇《一位人物（柏杨）的遭遇》，看完之后，深为台湾忧。老伯等在台湾不知有机会见到此文否？如尚未见到，希望觅来一阅。如已见到，则诚心祷求老伯等能各尽己力，谏劝'总统'将郭衣洞被捕一案，网开一面，因为对于海内外真正爱国的人，人心向背有甚大影响。如果孙先生的看法不对，政府也应当有能使人心服的答复。此事真正做主的人恐怕还是蒋副院长，那么为了他自己的政治前途，也最好早作较妥善的处理。柏杨不过一个文人，最多只是一个现代祢衡，出言不逊，无何大罪，即曹孟德、刘景升辈犹不肯杀之，何况今日之民主领袖，自当有其保全之道。古人以五百金买千里马骨，而千里马至。黄祖杀一祢衡而为天下所笑。得失之间，相差至远。今日大局艰危，人心向背极关重要，故不辞冒昧，敬上此书，尚希鉴而谅之！"

1973 年 7 月 19 日，朱文长致信王云五："云五老伯赐鉴：好友郅玉汝博士，现任印地安那大学东亚语文文学系主任，研究陈独秀生活思想有年。近著陈独秀年谱一稿，收入珍贵史料颇多，拟恳商务代为出版行世。陈氏生平，对中国近代史影响甚大，但因其自传

---

① 王寿南：《王云五先生年谱初稿》(第四册)，台湾商务印书馆 1987 年版，第 1543 页。

未完，此一年谱当可廓清若干疑案。故特专函推荐，尚乞惠赐协助。惟陈氏牵涉现实政治，拟请玉汝兄先将此稿寄呈一阅，如内容尚无违碍之处，希即玉成其事。但如发表全书尚非其时，不知可否现将其无关政治部分，如早期生活及著作年表部分先在《东方杂志》发表，并请斟酌。"①

7. 吴讷孙。1974 年 3 月 13 日，美国华盛顿大学教授吴讷孙来信，询问其著作《未央歌》市上缺书的情况。其信写道："岫翁老伯大人尊鉴：去秋拜谒，正值养恙，想早已康复，至望至盼。侄归来为补课务，于今方克喘息，疏于请候，并乞原宥。近月来得台湾学界信云，未央歌市上缺书，忆前已蒙俯允大字排新版，想系缺纸，致有耽搁，不知目下情形如何，至为惦念，此书待购者日多一日，欲购精装佳纸大字版者更多，恐以及早应市，方克发挥其文化责任及使命也。侄愿精为校对，以促其成。又侄近有新作应中国时报之邀，先在报上发表，然后亦拟请老伯出版发行，详情再呈。"另外，同年 4 月 14 日，吴讷孙接到王云五复信后，又来一函（略）。②

8. 苏雪林。1976 年 1 月 14 日来信说："顷阅本月份《东方杂志》见先生所著'十年来中山学术文化基金会'报告，其中中山讲座一项就聘者十年来共达九十六人，南北各大专均有，每月送研究费五千元外加一年研究资料费一万元。林自六十二年（1973）循例退休，虽教过大专学校四十八年，以未能在一地连续任教二十年，退休费以最

---

① 王寿南：《王云五先生年谱初稿》（第四册），台湾商务印书馆 1987 年版，第 1545、1589 页。
② 王寿南：《王云五先生年谱初稿》（第四册），台湾商务印书馆 1987 年版，第 1604、1644 页。

低级计算，仅二十万五千元，开始每月可领银行优利三千八百余元，其后银行利息下降，仅三千元而已，虽一女工工资商有所不及。林以年老力衰，又须雇一零工助炊濯，工资去我月入三分之一。当此物价日涨薪桂米珠，实难度日，思以鬻稿稍资贴补，而时下文坛风气，鼓励新进，贬黜老成，有稿必退。煮字疗饥，原属文人苦事，今欲煮字而不可得，窘迫之境可想。前由国科会津贴，撰诗经研究，仅成国风六十篇，二雅三颂则付缺如，未知能否的厕于中山讲座之列，得研究费以完此稿，若钧座愿赐予栽培，林即请成功大学推荐，设以为退休者已无资格，则不知有否别项名义可以申请望示。"

1976年12月2日，苏雪林再来信说："林前遵雅嘱向中山学会专题研究组申请讲助费，虽荷允许，奖金数目及缴卷期限均未符下愿，因致函杨亮功先生求其协助。杨公与该会取得联络后，已由我公批准奖助金自六万元提高至九万，交卷期自一年延长为一年半，已于前日将合约签盖并觅得保证人，寄还矣。林以樗栎之材，蒙公不弃，曲加栽培，感激之忱，匪言可罄，惟有日祷上苍赐公日益健饭，克享颐期，促进学术，发扬文化，则受其惠者不仅林一人也。"

1977年，王云五90大寿，苏雪林写贺寿信："岫庐前辈先生阁下敬肃者久违杖履时仰松柯阅报本月十六日为先生九秩寿辰当卫武纳训之际值伏生传经之年鲁国灵光举国共望艺林尊宿环宇同钦大雅扶轮延文化之命脉等身著述不朽于立言诚为历史少有之奇人百世难逢之人瑞庆云遥睇喜抃无穷只以道阻且长未克抠衣升堂奉觞上寿欲具菲仪以当芹献又闻不受礼品惟书籍等类则例外兹奉新出版自选集一册为先生所办图书馆增沧海之一粟此后若再有拙作梓行自当源源奉呈并祈指正专肃恭叩松龄千春福安百倍后学苏雪林拜贺七月十二日"①

9. 林孟工（崇墉）。林则徐后人。1976年2月13日，其著作《林则徐传》很畅销。王云五去信说："大作林文忠公传数年前承委托敝馆总经销，一时流行甚广，现已售罄无存。鄙意拟仿未央歌之例，由本馆景印一普及本，字体并不缩小，售价可减至原价三分之一上下，极盼于短期内至少可以销一万册以上，俾能遍及许多大专学生，敝馆并当按新售价以版税百分之十五奉酬。日前偶曾道及，慨承面允。兹特正式备函商洽，如荷同意，即祈见复，俾即订约，并祈检寄初印本较清晰者一册，以供景印，如何？敬候赐复。"②

10. 特约编审委员会。1976年4月1日，由于台湾商务印书馆总编辑杨树人赴美，无人担任书稿审查，特成立14人组成的特约编审委员会：国学屈万里、哲学高思谦、政治学及行政学傅宗懋、法律耿云卿、经济及国际关系林孟工、一般社会学及党政关系陈水达、算学邓静华、化学朱树恭、物理林尔康、生物李亮恭、工程盛庆琜、医学叶曙、文艺徐有守、史地王寿南。③

11. 千寿宴。1978年3月27日，阮毅成在台北市信义路三段外事餐厅宴请在台耆宿20人，合计1615岁：王云五91岁、顾祝同87岁、钱大钧86岁、曾虚白84岁、余井塘83岁、楼桐孙83岁、杨亮功82岁、成舍我81岁、王家鸿81岁、黄季陆80岁、吴三连80岁、蒋复璁80岁、陶希圣80岁、陈立夫79岁、浦薛凤79岁、范争

---

① 王寿南：《王云五先生年谱初稿》（第四册），台湾商务印书馆1987年版，第1642、1710、1777页。

② 王寿南：《王云五先生年谱初稿》（第四册），台湾商务印书馆1987年版，第1645页。

③ 王寿南：《王云五先生年谱初稿》（第四册），台湾商务印书馆1987年版，第1650页。

波 79 岁、程沧波 76 岁、端木恺 76 岁、陶百川 76 岁、阮毅成 74 岁，另有在座李杰 67 岁，未计入。①

12. 金耀基。金耀基在台湾政治大学读硕士时，是王云五的得意门生。1959 年他的硕士毕业论文答辩，也是王云五主持的。1967 年 5 月，王云五有意让金耀基担任台湾商务印书馆经理兼总编辑职务，金耀基拟去美夏威夷大学东西文化中心留学，为此他给王云五写了一封长信，婉言谢绝。但金耀基还是在《东方杂志》在台湾复刊时，出任了一段时间主编。金耀基出国后，与王云五信件往来频繁。其中有一段时间，系王云五向时在剑桥的金耀基约稿，往来信件多封，涉及出版知识极多。今日阅读，实在难得。录于下：

　　1976 年 4 月 17 日，王云五给金耀基写信向他组稿："耀基同学：奉读惠书，欢喜无量，过奖万不敢当，盛意却至感纫。云五于年前预立遗嘱，交宽强保管，俟云与老伴去世后，将现有住所七十五坪利用其他遗产，翻建四层楼房，作为正式图书馆。惟仍保存现住卧室及小客室，以资纪念。今日读到载于中国时报之大文《是那件有趣的联想》佩服之至，因思同学近来所写散文不少，可否集为一册，交商务出版，最近吴讷孙所著未央歌，由本馆刊行普及本，未满半年，销出七万册，同业视为奇迹，吾弟为文，远胜吴氏，商务将以最廉之价，大登广告，相信销路将可比美吴氏之作，尚望考虑见复，承赐赠珍本，不日当可收到，谨先道谢。"

————————

① 王寿南：《王云五先生年谱初稿》（第四册），台湾商务印书馆 1987 年版，第 1803 页。

4月26日金耀基回信:"岫庐吾师有道:十七日手教日前北游归来始拜悉,稽复为罪。生剑桥小文,承蒙重许,愧悚无地,而吾师嘱生将各文汇集成册,交商务出版,厚爱美意,敢不拜纳。唯诸文系由联合报及中国时报分别刊布,版权如何处理,尚需与两报协商后定,想大体应无问题。唯生目前所写字数仍少,拟再写几篇,再集成册,较为像'书'(自厚度言)。至于将来出版时,广告登不登,悉由吾师作主。但生有一恳求,即希望出书时能印精装平装两种,至附加插图十幅左右(图片由生供应),盖加插图,当可增加该书之实体美观,未知吾师以为然否?联合报四月十九日《书城飘香——远怀云五师》一文,未知吾师见及否?此文因景想人,亦所以借剑桥而抒发对吾师一片远怀耳。耑此即颂道安 受业耀基叩上 一九七六、四、二十六 剑桥"

5月1日,王云五复信:"耀基同学:顷得读本月二十六日复信,尊集交商务事,欣承同意,至慰。鄙意除有特别契约外,原著作人集各刊物分别发表之作,原发表刊物似无反对之权,联合与中国时报,犹如同行敌国,如交其中一家出版专集或不免反对,至交第三者如商务印行,似亦不至有何问题。惟最好东方杂志能得同学一二文,则连同三家刊行者一起汇集,更无问题,又同学前在出版月刊或在业经发表之旧作,一并印行,任何方面,更不能有何异议。至于稍缓时日,俾新作益多,尤为欢迎,是书由商务印行,自当多登广告,务祈畅销,以同学之文章,说句公道话,实不下于吴氏之未央歌,其不胫而走,可操左券,增加插图及精平两装同时发行,悉照大函所示办理,绝无问题,四月十九日联合报一文,今日翻出细读,同感浓厚兴趣。云承过誉,实不敢当，再集刊名称是否限于剑桥。果而，自需有他作增入，如用较广之题目，则同学旧作堪以选入者正多，不知弟意如何？云五一切均可照办。商务今年有两大工作，一为与中基会合作之中正科技大辞典，如明年能编成出版，则与近年所出之云五社会科学大辞典及中山自然科学大辞典，三者合一似足构成一小型百科全书。二为增修辞源，激（彻）底整理，除补充原阙之篇名外，另增新条文约二万三四千条，云已聘政大中文研究所主任王梦鸥教授主持，并聘中文研究所高研生二人与大学毕业，专攻自然科学及史地者二人为助理，期以一年或一年半毕事。云久未到馆，今日特为此事赴馆与上述诸君讨论工作办法，亦期于一年半以内脱稿，重新排版，或需时半年以上，想当为同学所乐闻也。云准备从现在起至明年底拨款一千万元，专供修编及新著作稿费，排版约需此数之半，商务去年在同业激烈竞争之中，竟得盈余七百多万元，为十年来之冠，知注仅以告慰。手颂文祺 王云五手白五月一日"

5月6日，金耀基回信："岫庐吾师有道：顷获五月一日手教，谨悉种切，剑桥文集承吾师慨允加添插图，并同意以平精装同时发行，至为感激。关于版权问题，照吾师分析，大为放心，日前中国时报即来长途电话，表示欲为生出版剑桥文集，生即坦告已交商务出版矣。到目前为止生前后已撰十篇（其中一篇长文系中国时报新出杂志电话特约者），拟再增二三篇，即可成书，此外生心中打算到美国麻省剑桥后，再写《从剑桥到剑桥》一文，送请东方杂志补白，并亦为剑桥小书殿后，依生估计，在七月底前当可将所有剑桥文章（报上发表有误植及需改正者，皆予改正）

及图片寄呈吾师教正，至于出版细节不必亲劳吾师操心，可请张连生或王权先生与生联络即可。得手教，欢悉商务在吾师主持下，今年又获大利，又交厚税，又有大出版计划，此真是文化出版界第一等好消息，所高兴者又岂因私情而已也。细读来信，发觉吾师之字，犹如苍松寒梅，越看越见精神，真百读不厌也。"①

四、政治圈

王云五一生从政，官位两度做到"行政院"副院长，不能说做得不成功。只是他自己游离于政、商、学三界之间，言语间更看重出版与教育；其实他对于政务的用心，也不是一个"客串"可以敷衍的。当然，本书主旨是在写"出版家王云五"，自然不会在"政治家"上多费笔墨。此节政治圈的介绍，只是着重列出几位重要人物，其目的：一是在人本主义的意义上，完整王云五的人格形象；二是从王云五个体之中看到社会与出版之间内在作用。

（一）孙中山。王云五与孙中山是同乡。王云五8岁时，他的堂兄陆皓东（中桂）追随孙中山闹革命，在广州被捕，认定为造反而被杀害。王云五自小对此耿耿于怀，同时对孙中山景慕起来。1911年，12月29日，孙中山当选临时大总统；同月31日，在上海旅沪香山同乡欢宴孙中山，王云五作为宴会主席致词，孙中山致答辞。宴中王云五与孙中山邻座，交谈甚欢。孙中山当即邀请王云五担任临时大总统

---

① 王寿南：《王云五先生年谱初稿》（第四册），台湾商务印书馆1987年版，第1653—1661页。

府秘书，王云五以手边尚有未了工作，请求在两星期内到南京报到。1912 年 1 月中旬，王云五去南京任职，负责安排来访宾客。在此工作约两个月，直到孙中山辞去临时大总统职务，王云五也随蔡元培到北平教育部工作去了。[①]

（二）蔡元培。1912 年 1 月，王云五去南京临时大总统府赴任秘书。没想到半个月后，王云五又接到当时的教育总长蔡元培来信，邀请他去教育部工作。原来王云五在接受孙中山邀请之前，曾经给蔡元培写过一封信，提出对当前教育的一些建议，但并无求职之意。他信中提出三点建议：一是提高中等学校程度，废止各省所设高等学堂，在大学校附设一二年的预科，考选中等学校毕业生或相当程度者入学。预科毕业者升入大学。二是大学不限于国立，应准许私立，国立者不限于北平原设之一所。全国暂行分区各设一所，并主张除原设之京师大学堂外，南京、广州、汉口应尽先各设一所。三是各省得视需要设专门学校，其修业年期较大学为短，注重实用。蔡元培见到此信后，在毫不相识的情况下，当即邀请王云五来教育部工作，任专门教育司第一科科长。对于一个 25 岁的青年来说，这样的知遇之恩是终生难忘的。由此，蔡王之间也建立了一生的友谊。

1937 年 10 月王云五来到香港，发展商务印书馆在香港的事业。翌年蔡元培也来到香港，原来准备取道去西南，但因路途艰难，且已 71 岁的蔡先生身体不好，只好找到王云五，来到商务印书馆在香港的临时宿舍，与王云五同住，生活由王云五照料。蔡先生喜欢喝酒，伤害了身体，王云五按照嘱托，每天晚上给蔡先生喝一大杯绍酒。后

---

① 王寿南：《王云五先生年谱初稿》（第一册），台湾商务印书馆 1987 年版，第 70—74 页。

来王云五夫人来港，知道蔡先生善饮，每天中午给蔡先生一大杯绍酒。王云五不知情况，晚上还奉上一大杯绍酒，蔡先生只管饮用，并不说明。直到蔡夫人来港，他们另租房搬出去住，王云五每周要跨海探望一次，还为蔡先生提供一些大字本的书来看。1938年1月18日，蔡元培给王云五信中写道："云五先生大鉴：承赐借游志汇编二十册，字大，于晚间浏览，不感困难，今日读毕，奉还，谢谢。此书体例甚特别，无卷第，无序目，每篇自记页数，极似现代教科书中之活页文选，未知各种目录书中曾著录否。如尊处尚有其他大字之书，仍请便中检书一二部赐借为荷。"

1940年2月，旧历春节之前，蔡元培生活极度拮据，向王云五求助；王云五在2月11日（旧历大年初四）请蔡先生在香港仔庐山酒店吃饭，并游览浅水湾。没想到3月3日，蔡先生在寓所不慎失足扑地，3月5日去世。蔡先生逝世后，所有丧葬费均由王云五支付。王云五致送挽联写着："百世导师精神不死，半生知己印象永留"。后人王寿南评价："民国元年，蔡以教育总长而引王云五入教育部服务，王感蔡赏识之恩，故诚心报效。蔡晚年困居香港，王尽心协助，从王之对待蔡元培，可见其为人。"

1968年1月，在蔡元培百年诞辰之际，台湾"中央研究院"为蔡先生塑铜像纪念。此时81岁的王云五还在主持台湾商务印书馆，他在当年3月出版《蔡元培全集》，并为之作序曰："蔡先生初时是我的长官，后来是与我往来最密的朋友，最后有如兄弟的关系。"[①]

（三）蒋介石。根据王云五回忆，他与蒋介石接触大约有几次重

---

① 集自王寿南：《王云五先生年谱初稿》（第一—四册），台湾商务印书馆1987年版。

要会面：1.最早是在王云五担任商务印书馆编译所所长期间，他曾经应邀去南京，与蒋介石当面交流。2.抗战时期，国民参政会成立，人选分为甲、乙、丙、丁四类，丁类为社会名流，王云五被列入此类。他认为是蒋介石圈定的。他在参政会上的表现，也给蒋介石留下了极好的印象。3.太平洋战争爆发，王云五滞留重庆，当时商务印书馆遇到经济困难，蒋介石派陈布雷、王雪艇前去慰问，还在无担保的情况下，为之贷款300万元。4.抗战后期，蒋介石不止一次劝王云五到国民政府来工作，但王云五均以商务印书馆之重担无法交卸婉言谢绝。直到抗战胜利后，王云五辞去商务印书馆总经理职务，应邀出任经济部部长。5.1949年到台湾之后，蒋介石支持他筹建华国出版社。6.王云五定居台湾后，再次受到蒋介石重用，官至"考试院"副院长、"行政院"副院长等。王云五80岁时，蒋介石还亲自到他的家中送上"弘文益寿"的牌匾。7.王云五是蒋介石治丧委员之一。王云五事后接受记者采访说，他看到蒋介石的灵柩中，放着五本书：《三民主义》、《圣经》、《唐诗》、《四书》和《荒漠甘泉》。①

（四）孙科。王云五与孙科交往很早，并且时间很长，一直持续到晚年。此处略记三事：1.在1936年春，时任中山文化教育馆理事长的孙科，应王云五邀请，与林语堂、吴经熊、温源宁等人来到商务印书馆，参观王云五为编辑百科全书积累的600余万张卡片。其中单是孙中山、孙科两人的资料，就有几百张。孙科等人为之震动，因此提议编纂一部《中山大辞典》。当时中山文化教育馆与王云五个人签

---

① 王云五：《最后十年自述》（下），《王云五全集》（第17卷），九州出版社2013年版，第699—700、707页。另见王寿南：《王云五先生年谱初稿》（第四册），台湾商务印书馆1987年版，第1630页。

合同，资助总额为 26 万元。预计全书 5000 万字，16 开本 40 册，另加索引 4 册，收录单字 6 万个，词语 60 万至 70 万条，相当于《词源》的 20 倍。王云五自己兼任总编纂，平时人数四五十人，最多时达到百余人。1937 年"八一三"事变爆发，王云五离沪去香港，他建议正书缓发，先以"一"字所属个条目整理付印。1938 年 12 月，在香港出版《中山大辞典一字长编》。2.到台湾之后，王云五与孙科关系愈加密切。除去从政接触之外，1970 年孙哲生先生学术基金会成立，即聘王云五为董事长。该基金得到捐款 500 万元新台币，为孙科祝寿以及编印《孙科论文集》等，用去约 40 万元新台币；其余资金的利息，每年作为奖学金资助新人。①

（五）蒋纬国。他是政治人物，但根据记载，他与王云五两次通信，谈的却是关于书稿《历代战争史》的事情。一是在 1976 年 2 月 20 日，王云五给三军大学校长蒋纬国写信："纬国吾兄校长勋鉴：敬启者，弟对于军事毫无所知，谬承赐聘为历代战争史修订会指导委员之一。愧不敢承，廿六日座谈会又以久病未愈，不良于行，只得请假。唯既承假以名义，无论巨细，不得不略有陈述，细读议程，所列全书十八册内容，详尽殆无以复加。唯觉每册对于各该朝代之兵制，即军事制度皆未触及。窃以历代兵制，不外强本弱枝或强枝弱本，鲜有平衡适当者，然而一有偏重，则对内安危与对外胜负所关至大。唐代藩镇之祸，宋明沦陷异族，可为殷鉴。虽战史完成后续编丛书，列有军事制度一种；然战史本体，对于作战胜败，不无重大影响。是否

---

① 《商务印书馆九十年——我与商务印书馆》，商务印书馆 1987 年版，第 262 页。另见王云五：《最后十年自述》（上），《王云五全集》（第 17 卷），九州出版社 2013 年版，第 372 页。

当于十八册中各补入兵制或军事制度一章,弟以门外汉作此大胆建议,不免贻笑方家;然一管之见,实亦有陈明之必要。可行与否一听于出席诸公。草此短束,聊以塞责。衰惫不能尽所欲言,唯鉴其不备。……再者:标点符号,往往混为一谈。其实分别句读之各种符号,统名为点,而标示人地名之直线,则名为标。他如问号、叹号、引号、括号等通称符号。在一般书籍为节省排工及纸张,仅用点尚无不足。唯战争史包罗人地名甚多。且异族地名生疏,人名尤长短不一,非标以双线单线,读者难免误会。此虽小节,关系颇大,并祈注意。"

另一次是在 1977 年,王云五 90 大寿。蒋纬国写来贺寿信:"岫老世伯大人赐鉴:夏日宣丽,河山生辉。每念硕德博学,不胜敬慕。阅报载,月之十六日欣逢世伯大人九秩大寿,岳军伯等筹办祝寿茶会,为仰赋大人节约简朴,勤学励修,教人诲勉之一贯风范,仅欢迎赠书,用供'云五图书馆'公开阅览。近日友好相见,尝以此事相谈,不仅以大人之道德文章,作人处世,引为典范,受益良深;尤以近年来蒙指导《中国历代战争史》之修订,嘉惠后学,永存史页。际此佳辰,仅以至诚,恭祝:福如东海,寿比南山;学问济世,德业共仰。敬此奉上拙作(十二)册,谨请教正,专此,恭祝寿安。"

信中还附有蒋纬国的"敬赠拙作目录",有《军事论丛》、《美国战略与世界和平》、《人性与反人性》、《中道与仁义》、《军制基本原理》、《台湾在世局中之战略价值》、《战争概论》、《大战略概论》、《国家战略概论》和《永保心理的壮年》等。①

---

① 王寿南:《王云五先生年谱初稿》(第四册),台湾商务印书馆 1987 年版,第 1646、1785 页。

第九章

基金会建设

　　王云五从事的社会活动非常丰富，尤其是到台湾之后，他做的许多事情经常融入到社会化的一些群体之中。比如台湾文化基金会、"文化复兴会"等，都与他的出版事业产生了千丝万缕的联系。尤其是在这些社会活动中存在着许多创造性与创新性的内容，对人们全面了解王云五的出版理念与实践很有好处。

　　王云五在台湾期间有近30年的工作生涯，他参与或建立了许多文化基金会，其工作重点是资助科研、助学，以及个人著作的出版。在这方面，王云五的工作非常出色，他对社会文化基金的认识，也有许多高明之处。另外，还有台湾的"文化复兴运动"，这原本是一件很官方的、带有浓厚政治色彩的事情，但是除了会长是蒋介石之外，其中的组织者和参与者有许多大学者，他们建立的许多内容，很值得我们了解与借鉴。

一、文化基金会

王云五晚年，对文化基金会建设极其重视。1963年，在嘉新水泥公司文化基金会首次授予优良著作奖大会上，他以主席身份致辞，其中讲道："从政治学的角度看，人类社会的进步，最主要的原因，是得力于一种政府的存在。诚然，政府制度是人类一项伟大的发明，它的庞大的功能的确值得赞扬；可是，我们却不可过分对它依赖。因为政府并不能承担起维护、改造和增进社会文化的全部责任，政府只是社会的一部分，政府不能代替社会。社会中尚有许多问题需要由政府以外的组织或团体来担负。在一个现代的社会里，政府所扮演的角色，虽然是重要的，却不是唯一的，事实上，许许多多的角色都由私人的组织与团体活跃地扮演着。倘若我们对欧美先进国家的社会做一分析，便会发觉这些私人的组织与团体往往是社会的灵魂，因为举凡社会的提倡，科学的推展，艺术的阐扬等等，几无一不是由这些私人的组织与团体主持着。……我以为，西方社会的基金会制度是我国社会所缺少而必须建立起来的。个人的生命有时而尽，但基金会制度的功能却与时俱进；个人的理想可能一生不能实现，但是基金会制度可以使理想在未来的年月中变成事实。"

在这篇讲演中，王云五讲述了西方基金会发展的历史，列举了洛克菲勒基金、福特基金、诺贝尔基金等例子。不久，在另一篇文章中，王云五又讲述了中国基金建设的情况："我国最早的基金会，当是美英等国退回庚款所设立，定然也受到退款国的影响。其借美国退回庚款所设的中华教育文化基金董事会，首先利用以成立之清华学校，养成留学人才，嗣发展为著名之清华大学。……至于在台崛起之基金会，当以四年前成立之嘉新文化基金会肇其端。这是一家私人企业捐款新台币一千万元所创立。继起而成立之另一基金会，则为规模庞大之财团法人中山学术文化基金会。"①

透过上面两段论述，可以看到王云五对基金会的了解，把它看作社会文化建设的主力军。在台湾期间，王云五曾经主持 5 个文化基金会，出任 4 个文化基金会的董事长，他在这方面做的事情，几乎超过出版工作，成为他晚年最重要的社会活动。

（一）嘉新水泥公司文化基金会。成立于 1963 年，捐出 1000 万元新台币作为文化基金。这是 1949 年之后，成立的第一个"具有规模与成绩之私人设置文化基金会"。王云五出任这个基金会的董事长。②

（二）中山学术文化基金会。1965 年成立，由各界纪念孙中山百年诞辰筹备委员会拨款，原始基金 6500 万元新台币。基金委员会由王云五、张道藩、徐柏园、何应钦等 15 人组成，推选王云五为主任委员，张道藩、徐柏园为副主任委员。资助项目有：奖学金、学术著

---

① 王云五：《八十自述》（下），《王云五全集》（第 16 卷），九州出版社 2013 年版，第 960、967 页。

② 王云五：《八十自述》（下），《王云五全集》（第 16 卷），九州出版社 2013 年版，第 965 页。另见王云五：《最后十年自述》（上），《王云五全集》（第 17 卷），九州出版社 2013 年版，第 90 页。

作、文艺创作和技术发明等。①

（三）云五奖学基金会。1967 年成立，得到亲友捐赠 200 余万元
新台币，其中嘉新水泥公司董事长张敏钰捐赠 100 万元新台币，重点
作为《云五社会科学大辞典》编辑稿费用；铭传商专李建兴兄弟和严
庆铃等以 10 万元、20 万元见赠。计有百数十万元作为基金。推选孙
哲生为董事长；1975 年孙哲生去世后，由杨亮功继任。②

（四）孙哲生先生学术基金会。1970 年成立，得到捐款 500 万元
新台币，除去为孙科祝寿，以及编印《孙科论文集》等约 40 万元新
台币，剩余的钱作为原始基金，推选王云五为董事长。③

（五）云五图书馆基金会。1972 年成立，王云五将自己在台湾全
部 4 万册私藏图书捐入，另捐 100 万元新台币。王云五指定董事为阮
毅成、王德芳、周道济、徐有守、傅宗懋、王寿南、曾济群、张连
生、徐应文、陈宽强。董事长为王云五，副董事长为陈宽强。接受记
者胡有瑞女士采访时，王云五说：一百万元的捐出，这是第一步；第
二步就不止一百万了，打算倾自己所有。在身后，要将现在的住宅
翻造成四五层的大厦作为云五图书馆。"建筑费两百万，现在已经有
了。如果我能再活五年，我就可以多赚些钱，图书馆的经费会更充
裕些。"④

---

① 王云五：《八十自述》（下），《王云五全集》（第 16 卷），九州出版社 2013 年版，第
968 页。

② 王云五：《最后十年自述》（上），《王云五全集》（第 17 卷），九州出版社 2013 年版，
第 46 页。

③ 王云五：《最后十年自述》（上），《王云五全集》（第 17 卷），九州出版社 2013 年版，
第 372 页。

④ 王云五：《最后十年自述》（下），《王云五全集》（第 18 卷），九州出版社 2013 年版，
第 501 页。

二、嘉新优良著作奖

以上 5 个基金会中，云五奖学基金会与孙哲生先生学术基金会，均以资助、奖励学生就学为主旨；云五图书馆基金会，则以私家图书馆建设为目的。真正与出版工作关系密切的，是中山学术基金会与嘉新文化基金会。下面将这两个基金会关于资助文化出版方面的贡献逐一介绍。

早在 1960 年前后，嘉新水泥公司委托"中央日报"设立奖学金委员会，设置中等学生奖学额 1400 名，请王云五出任董事长。3 年后，即 1963 年 3 月，经王云五提议，创设"嘉新文化基金会"。为此事，王云五致信嘉新董事长："敏钰先生：日前面谈贵公司有创设文化基金会之意，果能实现，将为先生不朽之大业，谨为草拟简章，敬备考虑。今日能为之事，勿待明日为之；西哲之言，的系至理，倘二千万之数，开始之时或嫌过多，不妨酌减，只要每年滋息倍于近年奖学金约百万元之数，则许多有关文化之事，皆可举办，高明以为如何，明昌先生祈为致意。"当年 6 月，基金会成立，王云五出任董事长。他还赋诗曰："拭目视前程，东方诺贝尔。"10 月，颁布首届"优良著作奖"，获奖者：萧一山《清代通史》，王道《美国的迷茫》。王云五在颁奖仪式上做《基金会与社会文化》演讲。① 以此为开端，嘉新基金会在董事长王云五主持下陆续奖励许多著作者，具体见附录 4。

见诸王云五生平记载，王云五主持"嘉新优良著作奖"评定，从

---

① 王寿南：《王云五先生年谱初编》（第三册），台湾商务印书馆 1987 年版，第 1292、1304 页。

1963 年第一届起，一直到 1977 年末第 15 届止。在此期间，除去身体情况不允许，他都是要参加评定与颁奖的。但是，到 1979 年第 17 届，王云五已经 91 岁了。这一年的 11 月 2 日，王云五对基金会指示："本人迩来身体不适，在休养期间，嘉新文化基金会董事长职务委请陶副董事长百川代理。"12 月 27 日，快到了颁发"嘉新优良著作奖"的时候，陶百川按照惯例，给王云五写了一个便签："云老：嘉新基金会日常琐务可由百川代办，但赠奖大典不在代理范围之内，廿九日仍请我公亲往主持。"王云五在陶氏便签上加注两行文字："弟又扭伤腰部，起坐均不安，更不能行动，只得拜托代行一切。"[①]

三、中山学术文化基金会

1965 年 11 月 12 日，王云五在纪念孙中山百年诞辰大会上，以主席身份致辞时，宣布设立中山学术文化基金会，此后设立诸多奖项：奖学金及专题研究奖、学术著作奖、文艺创作奖、技术发明奖等。此中与图书出版相关的内容，除去学术著作奖，在文艺创作奖中，还包括小说、散文、诗歌等内容。中山学术基金实力雄厚，资金充裕，颇有官方色彩，自 1966 年开始评定颁奖，历年奖励范围宽泛，水平较高，从中可以读到当时台湾学术界、文化艺术界以及出版界的一些信息。以前 10 年为例，平均每年支出 700 多万元新台

---

① 嘉新水泥公司文化基金会：《嘉新优良著作奖获奖书目》，《嘉新水泥公司文化基金会简介》，本会编，1991 年版，第 50—72 页。另见王寿南：《王云五先生年谱初编》（第四册），台湾商务印书馆 1987 年版，第 1839 页。

币，落于学术著作奖为 15%，落于文艺创作奖为 20%。部分获奖书目，具体见附录 5。

1978 年 10 月 6 日，王云五在主持中山基金会第 30 次会议时，向全体董事提出辞去董事长职务。他在发言中言道："本人提出一案或非多数董事所乐闻，但本人因衰年老病不能任事，深恐贻误公事，考虑再四，不得不提出。本人自基金会成立以来，即承各董事推任董事长，于今已十三年，本来董事长两年一任，本人迭承连选连任。初以为公家尽义务，不敢固辞。现年已九十有一，加以心脏衰弱六年有兹，平时不过五官六脏衰弱无力。但偶尔过忙或受刺激即患心痛，此为心官梗塞之现状，如无解救之药，数分钟即告死亡。其间几濒于危者六七次，幸有解药，否则数分钟内即死。最近行动不稳，两星期内颠仆三次，虽经脑电波实验尚未见大损伤。但两臂血压相差四十度，致记忆力全失，虽理解分析，商务妨碍，恐亦不能持久，一旦溘逝，有形交代虽无问题，无形掌故将无法遗留。……由于董事长于未开会时，为尽行政责任，其新选方式，拟较一般董事稍加慎重，拟先选定提名人选五人，俾得从详考虑，第二步则就其提名之一二人，由全体董事秘密投票选举。"① 这段演说文字极其感人，足见王云五做事善始善终、不为私利的职业精神。

王云五的辞职，受到诸位董事的挽留。他到 1979 年 1 月为中山基金会集刊 22 集撰写序言时，自题为《最后片言》："本集刊为余于十年前创意编印，年出二集，每集平均九十万言，迄今十年以上，总字数不下两千万。诸集内容，举为与本会有关人士之研究心得，刊印

---

① 王寿南：《王云五先生年谱初编》（第四册），台湾商务印书馆 1987 年版，第 1820 页。

后与国内外学术团体交换，为文化交流之一助。诸集发刊前，云五必亲为撰序，并以毛笔亲书，景印冠诸篇首。今者云五衰年九二，老病益深，手足无力，至不能执箸而食。利用毛笔，须正襟危坐。此次不得已仰卧长椅，侧身以原子笔作书，聊以塞责，今后并此亦不敢自信能持久几时矣。是则本文可能成为绝笔，唯盼本会诸君子继续余志，恒久编印，以致于无限期，谨表达此最后之希望也。"①事实上，这样一段话，真的成为王云五在此刊上的绝笔！

四、"中华文化复兴会"

王云五来到台湾之后，与政府相关的工作，有两个职务几乎伴随了他的一生。其一是 1952 年他被选为台北"故宫博物院""中央博物院"共同理事会第二届理事长，后来连选连任，直至 1964 年第 7 届。此后，共同理事会改组为台北"故宫博物院"管理委员会，王云五仍任主任委员。直到 1978 年的时候，王云五依然在任此职。这一年 5 月 28 日，王云五致函蒋经国，报告台北"故宫博物院"情况，并且请求辞去管理委员会主任委员的职务。其中写道："云五最近七八年来，每届任满，辄以衰迈不堪负责恳请，去年八月底，阁下在'行政院'任内，一再挽留后，续派张秘书实树亲临敝宅，坚待答复。云五以任期业已超越，只得勉请延长一年，今岁八月届满，即准卸责。……云五行年九一，痼疾缠绵，余生有限，不忍于垂死之时，目

---

① 王寿南：《王云五先生年谱初编》（第四册），台湾商务印书馆 1987 年版，第 1840 页。

击其二十余年来义务维护之本院，今已尽其阐扬文化蜚声国际之能事者，遽遭等于解体之厄，伏枕呼籲，不尽欲言。"同年 8 月 5 日，蒋经国回信挽留王云五："岫老道右前奉手示敬诤一是只以（台北）故宫博物院为文化复兴文化建设之重要部门而当前工作亦唯我公续为主持则筹谋擘画更见新猷此所以经国于嘱事未能转达管理委员会也其间复请费秘书长之骅兄转陈种切想达清听矣"。①

再一就是王云五任"中华文化复兴推行委员会"副会长。"中华文化复兴会"组建于 1966 年 11 月 12 日。当时中山楼落成，孙科、王云五、孔德成等人聚餐庆贺。

1967 年 8 月，蒋介石同意兼任"中华文化复兴推行委员会"会长，同时聘定重要人选：孙科、王云五、陈立夫三人为副会长，钱穆、林语堂、孔德成、张其昀、王世杰、于斌、陈大齐、陈启天、陶希圣、阎振兴、钱思亮、曾宝荪、罗家伦、胡建中、刘季洪、沈刚伯、王世宪、谢东闵 18 人为常务委员，谷凤翔为秘书长，谢然之、陈裕清、胡一贯为副秘书长。另外，该委员会下设 5 个研究促进委员会：1. 国民生活辅导委员会召集人：詹纯鉴。2. 文艺研究促进委员会召集人：陈裕清。3. 学术研究出版促进委员会召集人：王云五。4. 教育改革研究委员会召集人：阎振兴。5. 基金委员会召集人：徐柏园。

（一）这个委员会所做的一些制度性建设。比如"文复会"历经一年多的研究和讨论，在 1968 年经蒋介石批准，开始实施《国民生活须知》。在此期间，蒋介石还在 1968 年 4 月对国民教育的两项课程作了明确指示：即小学教育注重"生活与伦理"，中学教育注重"公

---

① 王寿南：《王云五先生年谱初编》（第四册），台湾商务印书馆 1987 年版，第 1810、1816 页。

民与道德"。再如在 1970 年 10 月"行政院"核定，由"内政部"公布实施《国民礼仪范例》等等。"文复会"还曾经设立 10 个工作要项，5 个文化作战要项。并且首届中华文化复兴节到来之际，郑重发起"复兴中华文化青年实践运动"，为之制定《青年生活规范》，分为通则、食、衣、住、行 5 个部分，共 30 条。

（二）文化讲座。这是该会活动的一大特色，10 多年间，许多名人都参与了这项活动。在这里，我们仅以 1968 年一年中举办的一些讲座为例：

黎东方：《中国文化历史分析》；

成中英：《中国哲学与中国文化》；

孔德成：《论儒家之礼》；

顾毓琇：《中国的文艺复兴》；

林语堂：《中外的国民性》；

钱穆：《文化与生活》；

姚从吾：《从历史上看东亚儒家大同文化的立国精神》；

陶希圣：《德治与法治》；

蒋复璁：《中华文物与中华文化》；

沈刚伯：《中国文化的特点之一》；

黄文山：《从文化学的观点看中国文化复兴之路》；

乔一凡：《中国文化之大礼》。

（三）王云五主持的"文化复兴会"学术研究出版促进委员会，建立了许多大规模的出版项目。略举两例：

1. 古籍今注今译。1968 年 3 月，该委员会确定，"古籍今注今译"为重点项目，由台湾商务印书馆出版。出版图书有：

王梦鸥：《礼记今注今译》（1970）；

马持盈：《诗经今注今译》（1971）；

黄得时：《孝经今注今译》（1972）；

魏汝霖：《孙子今注今译》（1972）；

林尹：《周礼今注今译》（1972）；

史次耘：《孟子今注今译》（1973）；

李宗侗：《春秋公羊传今注今译》（1973）；

李渔叔：《墨子今译今注》（1974）；

高明：《大戴礼记今注今译》（1975）；

卢元骏：《新序今注今译》（1975）；

魏汝霖：《黄石公三略今注今译》（1975）；

毛子水：《论语今注今译》（1975）；

刘仲平：《司马法今注今译》、《尉缭子今注今译》（1975）；

陈鼓应：《庄子今注今译》（1975）；

熊公哲：《荀子今注今译》（1975）；

曾振：《唐太宗李卫公问对今注今译》（1975）；

徐培根：《太公六韬今注今译》（1976）；

傅绍杰：《吴子今注今译》（1976）；

卢元骏：《说苑今注今译》（1977）；

杨亮功：《大学今注今译》、《中庸今注今译》（1977）。

2.《中国之科学与文明》。英国人李约瑟巨著。1969 年 11 月，"文化复兴会"召开该书的第一次会议，出席人员：孙科、王云五、陈立夫、谷凤祥、刘拓、董浩云（任家诚代）、张敏珏。到 1979 年，已经出版到第 9 册，还同时出版了一套节本。

第十章

在台出版

　　1949 年，王云五离开大陆来到香港、台湾，做过两段出版工作：一是 1949 年末，他在香港与台湾两地，同时成立华国出版社；再一是 1964 年 7 月，入主台湾商务印书馆出任董事长。回顾王云五的这两段出版经历，虽然没有在大陆商务印书馆时那样丰富、那样辉煌，但可圈可点之处还是不少，尤其是他以 77 岁高龄入主台湾商务印书馆之后，号称接续自己在大陆时拯救商务印书馆的数次经历，又在台湾带领商务印书馆走出第四次、第五次乃至第六次危机。所以，王云五在总结自己人生经历时，累计他在商务印书馆服务年限时，一定要把他在台湾商务印书馆的那一段经历计算其中，即在大陆商务印书馆服务 25 年（1921—

1946）；在台湾商务印书馆服务 16 年（1964—1979），合计 41 年。当然，有了台湾一段经历，王云五为自己精心设计的人生轨迹，也显得完整了许多：起于出版，成于出版，终于出版。

一、人生转折

1948 年 11 月，王云五任国民政府财政部部长期间，因为发行金圆券失败，引咎辞职。去职后，他没有在南京滞留，也没有去上海，而是在 26 日，也就是离开财政部几天之后，携家眷来到广州，暂住在一位朋友借给他的房子中。翌年 2 月，又来到香港。

此时的王云五，遇到人生最困扰的时刻。

1949 年，他原想这一年秋天去英国，剑桥大学与伦敦大学都邀请他去讲学。剑桥大学副校长 C.R.Raven 先生亲自发来聘请函，请王云五做汉学特别讲座，聘期暂定一学期，接着可以定长期之约。王云五接受了邀请，很快在香港办好签证。但王云五自忖时局变幻无常，要看一看近期的状况再做决定，所以他经过思考，把签证改在 1950年春季。果然在这一年 1 月 6 日，英政府正式承认了中华人民共和国。为了避免麻烦，王云五当即给 C.R.Raven 先生去信，取消了讲学之约。

此时，对王云五而言，内地肯定回不去了。此时商务印书馆董事会已经决议取消他的董事资格。对此事，王云五也是理解的。他在《八十自述》中写道："函中'韬晦'一语，虽系商务印书馆旧势力受新势力压迫而排斥我的一个客气名词，菊老迫于压力，我深为谅解。"①

离开大陆时，他只在香港有 2000 多册存书，还有一些可以随身携带的字画。到台湾近 30 年，直到王云五 88 岁成立云五图书馆基金会，成立云五图书馆，他倾家中所有才积攒到 4 万多册图书，全部拿了出来。1951 年 1 月 3 日，王云五离开香港，飞赴台湾定居。他说："无必要将不再返港。"

二、华国出版社

其实在王云五离开政坛之后，就已经产生重回出版界的念头。1949 年 4 月间，他从香港来到台湾。三日后蒋介石约见他，还请他在家中吃午饭。蒋介石问他未来有何打算？王云五表示，将复返出版岗位。蒋介石"极表赞同，并愿酌为资助"。当年 12 月，王云五组建华国出版社，在港台两地同时开业。最初设定，出版社在台湾登记，在香港成立一个"香港书店"，负责印制等业务，在台港两地发行。②

1950 年华国出版社开业，王云五出版的第一本书是《在铁幕之后》，作者是美国人 John Gunther。此人多年担任美国多家报纸的驻欧洲记者，1936 年因著《欧洲内幕》一书一举成名。紧接着，于 1939 年著《亚洲内幕》，1941 年著《拉丁美洲内幕》，1946 年著《美国内幕》。4 部著作均畅销世界，被译成 19 国文字，作者也由此获

---

① 王云五：《八十自述》（下），《王云五全集》第 16 卷，九州出版社 2013 年版，第 494 页。
② 王寿南：《王云五先生年谱初稿》（第二册），台湾商务印书馆 1987 年版，第 723 页。

得"内幕专家"的美誉。王云五选定他的第 5 本著作《在铁幕之后》出版，并且亲自动手翻译，平均每天译出 5000 字，译成汉文 30 多万字，分成上下两卷出版。王云五在译者序中写道，本来作者也想将此书归于内幕系列，称之为《苏联外境的内幕》，但是他身为记者，喜欢式样翻新，所以采用这个名字。但王云五认为："本书可以改称为《新欧洲内幕》，还有一个理由。著者的《欧洲内幕》出世之时，正是纳粹和法西斯主义高涨而第二次世界大战正在酝酿之时，著者的叙述，也多与此攸关。现在欧洲已经变成一个迥然不同的新局面，本书出世之日，第三次世界大战甚嚣尘上之日，本书所叙述者，也彻头彻尾，与此有关。旧的欧洲内幕已经成为历史陈迹，只可供人凭吊，新的欧洲内幕正是崭新的情报，为未来的欧洲，而且是全世界的命运所系。"①

翻译《在铁幕之后》，王云五署名为"龙倦飞"。他取意于"云从龙"，以及"云无心以出岫，鸟倦飞而知还"。同时，华国出版社制定"汉译今世名著菁华"丛书，在 1950 年一年多的时间里，出版 50 多种。王云五参与其中许多图书的翻译工作，比如：《工业心理学》、《波兰怎样变为苏联卫星国》、《现代武器与自由人》、《俄人眼中的俄国》、《文化在考验中》、《莫斯科的使命》等。值得提到的是，直到 1953 年，王云五还用"龙倦飞"的笔名为台湾商务印书馆翻译《美国全史》，此书译成汉文 130 多万字，王云五用 3 年时间完成。

1951 年，也就是华国出版社启动的第二年，王云五因为前一年末在香港寓所遭到杀手枪击险遇不测的事情，使他无法在香港继续工

---

① 王云五：《序跋集编》，《王云五全集》第 19 卷，九州出版社 2013 年版，第 74 页。

作，退居台湾，此后华国出版社在香港及海外业务迅速衰落。再加上华国出版社出版的《高中国文教科书》全套教材被限制使用，学校只能征订"教育部"编制的书，也造成华国出版社很大的损失。

三、重回商务

1963 年末，时任台湾"行政院"副院长的王云五历经数次请求辞职，终于获得蒋介石批准。蒋介石确实很器重王云五，当即又任命他为"总统府"资政，还把他叫到士林官邸与之谈话 40 分钟。蒋介石说，本来不会接受王先生的辞职，原因是时任"行政院"院长的陈诚也因病辞职，只好让当时的"经济部长"严家淦接任台湾"行政院"院长一职；但是又不好让王云五屈尊在严家淦之下，所以任命他为"总统府"资政，希望他能在外交、法律方面，多为之计划云云。其实，除了年龄的原因之外，这里面还有另一层意思，那就是王云五是无党派人士，虽然他在国民政府中任职多年，并且在许多时候，他是在代理行使正职的权力，但以当时台湾的政治格局而言，王云五是不宜出任"行政院"正院长一职的。

当然，对王云五而言，更重要的是这一年，他已经 76 岁了。此时他的身体非常好，没有进过医院，用他 1972 年接受采访时的话说："自己是部没有换过零件的机器。"那么王云五为什么急于辞职呢？观其后来的行为，除去政治和年龄的因素之外，还应该有两个原因，其一是写作，再一就是出版。他在《八十自述》后语中说："我一生以出版为主，教学次之，公务、政务殆如客串。"王云五一直希望能将自己最后的人生道路回归到出版上来，以释内心中一些最大的追望与缺憾。

1964年，王云五辞职不久，就来到台湾商务印书馆出任董事长。此时台湾商务印书馆的状况，几乎可以用"惨不忍睹"来形容。因为1949年前后，台湾商务印书馆实行改造之后，原来分馆的经理赵叔诚接任总经理，但他此前是从事财务工作出身，能够维持台湾商务印书馆一脉未坠，实属不易。不过谈到开拓进取，就勉为其难了。从1947年建馆伊始，此后18年，台湾商务印书馆未召开过董事会，业务与财政情况均极为困难。王云五当选董事长时，馆中的业务人员只有19人，平均每年出书不到50种，年营业额只有200多万元，利润只有100余万元。

他当年做商务印书馆总经理时，最多时总馆的在职员工曾经达到近4000人，加上各地分支机构的人员，达到6000多人。以1936年为例，当时商务印书馆出书量占到全国出书总量的52%。可是眼下呢？此商务印书馆绝不是彼商务印书馆了，此时的董事长也绝对不会有彼时叱咤风云的感觉了。这样的变迁，这样的对比，别人是体会不到当事者心情的。只有王云五清楚，他为什么要在告老还乡的年龄，还走这一步。因为他热爱出版，因为他热爱文化！

四、承继前事

1964年7月1日，77岁的王云五走马上任，正式出任台湾商务印书馆董事长。他首先做了三件事情。

第一件事情，王云五用一周时间，与馆中每一名员工谈话，了解他们的技能与工作，然后清查账目。他发现的问题有：现金短缺，已经向银行透支相当数目；收受同人与外人存款，所付利息不资；开支大，营业收入小；海外账款巨大，久未收清。

第二件事情，根据上述情况，王云五提出开源节流的挽救之道。他发现当时台湾商务印书馆虽然人员不多，但工资总额却很高，尤其是高管人员工资太高。于是王云五开始实行降薪政策，高管降得最多，中层次之，底层则暂时维持现状。王云五对大家说：我们只有紧缩出资金用于生产图书，才能渡过难关，实现增长，最终会在股权红利中得到补充；即使是没有股份的员工，只要公司业绩好，也会在年终奖励中得到实惠。

第三件事情，也是最重要的一件事情，就是建立未来出版战略。如果说，上面两件事情与一般企业管理原则大同小异的话，那么一个出版公司选题方向的建立，才是看一个出版家真本领的时候。王云五是一位很自信的人，当然他的自信来源于才智、经历、经验与不服输的精神。他原本是一位最善于创新的人，即使是在 1949 年，他建立那个小小的华国出版社的时候，他也是以新战略、新板块和新版书为特色攻取市场的。但是这一次，他的自信与理智，让他改变了起步的选题战略。因为王云五心里清楚，这一次，他举的是"商务印书馆"的牌子：这是一个有传统的牌子，这是一个有情结的牌子，这是一个有传承精神的牌子。所以这一次，他不会再像组建华国出版社时那样做了，他会有新的战略选择。

果然，在当年 12 月份，王云五在台湾省图书馆年会演讲中宣布，在最初两年之内，台湾商务印书馆将投入绝大部分精力整理重印商务印书馆原来在大陆出版的有用图书。自第三年起，开始印行新著译之图书。前者为应急，后者则须谨慎。

回顾商务印书馆历史，好书何止千万计。此时的王云五，会从哪套书入手呢？他首先想到的还是"万有文库"。这套书数量有 4000 册之巨，当时在台湾已经很难找全。如果全部重印，存在许多问题，比如成本太大，其中有些书的内容已经过时等。怎么办？此时王云五手边还残存一套"万有文库"，他开始逐本审阅。在 100 天的时间里，他每天审读 4 个小时，总共用掉 400 个小时，最终选编出 1200 册，构成一套新的文库。他所取文库名称为"万有文库荟要"，这也是为了模仿"四库全书荟要"的称谓。当年"四库全书"共出版 75000 余卷，"四库全书荟要"选取其中 19000 卷出版，恰好占到总规模的四分之一；王云五做事最看重传统，他此番从"万有文库"4000 种书中选取 1200 种，构成"万有文库荟要"，恰好占到原文库总规模的三分之一弱，也算是对前人承继之心的一种表现。

"万有文库荟要"首印 600 部，不到一年时间，已经售出 400 部。后来又拆零销售 50 部，同时套装销售仍在继续，到第 3 年，库中仅有数十部存货了。

1965 年，王云五又将老商务印书馆的《四部丛刊初编》出版缩印本，一共印了 400 部，不到半年全部售罄，登记请求再版的读者还有一百多人。接着又辑印《丛书集成简编》，共计 860 册，也印了 400 部。王云五在序言中写道：

为虑急需，允宜简化，经就全部四千册，子目四千有奇，详加研究，除上述应行删除者外，复取精去芜，实留一千零三十一种，都四千四百四十卷，约当全书四分之一，订为八百六十册，版式仍照原辑印本，与就近刊行之万有文库荟要相配合。并按万有文库荟要及四部丛刊初编缩本之定价比率，尽可能廉售预约，选辑即成，预约有日，谨举经过，以告读书界。①

五、开门红

王云五上任台湾商务印书馆董事长一年半之后，公司的营业状况出现巨大改观。就营业额而言，王云五 1964 年 7 月上任，到年底，这一年的营业额，较前一年增加了 30% 以上；而 1965 年全年的营业额较前一年竟然增长了 3 倍半以上！另外，台湾商务印书馆从 1956 年至 1964 年，9 年间利润总数为 130 多万元；但是 1965 年一年的利润，就达到 330 多万元，以一年之盈余而超过前 9 年总数不下 3 倍！

公司盈利，股东当然受益。在 1963 年，也就是王云五来到台湾商务印书馆之前，股东每年可以借发股息 6—7 元不等；1964 年 7 月，王云五入主商务，当年股息已经达到 8 元多；到了 1965 年，每股一跃而获得 42 元 7 角 3 分，比从前多了 6 倍多！前面谈到，王云五刚刚回到台湾商务印书馆时，为了开源节流，促进生产，曾经对高管降薪；而 1965 年他们所得股息红利，相当于近 7 个月的工资总额，最高者可以得到相当于 10 个月工资总额的分红，他们的年收入已经大大超过从前了。

---

① 王云五：《序跋集编》，《王云五全集》第 19 卷，九州出版社 2013 年版，第 255 页。

1966 年中期，台湾商务印书馆召开临时股东大会，讨论增资方案。其实，在 1950 年，商务印书馆台湾分馆改为台湾商务印书馆，重新登记的资本金只有 20 万元新台币。1963 年，台湾商务印书馆馆址地价升值，资本金由原来的 20 万元增至 100 万元。此次股东大会决定在此基础上，将资本金增至 250 万元。到 1966 年底，剔除资本金增资因素，每股可分配股利红利依然达到约 46 元。到 1977 年，王云五 90 岁的时候，在《四六通告》中宣布，每股可分配红利增至近 70 元。

另外提一句，此后台湾商务印书馆资本金持续增长：1969 年达到 500 万元；1972 年达到 1000 万元；到 1977 年，也就是王云五去世前两年，已经达到 3000 万元了。说明一下，其中的"500 万元"是一个标志性的数字，因为在 1922 年，也就是王云五刚进入商务印书馆时，商务印书馆的资本金就是 500 万元（银圆）。[1]

1966 年年终决算：在图书品种上，到此年 12 月为止，王云五入主台湾商务印书馆 26 个月，共出书 2276 种，3568 册，平均每月出书 88 种弱，141 册强，远远超过当年老商务印书馆"每日一书"的目标。而此前从 1949 年到 1964 年 6 月，即王云五入主台湾商务印书馆之前，约 14 年间，台湾商务印书馆平均每月出书不到 4 册。

王云五以老迈之年，领导台湾商务印书馆走出困境，渡过所谓商务印书馆历史上的"第四次危机"，迎来一个全新的出版局面。

---

[1] 王建辉：《文化的商务》，商务印书馆 2000 年版，第 258 页。

六、两只手编书

王云五在入主台湾商务印书馆起步之初，曾经宣称在两年时间里，集中精力重印老商务印书馆的有用之书，以应时下局势之需，到第3年再开始编印新著。1966年初，王云五宣布，开始推行编印新书的计划。但是他仍然坚持"一手抓老书，一手抓新书"的原则，两个方向均未偏废。我甚至觉得，他抓老书的劲头，一直有胜于编新书，这当然与商务印书馆历史悠长、家底深厚等因素有关，也与他在商务服务数十年的经历有关。对于老商务的家底，将"如数家珍"一词用到王云五身上，真是再恰当不过了。正是在这样的战略下，王云五在主持台湾商务印书馆10余年间主持出版大部头的书（即每部包括数十百册者）20余部。在这里，择其要点，列举几套具有典型意义的图书，希望透过它们对王云五晚年的编辑思想和出版贡献有所管窥。

（一）王云五拟编新著之始，首先推出的两套丛书，一套是"各科研究小丛书"，拟聘请各科专家，完全新编著，首批出版30种。但由于作者太忙，进展不顺利。

另一套就是著名的"人人文库"，它采取新旧参错的办法，从1966年下半年开始，以每月20册的频率上市，其中包括在台湾排印新稿5种，其余15种为大陆版重印书。1969年，王云五还曾经写过《编印人人文库序》一文，其中写道：

余自中年始，从事出版事业，迄今四十余年，中断不逾十载。在大陆时为商务印书馆辑印各种丛书，多寓廉售之意，如万有文库一二集，丛书集成初编以及国学基本丛书等，其尤著者也。民五十三年（1964）重主商务印书馆，先后辑印万有文库荟要，丛书集成简编，汉译世界名著甲编等，一本斯旨。惟以整套发售，固有利于图书馆与藏书家，未必尽适于青年学子也。几经考虑，乃略仿英国人人丛书之制，编为人人文库，陆续印行，分册发售，定价特廉，与人人丛书相若；读者对象，以青年为主，则与前述丛书略异。①

这套书营销的方法非常有趣，它以袖珍本及小 5 号字排印，每本 15 万字以下；超过 16 万字则以分册出版，每册 1 个编号，每个编号 8 元钱。销售时概不打折，但是凡一次购买 5 册者，加赠 1 册；购买 10 册者，加赠 2 册，赠书读者可以自选。这套书一直出版到 1974 年。由于当时纸张价格暴涨且缺乏，2 月 1 日，台湾商务印书馆在《中央日报》上刊布《商务印书馆董事长王云五启事》，其中宣布："本人以八十七之衰年，患心脏病岁余，疲惫不堪，久未出外任事。兹因出版工料奇涨，商务印书馆出版物之多，冠于全国，所受影响至巨，遂又遭遇创办七十八年以来第六度之重大危机，不得已，按从前五度挽救本馆危机之先例，扶病逐日到馆主持一切，以资应变，鞠躬尽瘁，在所不辞。惟盼馆内同人及海内外贤达，匡其不逮。又以所事奇忙，体弱不耐应对，凡以公事造访者，务请分别向该馆各主管接洽，本人恕不克亲自接待，尚乞鉴原。商务印书馆为应付纸张奇涨与缺乏，自本

---

① 王云五：《序跋集编》，《王云五全集》第 19 卷，九州出版社 2013 年版，第 374 页。

年起暂停印行'人人文库'新书，其历年印行之一千五百九十种，一律按原价增加百分之二十五，售完为止，亦暂不重版。"①

（二）继续重印一批老商务印书馆的重点书籍，同时复活或创编一些传统的好项目。从1966年台湾商务印书馆的书单，足以看到王云五与众不同的出版气势。2月，预约发售"汉译世界名著甲编"200种，共计600册，此套书选自当年商务印书馆历年出版的数百种"汉译世界名著"。8月，《四部丛刊续编》600册预约发售。9月，增订出版"小学生文库"600册。11月，影印索引本《佩文韵府》。12月，编印《嘉庆重修一统志》，等等。以"小学生文库"为例，该书是老商务印书馆在20世纪30年代出版的，此次重编重印，王云五在"增订小学生文库序"中写道："本文库的编印目的和万有文库相同，一方在以整个的图书馆用书，贡献于国民学校，一方采用经济与适当之印刷方法，俾各校得以极廉之代价，获得六百册最适合儿童需要之补充读物，而奠立小学图书馆的基础。全书按各大类，每类特备一种封面，表示各类之特质，无形中养成科学分类的观念。同时各书后面也依次各印一号码。因此，凡以本文库成立的小图书馆，尽可由小学生轮流管理，无须有专员主持。"②王云五这样的思考，实在是考虑周详，让人感动。

再看1967年：2月，为老版"幼童文库"加注音，影印100本出版。3月，筹备《东方杂志》复刊，7月复刊，金耀基任主编。4月，重印《百衲本二十四史》。9月，出版《涵芬楼秘笈精选汇刊》10巨册。

---

① 王云五：《最后十年自述》（下），《王云五全集》第18卷，九州出版社2013年版，第612页。

② 王云五：《序跋集编》，《王云五全集》第19卷，九州出版社2013年版，第286页。

10月，组织创编"经部今注今译丛书"第一集10种。11月，组织重印《宋蜀本太平御览》。12月，编印"国学基本丛书"400种。今日看来，如此庞大的出版规模，没有王云五那样的人物操刀，确实难以实现。

此后，台湾商务印书馆还不断推出一些重要的出版项目，比如王云五从1969年1月开始重印《四库全书珍本初集》。到1974年，陆续出版了二集、三集、四集和别集；直到1977年，王云五90岁的时候，他还在为出版这套书的七集和八集操劳。1969年2月，重印"宋元明善本丛书"10种。1971年，重印《东方杂志》全部旧刊50卷，等等。

今日观看以上各个项目，依然不失为气势宏大的出版工程。并且几乎所有项目，都是王云五亲力亲为，亲手编辑，还为之写序文，他对产品的了解与认识的深刻程度，实在令今日之许多出版人自叹惭愧，不得不仰视、致敬。

七、出版思想

王云五老年时期的许多出版思想很有特色。在他的回忆录《八十自述》中，尤其是在他的《最后十年自述》中，有许多论述。其中最有趣的记述，见于《最后十年自述》，王云五竟然把他在台湾商务印书馆主持工作时一些月份例会讲话记录下来，书中一共有10余段之多，而且他一直讲到90岁。其中内容，上到回顾商务印书馆70多年的历史，下到讲解出版理论知识，还有逐条讲解商务印书馆创造性图书，以及一些鸡毛蒜皮的出版日常琐事等。读过它们，我产生两个印象，一是出版作为一个经验产业，人的作用真是太重要了。不同的出版人，一定会有不同的文化理解与做法。二是长期以来，我总希望在王云五留下的大量文字中，找到他成功的秘籍所在。那就是在张元济之后，为什么商务印书馆到了王云五手上，会演化成这样一个生生不息的文化企业呢？在人们的一些回忆文章里，在这些难得一见的台湾商务印书馆"月会"记录里，我择其要点整理出一些王云五的出版观点，也许可以从中得到一些新的启示。

（一）三利主义。王云五认为，一个公司办得好，不仅是劳资双方两利，还要使社会蒙其利。社会对于一个出版家的期望，一是供给许多优良的图书。王云五办出版社，历来以出书多、出书快为特点，诸如他当年提出的商务印书馆"每日一书"的口号，以及出版大型丛书，动辄出书数千种，是他一生坚持的做法。即使在台湾商务印书馆，情况那样困难，他也是这样做的。二是期望出版家供给相当廉价的图书。对于这一点，王云五认为，图书廉价只能靠预约订购实现。他推出的许多大部头著作，都是要预约征订的，此时让利给读者，是良性的营销行为。王云五最反对图书随意打折销售，比如你创编一套本版书，被别人翻印了，你就以削价倾销的办法与之抗衡，这是最错误的做法。正确的方法应该从法律上追究责任者，发现问题，必加追究，其实这样做胜算很大，保护了产品的权益。当然，一旦侵权者承认错误，也不必过多张扬。王云五说，他主持商务印书馆工作，一直坚持这样的做法，收效极佳。①

（二）商务印书馆树立的出版宗旨是："学人以在商务印书馆出

---

① 王云五：《八十自述》（下），《王云五全集》第16卷，九州出版社2013年版，第916页。

书为荣，读者以购买商务印书馆书籍为安。"可是如何才能实现这一点呢？在王云五身边工作的人回忆说，王先生经常会说："十本书有三四本亏本还不算亏，只要都是好书。"徐有守说，在商言商，出版界能出此言者不多。但这句话极可细加玩味。第一，虽属好书，但明知其将亏本，他人是否有此眼光与抱负仍愿予以出版？第二，虽有此种十本书中三四本之亏累，但如何始终能不使出版机构萎缩以致倒闭？第三，此外六七本为可赚钱之书，如何仍能维持其内容之高水准？第四，书业利润极为微薄，六七本书所得微利是否足以维持书店总结之不亏累？第五，在此情形下，如何更能使书店扩张？面对这些问题，绝大部分出版商都会回避这样的主张了。但王云五能够这样想、这样做，也正是他经营的高明之处。有了这样的理念为基础，商务印书馆才能不出坏书，同时出版大量不怕亏本的好书和学术书。当然，王云五还认为，有些书内容甚佳，有推行之必要，也要不避风险，宁肯牺牲一部分成本而为之。比如《资治通鉴今注》15 巨册，字数在 1500 万字以上，别人不敢尝试，王云五认为此书甚有价值，所以不惜牺牲数十万元也要把它做出来。结果上市后，这套书非但没有亏损，还略有盈余。①

（三）商务印书馆经过多年演进最终获得成功的原因很多。王云五认为，其中有重要的一条，那就是商务印书馆已经成为一个很合理的组织。这个"合理"，主要表现在对于股东与同人间的利益有了很合理的规定。也就是说，股东出资，都享受 8 厘的股息；同人平时出力工作，都获得恰当的薪资报酬。此外再有盈余，除去纳税以及提取

---

① 徐有守：《〈商务印书馆与新教育年谱〉述介》，《最后十年自述》（下），《王云五全集》第 18 卷，九州出版社 2013 年版，第 556—557 页。

公积金之外，分 4 部分：第一部分是股东的红利；第二部分是同人的奖金；第三部分为甲种特别公积金，为股东所有；第四部分为乙种特别公积金，专门为同人做福利用，包括医药补贴、子女教育、健康检查以及社会公益等。

（四）王云五的月会经常会像一个学术讲座。比如请人讲"世界经济思潮"，还有"西洋政治思想史"等。相对而言，还是王云五的讲座最精彩。比如，他在 1969 年 5 月 3 日月会上，主讲"图书的历史"，实在是一篇妙文，有水平，很好看。其中谈到把"文库"作为"丛书"别称，是他 20 世纪 20 年代的发明；而文库一词，最早在《宋史·艺文志》中就有"金耀门内，有文库"。丛书一词最早见于唐代，当时有一部书称为《笠泽丛书》，实际上是一部笔记，虽有丛书之名，而无丛书之实。真的丛书是从宋代开始，最初的名字为《儒学警悟》，其次是《百川学海》，但却是有丛书之实，无丛书之名。后来王云五从三四千种古代丛书目录中选出 100 种，汇印成《丛书集成初编》，做了前无古人的事情。但 30 多年后，有一位出版家刊印所谓《百部丛书》，不仅内容与王云五的《丛书集成初集》完全相同，选书的顺序也没有差别，但是书中却没有半句提到商务印书馆和王云五的工作。王云五说："这不仅在著作权上构成侵犯，即完全撇开法律与权利不谈，在学术界的传统上和对人的道德上，是否可以如此抹杀前人的研究心力！"那个出版家是谁呢？王云五说大家都知道，他没有点破名字。就这样，王云五讲完丛书，又讲类书。最后他说，还有年谱和目录学两项要讲，时间所限，以后再说吧。①

---

① 王云五：《最后十年自述》（上），《王云五全集》第 17 卷，九州出版社 2013 年版，第 233—238 页。

（五）王云五的月会，经常还会讲商务印书馆的传统。1970年5月2日，王云五开始讲述"创造性出版物"。他说："我认为一个出版家能够推进与否，视其有无创造性的出版物。"

（六）除去月会，许多时候王云五接受采访，也会谈到一些出版观点。比如1969年，记者黄肇珩在《当代人物一席话》中谈道，他问82岁的王云五，出版家是什么？王云五回答，出版家犹如厨子，出版事业犹如开饭馆，要饭馆出名，必须要有名厨，因此厨子比老板还重要。他要拥有支配全饭馆饮食全权，才能端出来精彩的菜肴，以飨食客。出版家最好是读书人，书读得博，不一定要专，这样才能推出各类可读的书。他主张的治学精神是"为学当如群山式，一峰突出众峰环"。他认为理想的出版家是，有读书兴趣，读书范围广，同时肯动脑筋思考。他还说，出版家在了解市场需求的同时，要记住："头等出版家是创造市场；次等出版家才是迎合市场。"出版界应该引领读书界，把一般人读书的兴趣导向正确的方向。[①]

（七）经常在王云五身边工作的人回忆：他最好说的话是"只有前进，决不后退"。他遇到困难时，必使用笛卡尔方法，将大问题剖分为一个个小问题，一一求得解答，而后综合总结，则整个大问题随之获解。对待别人的评价，他说："一个人如若人人说他好，未必就是真正好；一个人如若好人说他好，坏人说他坏，才可能是真正好。"他为文则一日万言，饮酒则举杯而尽。他说："自己最大的特性，是高梦旦先生称之为善忘，换句话说，昨日是我仇敌，今日即可变为朋友。"一次饮酒时，一位出版家向他请教，如果将若干国学孤本重印

---

① 黄肇珩：《当代人物一席话》，《最后十年自述》（上），《王云五全集》第17卷，第276—286页。

出来，请问市场情况会如何呢？王云五说，通常孤本多为偏僻书或不甚为大众接受之书，故传抄不广，印量不多，时久湮没失传；偶存一二，即成孤本。若果为孤本之书，为保存国粹与弘扬文化计，仍应印行；市场情形如何，则未易言也。①

八、管理趣录

出版社管理是一个非常个性化的话题，不同的社长会有不同的管理方式，不同的管理风格。王云五管理出版社，自我意识极其强大，其中许多做法既出人意料，又顺理成章。即使今日来看，其中许多做法，依然很有启发性，很有亲切感。

（一）在王云五刚来到台湾商务印书馆时，为了念及同人福利，他亲自制定了一个"同人伙食团"办法，即每人每日交5元，公司补助6元，在食堂用餐。后来米价、菜价上涨，公司为了维持食堂运营，不断增加补贴，直至补贴到10元以上，个人却一直没有加钱，但是依然难以满足食堂运转的需要，最终厨师都辞职了。没有办法，1968年9月，王云五在日记中写道，宣布食堂停止营业，他还把3年前写的食堂管理办法附在后面。②

（二）一般在月会上，王云五董事长讲大道理，总经理讲小道

① 徐有守：《〈商务印书馆与新教育年谱〉述介》，王云五《最后十年自述》（下），《王云五全集》第18卷，九州出版社2013年版，第556—557页。
② 王云五：《最后十年自述》（上），《王云五全集》第17卷，九州出版社2013年版，第191页。

理。1969 年 7 月 1 日月会，王云五讲完后，周道济总经理讲三点：一是男女之间要有分寸，希望男士无论在行动上或讲话上皆要保持分寸。二是不要电话谈天，影响公务。三是不得用公家邮票寄私信。王云五补充说，此三点都很正确。特别是第一点，我特别提供一点资料，本公司 36 年来，没有夫妻二人同时在公司服务的，因此你即使正常谈恋爱，结婚后，其中一人恐须离开公司。①

（三）在 1971 年 1 月 9 日月会上，王云五首先表扬了在过去一年中 4 位表现优异的新员工史股长、梁小姐、游胜佳和林煌村。接着王云五宣布，从明年开始，每年从他的董事长年薪中提出一万元新台币设立两名"云五服务奖"，同时宣布"商务印书馆云五服务奖选拔办法"。每年 2 月无记名选举，董事长与总经理有否决权，如果没有合适的人选，也可以年度空缺。②

（四）在 1976 年 2 月中旬月会上，王云五提出自己年已近九旬，衰老愈甚，请辞未果，还要再任董事长两年，完成一个任期。他谈到有人写匿名信状告张总经理，要点有三：一为公司经营日坏，员工待遇每况愈下；二为滥用公款；三为试图搞垮公司，然后自己把公司盘下来。为此王云五大怒，称："这三点无不荒天下之大唐。"还说："我敢保证在我未死一日，张总经理在之一日，无论外界如何困难，公司依然稳如泰山。"③

---

① 王云五：《最后十年自述》（上），《王云五全集》第 17 卷，九州出版社 2013 年版，第 250、253 页。
② 王云五：《最后十年自述》（上），《王云五全集》第 17 卷，九州出版社 2013 年版，第 418 页。
③ 王云五：《最后十年自述》（下），《王云五全集》第 18 卷，九州出版社 2013 年版，第 769 页。

九、天要黑了

1975 年，王云五已经 88 岁了，他的精力已经大不如前，经常说一些安排身后事的话。年初，著名记者胡有瑞女士采访王云五，写下文章《学术界的奇人》。其中写道："他还告诉我，已经写好的遗嘱是：他遗留的钱和书，全献给社会。留给子女的，只是一些心爱的字画。'我嘱咐他们以抽签来决定各人该拿的字和画。'听他说到这里，我的心中突然升起一股莫名的哀伤，我仰首看看书房的一切，又将眼睛转望着窗外的夕阳、暗淡的云天，啊，天要黑了。那个时刻，我真想抓住他的手告诉他：你能这样的通达，对人群有如许的贡献，读破万卷书，邀游学海中，那生命的价值是永恒的、无穷的。"[1]

1977 年，王云五 90 岁了，他的回忆录《最后十年自述》只写到这一年；他主持出版社的工作，也快到了尾声。其实此时，王云五的内心世界依然强大。他依然挣扎着，与年迈和病痛争斗不息。他 80 岁以后经常说，希望他的人生尽头不要在医院结束，最好能从工作室直接到殡仪馆。他 90 岁时说，三年前改选台湾商务印书馆董事会时，又让他连任三年董事长。他原想第二年就交给副董事长去做，但是还有许多书的整理工作未完成，还有一些版权问题需要他来解决。所以他勉强同意，再坚持工作两年。现在，这两年也到了尽头，他该放下手上的工作了。

这一年 6 月 1 日，王云五写的《九秩百咏》，一口气写下 100 首

---

[1]　胡有瑞：《学术界的奇人》，原载《评书目》，《最后十年自述》（下），《王云五全集》第 18 卷，九州出版社 2013 年版，第 682—694 页。

诗，发表在《东方杂志》上。其中一首写道："最后十年如是称，自知体弱难持久。顾虑最深为商馆，不审长能维持否。"诗的第一句是说，他在写回忆录《最后十年自述》时，很多人劝他不要这样写，应该称之为《最近十年自述》。他不肯："余就事实与心情二者衡断，仍坚持私见。"此时，王云五对生命的自我判断，几乎一语成谶。天真的要黑了，王云五先生真的要搁笔案上了。

但是此时，王云五依然为商务印书馆的前程忧心忡忡。所以在这一天的日记上，王云五不但将《九秩百咏》抄录下，还在后面接着写道，经过一个多月的认真思考，他决定在 6 月 6 日那一天公布一个决定：大幅度提高台湾商务印书馆在职全体职工的待遇，以应付生活程度日益增高之趋势。这一年恰好是 1977 年（台湾称"民国六十六年"），所以王云五又把这个他亲手拟定的办法，称为"四六通告"。他写道："本公司自民国五十三年（1964）改组以来，是三年间，营业增进百倍，盈余增进八十倍；资本无需股东出资分文，藉盈余迭次增进，最近已从民国五十三年（1964）之二十万元增至三千万元，计一百五十倍，每年分派股息红利每股由三数元增至六七十元，亦达二十倍以上。"面对这样的情况，王云五认为，股东们获利丰厚，但台湾商务印书馆的在职员工月薪提升不够。所以他决定自 7 月始，在职员工的工资一律提升百分之五十。其中百分之二十五来自公司增资；另百分之二十五来自年终奖励资金的评定，多退少补。①

---

① 王云五：《最后十年自述》（下），《王云五全集》第 18 卷，九州出版社 2013 年版，第 915、916 页。

十、最后两年

1978 年，王云五的《最后十年自述》搁笔了，但是他的生命并未戛然而止，因此他的出版工作也在继续。

这一年 1 月 3 日，台湾商务印书馆新任总编辑浦薛凤到任，他是从美国回来的，王云五亲自设午宴招待他。后来浦先生在《追忆王云五先生》一文中写道："予于 1977 年岁底飞台湾。1978 年元月 3 日午，王董事长在心园餐厅设宴多桌，集合全馆同人为予介绍。予答词时首先说明董事长原是我的上司。席散，回到予之寓所，云老与予密谈两小时之久，尽情道出伊之心事。予亦明了伊所关于书馆前途者甚远而切，所期望于予者过大而奢。翌晨，予到馆开始工作，知星期六亦仍全日工作。约旬日后即收到赠送予书馆股票廿一份，权且暂时收下，伊曾明言本届董事会，将提名予为董事之一。越数月，此即实现。"同年 4 月，王云五亲自主持召开台湾商务印书馆股东会，通过 7 人董事名单，其中已经有浦薛凤。但同年 11 月，浦薛凤提出辞职，原因是王云五让他替代张连生兼任总经理职务，他不肯受命，自称"予敬佩云老，但彼此之性格与作风有异"。故而辞职，很快离开台湾，回到美国。①

直到 1979 年 4 月，王云五还在主持股东会，还在给浦薛凤写信，希望他能回来，最终未果，只好恢复张连生总经理职务，改任朱建民为总编辑。同年 7 月 6 日，王云五因"无名热"住院，这也是他一生

---

① 王寿南：《王云五先生年谱初稿》（第四册），台湾商务印书馆 1987 年版，第 1796—1823 页。

中首次住院吧。一周后出院，他还在安排朱建民签订台湾商务印书馆总编辑合同。7月25日，他又为张元济《涉园序跋集编》撰跋，这大概是他最后一篇文字。8月4日，王云五因肺炎住院。14日清晨4时，沐浴后心脏病突发，不幸去世，终年92岁。①

①　王寿南：《王云五先生年谱初稿》（第四册），台湾商务印书馆1987年版，第1840—1853页。

王云五编辑出版大事年表

1888 年

生于上海租界。谱名日祥。

1892 年　5 岁

体弱多病，日与药饵为伍。有算命先生说，他活不过 14 岁。因此未能入私塾读书。

1896 年　9 岁

大哥王日华返回香山准备应科考，王云五入私塾随一位萧老师读书。

1897 年　10 岁

大哥王日华高中秀才后，不久即病逝，年仅 19 岁。家人以为本族后代没有读书的福分，后来影响了王云五进入正规学堂。这一年，商务印书馆创办。

1898 年　11 岁

继续跟随萧老师读私塾。善于做策论，即议论文。

1899 年　12 岁

不满足于私塾学习，自己去青年会读《万国公报》。还去广智书局买《日本明治维新史》，表现出对于经世之学的兴趣。

1900 年　13 岁

因为义和团之乱，下半年返回香山，跟着一位堂伯学珠算，养成了遇到事情，总会衡量其利害关系，计算得失的习惯。

1901 年　14 岁

春季返回上海，跟随李老师读私塾。在此期间，李老师的弟弟根据他的名字"日祥"，为他取别字曰"云五"，取意于"日下现五彩祥云"。

1902 年　15 岁

辍学，到五金店当学徒，旋即成为珠算能手。工作之余，去一家英文夜校读书。树立一生的做人准则："岂能尽如人意，但求无愧我心。"

1903 年　16 岁

春季，入上海虹口的守真书馆（日校）读英文。

1904 年　17 岁

年初再次辍学，为父亲做商务助理。暑期入同文馆修业。

1905 年　18 岁

兼任同文馆教生，每月领取 24 元津贴。并且有机会进入同文馆英国教师布茂林（Charles Budd）的私人图书馆，读到许多英文原版名著。这一年，张元济任商务印书馆编译所所长，着手编辑出版新小学教科书。

1906 年　19 岁

受聘中国新公学，教英文，还有一位英文教师是宋耀如。学生中有朱经农、胡适等。开始以"之瑞"为名，以"云五"为号。

1908 年　21 岁

通过分期付款购买《大英百科全书》35 巨册(今译《大不列颠百科全书》)。约在三年时间内，每日读二三小时。选修美国函授学校土木工程科课程。

1914 年　27 岁

1 月，商务印书馆总经理夏瑞芳被刺身亡。王云五仍在中国公学大学部任教。3 月，任筹办中的全国煤油矿事宜处编译股主任。

1915 年　28 岁

仍在北平中国大学任教。印锡璋病逝，高凤池兼任商务印书馆总经理。

1916 年　29 岁

上半年，仍在北平中国大学任教。应严复推荐，为卫西琴（Dr. Alfred Westharp）翻译文章，并作序。下半年离开北京，赴上海任苏粤赣三省禁烟特派员。

1918 年　31 岁

在上海家中闭门读书，翻译罗素《社会改造原理》。

1919 年　32 岁

赵汉卿创办公民书局，以出版新编译图书为主旨；邀王云五出任"公民丛书"主编。8 月，上年所译《社会改造原理》，作为该丛书第一部出版。

1920 年　33 岁

继续主编"公民丛书"，一年中每月出版 2 种，先后出版 20 余种。鲍咸昌任商务印书馆总经理，张元济、高凤池任监理。

1921 年　34 岁

经胡适推荐，受聘商务印书馆编译所。旧历中秋节那天，到编译所做 3 个月尝试。

1922 年　35 岁

年初，接替高梦旦出任商务印书馆编译所所长。改组编译所，延聘专家，创编各科小丛书等。朱经农、唐擘黄、段抚群、竺可桢、任叔永、周鲠生、陶孟和等入馆。外聘特约编辑有胡复明、胡刚复、杨杏佛、秉农山等。

1923 年　36 岁

商务印书馆出版物，由两年前的 230 种增至 667 种，由 773 册增至 2454 册，创历史新高。叶圣陶进入商务印书馆，1930 年离开。

1924 年　37 岁

3 月，商务印书馆编译所附设的东方图书馆落成，它的前身即涵芬楼；王云五出任首任馆长。

1925 年　38 岁

发明"四角号码检字法"，1926 年 8 月初步就绪，1928 年 10 月增订完成。为五卅运动捐款，在《东方杂志》发表长篇政论，受到租界当局起诉。本年，商务印书馆发生两次罢工风潮。

1926 年　39 岁

创立"中外图书统一分类法"，1927 年 4 月最后完成。4、5 月间，遭遇绑票，丧失自由不下一月。张元济辞去商务印书馆监理职，稍后当选董事会主席。

1927 年　40 岁

5 月当选商务印书馆董事。任南京国民政府大学院（后改为教育部）译名统一委员会主任。国民党上海市党部举行党员重新登记，王云五退出国民党。10 月，张元济遭绑匪劫持，6 天后脱险。

1928 年　41 岁

10 月，修改增订完成"四角号码检字法"。

1929 年　42 岁

"万有文库"第一集陆续出版，计收入图书 1010 种，11500 万字，构成 2000 册，另附参考书目 10 巨册。初印 8000 部。9 月，辞去商务印书馆编译所所长职务，转任中央研究院研究员，兼法治组主任。撰写《中国古代教育思想》。名义上仍兼"万有文库"总编辑，及东方图书馆馆长。

1930 年　43 岁

2 月，商务印书馆总经理鲍咸昌去世。3 月，王云五出任商务印书馆总经理，随后赴日本和欧美 8 国考察。9 月，制定商务印书馆科学管理方法。《王云五大辞典》出版。张元济《百衲本二十四史》启动。

1931 年　44 岁

1 月，开始在商务印书馆全面推行"科学管理方法"，受到职工大会集体反对；2 月，宣布撤回"科学管理方法"，转而在物质与财务等部门实施。

1932 年　45 岁

1 月 28 日，日本飞机轰炸上海，商务印书馆办公楼、印刷厂被炸，编译所、研究所、东方图书馆等均被焚毁。3 月，商务印书馆董事会宣告，解雇在上海的 3700 多名职工，以拯救商务印书馆，遭到强烈抵制。8 月，商务印书馆在租界内复业。启动"大学丛书"编写，计划 300 种。此后 4 年间出版 200 余种。11 月，宣布商务印书馆日出新书 1 种。王云五带领商务印书馆走出"第一次危机"。

1933 年　46 岁

4 月，商务印书馆成立东方图书馆复兴委员会，筹备东方图书馆重建。6 月，复业一年内，重版书 2214 种，新书 292 种。解除胡愈之《东方杂志》主编职务。

1934 年　47 岁

筹备影印《四库全书珍本》。2 月，编印"幼童文库"200 册；编印"小学生文库"500 册。夏，印行《四部丛刊》续编、三编。9 月，开始编印"万有文库"第二集，2000 册，合计 2 亿字。

1935 年　48 岁

"万有文库"第二集陆续出版。3 月，辑印《丛书集成初集》，共 541 类，4000 册。11 月，出版《化学工业大全》，15 巨册，600 万字。

1936 年　49 岁

为东方图书馆搜集各类年谱 1300 余种，编成索引，后因抗日战争爆发，未能出版。4 月，选定"国学基本丛书"400 种。这一年，全国出书 9438 册，商务印书馆出书 4938 册，占全国出书量的 52%强。高梦旦去世。

1937 年　50 岁

1 月，撰写文章《编纂中国文化史之研究》，筹划出版"中国文化史丛书"。7 月，参加蒋介石在庐山举行的国是谈话。8 月 13 日，日军再次轰炸上海，商务印书馆再度遭受重大损失。10 月 1 日，恢复出版新书。王云五赴香港设立总管理处驻港办事处，将商务印书馆工作中心转入香港。带领商务印书馆走出"第二次危机"。至 1941 年底太平洋战争爆发前，他一直留居香港，前后约四年时间。

1938 年　51 岁

6 月，以社会贤达身份被选为第一届国民参政会参政员。此后三年间，为商务印书馆实施战时节约版式、采行轻磅纸张、空运书籍等措施。

1939 年　52 岁

1 月，解除李圣五《东方杂志》主编职务，原因是其为汪精卫与日本主和论调袒护。

1940 年　53 岁

蔡元培先生在香港去世，王云五负责主办丧葬事宜。

1941 年　54 岁

2 月被选为第二届国民参政会参政员。11 月，由港赴渝，参加参政会二届二次会议，因太平洋战争爆发，滞留香港。编印战时读物，有"战时常识丛书"、"小学生战时常识丛书"、"民众战时常识丛书"、"抗战小丛书"、"抗战丛刊"、"战时经济丛书"、"大时代文艺丛书"。编印"万有文库简编"1200册。带领商务印书馆走出"第三次危机"。

1942 年　55 岁

2 月 1 日，宣布重庆商务印书馆日出新书一种。7 月，被选为第三届国民参政会参政员，又在三届一次会议上当选为休会期间驻会委员。政府为商务印书馆贷款 300 万元法币。从事中文排字改革研究，把排字员训练期由三年缩短为两个月；把平常字架每人所需铅料 820 余磅减至 350 磅。研究化学翻印的方法，使商务印书馆许多重要辞典及大学丛书均借此而恢复供应。如《辞源》合订本、《综合英汉辞典》等巨著，均复印出版。选编《王云五新词典》。

1943 年　56 岁

2 月，出版"中学生文库"400 种。3 月，《东方杂志》第 3 次复刊，王云五兼任社长。

1944 年　57 岁

撰写《战时英国》、《访英日记》及《访英日记》英文本。

1945 年　58 岁

10 月，提出辞去商务印书馆总经理职务，张元济先生坚决挽留，他在给王云五信中写道："罗斯福岂恋恋于白宫，其所以再三连任者，亦为维持大局，贯彻己之计划也。"

1946 年　59 岁

5 月，向商务印书馆董事会辞职并获准。

1949 年　62 岁

移居香港。12 月，王云五组建华国出版社，在台港两地同时开业。出版第一本译著《在铁幕之后》，他亲自翻译，署名"龙倦飞"。

1950 年　63 岁

1 月，《王云五综合辞典》出版。10 月，商务印书馆台湾分馆改称台湾商务印书馆。12 月，在香港寓所遭暗杀，所幸子弹未命中。一年中，华国出版社刊印新著数十种，包括"汉译今世名著菁华"50 余种。

1951 年　64 岁

1 月，自港飞台，从此定居台北。8 月出版《中国史地词典》，45 万字。

1952 年　65 岁

2 月，影印出版《四部要籍序跋大全》。8 月，《我的生活片段》出版。9 月，编译《英文成语新词典》出版，署名"龙倦飞"。10 月，《谈世界出版》出版。11 月，《读书常识》出版。

1953 年　66 岁

6 月，开始译《美国全史》，3 年后出版，共 4 册，140 万字。

1954 年　67 岁

9 月，辞去台湾商务印书馆职务。

1956 年　69 岁

译著《美国全史》在台湾商务印书馆全部出版，共 4 册，140 余万字。

1960 年　73 岁

任嘉新文化基金会董事长。

1961 年　74 岁

1 月，味全食品工业公司捐款 100 万元新台币，王云五为之做编书计划，定名为"全知少年文库"。7 月，为丛书作序。

1962 年　75 岁

胡适、梅贻琦病逝。2 月，致祭胡适挽联：虚怀接物，剖析今古问题，发扬儒家恕道；实证穷源，爬梳中西哲理，的是科学精神。3 月，为郑佩高《历代明贤录》写序。10 月，为《国民参政会史料》写序。

1963 年　76 岁

1 月 28 日，开始撰写《自撰年谱》；3 年后，写成手稿 300 万字，未出版。12 月，辞去"行政院"副院长职务，被聘为"总统府"资政。撰文《挂冠述怀》。

1964 年　77 岁

6 月，选任台湾商务印书馆董事长；7 月上任，此后带领台湾商务印书馆走出"第四次危机"。下半年，出版"万有文库荟要"1200 册。

1965 年　78 岁

任台北"故宫博物院"管理委员会主任委员，中山学术文化基金管理委员会委员。4 月，为台湾商务印书馆编印《四部丛刊初编》缩印本。8 月，为台湾商务印书馆辑印《丛书集成简编》860 册。这一年，台湾商务印书馆营业额较前一年增长 3 倍半以上；盈余超过前 9 年总数不下 3 倍。提出出版的"三利主义"原则，即劳资双利和社会蒙利。

1966 年　79 岁

任"中华文化复兴运动"推行委员会副会长，兼学术研究出版促进委员会主任。1 月，开始编著"各科研究小丛书"。7 月出版发行"人人文库"，每月 20 册问世，到翌年 5 月，出版 250 册。2 月，从"汉译世界名著"数百种中，选编 200 种，编为"汉译世界名著甲编"。8 月，辑印《四部丛刊续编》600 册。9 月，增订出版"小学生文库"600 册。11 月，影印索引本《佩文韵府》。12 月，编印《嘉庆重修一统志》。

1967 年　80 岁

2 月，影印"幼童文库"百册，加注音。4 月，重印《百衲本二十四史》。7 月，复刊《东方杂志》，金耀基任主编。徐有守辞去台湾商务印书馆总编辑、经理职务。遂以董事长代行总经理、总编辑职权。9 月，出版《涵芬楼秘笈精选汇刊》10 巨册。10 月，成立云五奖学基金会。创编"经部今注今译丛书"第一集 10 种。11 月，重印《宋蜀本太平御览》。12 月，编印"国学基本丛书"400 种。

1968年　81岁

6月，台湾商务印书馆重建，以"云五大楼"命名。9月，为所撰《中国政治思想史》首卷作序。为《谈往事》三版写序。12月，《两汉三国政治思想史》印毕。

1969年　82岁

1月，重印《四库全书珍本初集》。2月，重印"宋元明善本丛书"10种。3月，《晋唐政治思想史》完稿。4月，印《清代道咸同光四朝奏折》。5月，辞去政治大学教职，聘任周道济为台湾商务印书馆总经理。重印《说文解字诂林》，作序。6月，《宋元政治思想史》完稿。9月《明代政治思想史》发排。10月，计划译印"欧战后最新科学小丛书"。只身去韩国汉城，接受建国大学授予名誉法学博士学位。12月，《清代政治思想史》完稿。

1970年　83岁

2月，《民国政治思想与中国政治思想综合研究》出版。4月，《先秦教学思想》完稿。5月，在台湾商务印书馆月会上，提出近百年来，商务印书馆具有创造性的出版物30种。6月，影印《绀珠集》，作序。8月，《云五社会科学大辞典》开始出版。《汉唐教学思想》付印。12月，影印《四库全书珍本二集》，作序。

1971年　84岁

1月，中山学术文化基金会拨款150万元资助编撰《中山自然科学大辞典》。陆续推出《中国教学思想史》6卷。出任孙哲生学术基金会董事长。重版《明清名人百家手札千部》。重印《东方杂志》全部旧刊50卷。影印《四库全书珍本第三集》。

1972 年 85 岁

4 月，与"文复会"联合出版"古籍今注今译"。5 月，成立财团法人"云五图书馆基金会"，将自己的藏书 4 万余册、中外杂志 200 余种，全部捐出，另捐新台币 100 万元，创建云五图书馆。7 月，影印《格致镜原》，作序。增订重印《法律大辞书》，作序。8 月，为影印《涵芬楼原本说郛》作序。

1973 年 86 岁

1 月，为《四库全书珍本第四集》作序。2 月，撰《明代名人手札》序。撰《精选人人文库甲乙辑》序。5 月，《商务印书馆与新教育年谱》出版，徐有守长序。9 月，影印《岫庐现藏罕传善本丛刊》，作"缘起"。

1974 年 87 岁

2 月，在"中央日报"发布"启事"，王云五因年龄与身体问题，不再见客。并宣布，"人人文库"停印新书，已经出版 1590 种，按原价加价 25% 的价格销售，售完为止。8 月，为《宋蜀本太平御览》撰序。10 月，为影印《四库全书珍本别集》作序。

1975 年 88 岁

2 月，为《汇印小说考证》序，《四部丛刊三编》序。12 月，为影印《四库全书珍本第六集》撰序。

1976 年 89 岁

3 月，为《四部丛刊续编》缩印本作序。4 月，台湾商务印书馆特聘 14 人为审查委员。草拟《中正科技大辞典》凡例。制定"《辞源》补编工作凡例"。7 月，拟定"修订《日用百科全书》大纲"。9 月，拟定"编印'科学技术大学丛书'纲要"。为《馨儿就学记》今注今译撰序。《岫庐文选》被"国防部"

收入"官兵文库",印行 12000 部。10 月,《岫庐已故知交百家手札》影印出版。为"社会科学及人文科学大学丛书"拟定提纲。《岫庐纪事诗存》出版。

1977 年　90 岁

6 月,出版"岫庐文库"。亲自草拟"四六通告",提出大幅度提升员工待遇。此时,台湾商务印书馆资本额增至新台币 3000 万元。

1978 年　91 岁

1 月 3 日,午宴款待新任台湾商务印书馆总编辑浦薛凤;浦同年 11 月辞职。11 月,为《四库全书珍本第九集》作序。一年中,依然为多部著作撰写序言。12 月 10 日,撰文《一九七九年开始时的二十大愿》。

1979 年　92 岁

4 月 8 日,主持台湾商务印书馆股东常会。请朱建民任台湾商务印书馆总编辑。7 月 25 日,为张元济《涉园序跋集录》作序。8 月 14 日,在台北逝世。

附　录

附录 1：1932—1937 年"大学丛书"出版目录（翻译不在内）

马宗霍：《文学概论》；

徐谦：《诗词学》；

吴梅：《词学通论》；

顾实：《中国文字学》；

蒋善国：《中国文字之原始及其结构》；

王力：《中国音韵学》；

胡以鲁：《国语学草创》；

杨树达：《高等国文法》；

郭绍虞：《中国文学批评史》（上）；

郑振铎：《文学大纲》；

潘天寿：《中国绘画史》；

冯友兰：《中国哲学史》；

胡适：《中国哲学史大纲》（上）；

范锜：《哲学概论》；

金岳霖：《逻辑》；

汪奠基：《现代逻辑》；

钱穆：《中国近三百年学术史》；

温公颐：《道德学》；

何炳松：《通史新义》；

章嵚：《中华通史》；

邓之诚：《中华二千年史》；

夏曾佑：《中国古代史》；

陈恭禄：《中国近代史》；

萧一山：《清代通史》（上、中）；

王绳祖：《欧洲近代史》；

何炳松：《中古欧洲史》；

孙本文：《社会学原理》；

陈鹤琴：《儿童心理之研究》；

何衍璇、袁武烈：《解析几何》；

熊庆来：《高等算学分析》；

唐逸菁：《实用最小二乘式》；

吴在渊：《数论初步》；

何鲁：《变分法》；

陈荩民：《非欧派几何学》；

夏坚白：《应用天文学》；

萨本栋：《普通物理学》；

郑兰华：《实验普通化学》；

李乔苹：《无机化学通论》；

丁绪坚：《化学史通考》；

王祺述、钱端升：《比较宪法》；

周鲠生：《国际法大纲》；

李剑农：《政治学概论》；

金长佑：《日本政府》；

钱端升：《德国的政府》；

钱端升：《法国的政府》；

马寅初：《中国经济改造》；

陈达：《中国劳工问题》；

金善宝：《实用小麦论》；

张含英：《水力学》；

刘仙洲：《机械原理》；

蔡翘：《生理学》。

附录 2：1937—1939 年间出版的"中国文化史丛书"

蔡元培：《中国伦理学史》；

马宗霍：《中国经学史》；

贾丰臻：《中国理学史》；

李俨：《中国算学史》；

林惠祥：《中国民俗史》；

陈邦贤：《中国医学史》；

卫聚贤：《中国考古学史》；

吴承洛：《中国度量衡史》；

俞剑华：《中国绘画史》；

郑振铎：《中国俗文学史》；

刘麟生：《中国骈文史》；

陈柱：《中国散文史》；

王鹤仪：《中国韵文史》；

胡朴安：《中国文字学史》；

胡朴安：《中国训诂学史》；

张世禄：《中国音韵学史》；

陈清泉：《中国音乐史》；

陈清泉：《中国建筑史》；

吴仁敬、辛安潮：《中国陶瓷史》；

姚名达：《中国目录学史》；

郭箴一：《中国小说史》；

傅勤家：《中国道教史》；

杨鸿烈：《中国法律思想史》；

杨幼炯：《中国政治思想史》；

任时先：《中国教育思想史》；

杨幼炯：《中国政党史》；

陈东原：《中国妇女生活史》；

陈顾远：《中国婚姻史》；

邓云特（拓）:《中国救荒史》;

陈登原:《中国田赋史》;

曾仰丰:《中国盐政史》;

王孝通:《中国商业史》;

吴兆莘:《中国税制史》;

郑肇经:《中国水利史》;

李士豪、屈若搴:《中国渔业史》;

王庸:《中国地理学史》;

顾颉刚:《中国疆域沿革史》;

白寿彝:《中国交通史》;

冯承钧:《中国南洋交通史》;

王辑五:《中国日本交通史》;

李长傅:《中国殖民史》。①

附录3：王云五指导过的论文

（一）硕士论文

1. 周奉和：机关财务管理;

2. 程伟益：美国地方政府组织职能及其与中央之关系;

---

① 《商务印书馆百年大事记》（1897—1997），商务印书馆1997年版，1932—1936年。

3. 徐有守：公务职位分类的理论与方法；

4. 简木桂：政府权力之分配；

5. 谢俊业：美国市经理制的研究；

6. 涂元黎：美国副总统；

7. 董来灿：美国压力团体研究；

8. 李齐琼：英国首相之研究；

9. 许世军：国营事业监督之研究；

10. 傅宗懋：清代督抚制度之研究；

11. 金耀基：中国民本思想之史的发展；

12. 胡述兆：美国参院批准条约之研究；

13. 刘佑知：美国联邦文官惩戒制度；

14. 方廷榴：机关事务管理效率研究；

15. 杜乃济：明代内阁制度；

16. 王寿南：历代开国帝王研究；

17. 巨焕武：明代宦官祸国之研究；

18. 罗致贤：防止贪污刍议；

19. 曹伯一：中共政权最高行政机关国务院之研究；

20. 朱增郁：美国国家安全会议之研究；

21. 曾济群：就法律案研究我国行政与立法两院之关系。

（二）博士论文

1. 周道济：汉唐宰相制度研究；

2. 陈宽强：清代捐纳制度；

3. 傅宗懋：清代军机处组织及其执掌；

4. 张家洋：我国现行社会保险制度研究；

5. 胡述兆：美国参议院官员任命同意权之研究；

6. 陈水逢：唐代政教对日本之影响；

7. 王寿南：唐代方镇之研究；

8. 缪全吉：明代胥吏；

9. 曹伯一：江西苏维埃之建立及溃散。[①]

附录 4：嘉新基金会奖励的图书目录

1963 年（第 1 届）

萧一山：《清代通史》；

王道：《美国的迷茫》。

1964 年（第 2 届）

冯冯：《微曦》；

余建寅：《货币银行学》；

罗敦伟：《计划的自由经济》；

陈正祥：《台湾经济地理》。

1965 年（第 3 届）

苏莹辉：《敦煌学概要》。

1966 年（第 4 届）

[①]　王云五：《八十自述》（下），《王云五全集》（第 16 卷），九州出版社 2013 年版，第987 页。

史尚宽：《继承法论》；

陈水逢：《日本政党史》；

金平欧：《三民主义总论》；

姚季农：《诸葛亮》。

1967 年（第 5 届）

林崇墉：《林则徐传》；

余坚：《比较政府》；

宋越伦：《中日民族文化交流史》；

展恒举：《票据法新论》；

金㓪千、冯书耕：《古文通论》。

1968 年（第 6 届）

任卓宣：《孔孟学说底真相和辨证》；

钱震：《新闻论》；

刘汝霖、刘仲平：《中国军事思想史》；

王志健：《文学论》；

毛鹏基：《诸子十家平议述要》。

1969 年（第 7 届）

黄宝实：《中国历代行人考》；

顾文霞：《中药之研究》；

刘中和：《杜诗研究》；

龚嘉英：《诗学释要》；

江兆申：《关于唐寅之研究》。

1970 年（第 8 届）

李安：《岳飞史迹考》；

那志量:《玉器通释》;

顾念:《纵横家研究》;

马起华:《政治心理学》。

1971 年（第 9 届）

蔡荫恩:《中美司法制度之比较》。

1972 年（第 10 届）

王廷玉:《王宾客诗文稿》;

黎泽霖:《蓬壶撷胜录》。

1973 年（第 11 届）

严云鹤:《事物异名典林》;

李叶霜:《石涛的世界》。

1974 年（第 12 届）

方豪:《方豪六十至六十四自选待定稿》;

侯畅:《中国考铨制度》;

林夏:《中国思想史》。

1975 年（第 13 届）

谢鸿轩:《骈文论衡》。

1976 年（第 14 届）

李世弘:《中国针灸大辞典》;

耿庆梅:《西周八簋考释》;

林子勋:《中国留学教育史》;

郭武雄:《五代史辑本证补》。

1977 年（第 15 届）

黄彰健:《经学理学文存》;

林瑞翰:《魏晋南北朝史》;

汤承业:《范仲淹研究》。

1978 年（第 16 届）

张铁君:《理学西传》;

蔡秋来:《宋代绘画艺术成就之探究》。

1979 年（第 17 届）

蒋一安:《蒋本唐韵刊谬补阙》;

黄彰健:《明清史研究丛稿》。

附录 5：中山学术基金奖励书目摘要

1966 年

任卓宣:《三民主义新解》;

傅启学:《国父孙中山先生传》;

李云汉:《从容共到清共》;

朱介凡:《中国谚语论》;

王梦鸥:《文学概论》（文艺理论）。

1967 年

崔载阳:《国父思想之哲学体系》;

张铁君:《国父元学思想发微》、《国父民生史观疏义》;

林崇墉:《林则徐传》;

姚从吾:《余玠评传》、《成吉思汗信任丘处机与这件事对于保全中原传统文化之贡献》;

汪学文：《中共文字改革与汉字前途》；

梁容若：《文学十家传》（文艺史）；

钟鼎文：《饥饿者及其他》（新诗）；

王鼎均：《人生观察》（杂文）。

1968 年

陈奇禄：《台湾土著的物质文化》；

沈亦云：《亦云回忆》；

魏廉、魏讷：《方向》；

蒋介石：《民生主义育乐两篇补述》（英文）；

蒋介石：同上（日文）；

H.Herrfahard：《孙中山传》。

1969 年

黄文山：《文化学体系》；

屈万里：《尚书今注今译》；

靳佩芬：《罗兰散文》。

1970 年

方东美：《哲学三慧一书及其他哲学论著》；

方豪：《关于中西交通史及台湾文献之研究论文》；

李济：《中国文明的开始》。

1971 年

钱穆：《朱子新学案》；

程发轫：《中俄国界图考》；

高旭辉：《五权宪法理论与制度》。

1972 年

陈盘：《春秋大事表列国爵姓及存灭表误异》和《不见于春秋大事表之春秋方国》；

罗香林：《中国族谱研究》；

苏雪林：《海蠚集》；

李宗黄：《李宗黄回忆录》。

1973 年

陈立夫：《孟子之政治思想》；

周应龙：《开放的社会与关闭的社会》；

林良：《小太阳》。

1974 年

吴相湘：《第二次中日战争史》；

吴天任：《黄公度先生传稿》；

李霖灿：《中国名画研究》；

张铁君：《遽然梦觉录》；

丸山真男：《日本政治思想史研究》。

1975 年

刘义棠：《维吾尔研究》；

杨汝舟：《外蒙共党之今昔》。

1976 年

唐文标：《天国不是我们的》；

王文漪：《风廊》。

参考文献

王云五：《王云五全集》，九州出版社 2014 年版。

王寿南：《王云五先生年谱初编》，台湾商务印书馆 1987 年版。

王云五：《商务印书馆与新教育年谱》，台湾商务印书馆 1973 年版。

王云五：《十年苦斗记》，台湾商务印书馆 2005 年版。

王云五：《岫庐八十自述节录本》，台湾商务印书馆 2003 年版。

王寿南主编，杨亮功等四十五人：《我所认识的王云五先生》，台湾商务印书馆 1975 年版。

嘉新水泥公司：《嘉新水泥公司文化基金会简介》，1991 年版。

金耀基：《敦煌语丝》，中华书局 2011 年版。

金炳亮：《文化奇人王云五》，广东人民出版社 2006 年版。

商务印书馆：《商务印书馆百年大事记》，商务印书馆 1997 年版。

商务印书馆：《商务印书馆 110 年大事记》，商务印书馆 2007 年版。

商务印书馆：《商务印书馆九十年——我和商务印书馆》（1897—1987），商务印书馆 1987 年版。

商务印书馆：《商务印书馆九十五年——我和商务印书馆》（1897—

1992），商务印书馆 1992 年版。

商务印书馆：《商务印书馆一百年》（1897—1997），商务印书馆 2005 年版。

商务印书馆：《商务印书馆一百一十年》（1897—2007），商务印书馆 2009 年版。

商务印书馆：《商务印书馆图书目录》（1897—1949），商务印书馆 1981 年版。

商务印书馆：《商务印书馆图书目录》（1949—1980），商务印书馆 1981 年版。

王云五：《四角号码检字法》（附检字表），商务印书馆 1928 年版。

王建辉：《文化的商务》，商务印书馆 2000 年版。

海盐县政协文史资料委员会、张元济图书馆：《出版大家张元济——张元济研究论文集》，学林出版社 2006 年版。

于友：《胡愈之传》，新华出版社 1993 年版。

章锡琛：《漫谈商务印书馆》，《中华文史资料文库》（第 16 卷），中国文史出版社 1996 年版。

胡适：《胡适日记全编》（3），安徽教育出版社 2001 年版。

茅盾：《我走过的道路》（上册），人民文学出版社 1981 年版。

胡志亮：《王云五传》，汉美图书有限公司 2001 年版。

金炳亮：《文化奇人王云五》，广东人民出版社 2006 年版。

徐有守：《出版家王云五》，台湾商务印书馆 2004 年版。

王学哲、方鹏程：《勇往直前——商务印书馆百年经营史》，台湾商务印书馆 2007 年版。

后　记

我知道王云五先生的名字，大约是在 20 世纪 80 至 90 年代之交。那时大陆搞改革开放，国家的门户打开了，许多新知识、新思想纷纷涌了进来，许多我们此前不知道的人物，也不断地进入我们的视野。当时我在辽宁教育出版社做事，偶然的机会，发现一家古旧书店中，正在处理民国时期的旧书"万有文库"。那一沓沓破旧的小书，深深地吸引了我的目光；接着我读到王云五先生为这套文库所写的《"万有文库"缘起》，读到他周密的出版计划；还有 20 世纪 30 年代美国《纽约时报》采访王先生所发题为《为苦难的中国提供书本，而非子弹》的文章，更是引起我巨大的心灵震撼。

我是被王云五先生热爱出版与文化的智慧、责任与勇气折服了，从此产生了学习与追随王云五先生的强烈愿望。此后不久，我就在辽宁教育出版社启动了"新世纪万有文库"，请来策划人沈昌文、杨成凯与陆灏三位先生，设立 3 个文化书系：古代、近代与外国，希望能在跨世纪的 10 年之间出版 1000 种图书。这个计划最终只实现了

50%，即出版了400多种图书，但是已经得到读书界很高的赞誉，并且至今余响不绝。我却在这不绝于耳的议论声中，陷入更加沉重与痛苦的沉思之中，一个接着一个的问号，不断地在我的脑海中涌现出来：为什么商务印书馆那样一个民营企业会有如此伟大的文化理想？为什么当时的社会环境那样恶劣，张元济、高梦旦、王云五等人，却能做出如此伟大的出版事业？循着这些问号思索着，我对于王云五先生的认识，走过了由惊叹到疑问，由疑问到思考，再由思考到逐渐明晰的过程。我围绕着王云五先生所写的文章，按照时间排列，就有《向老辈们学习》（1995）、《关于一个奇人的奇思妙想》（2005）、《王云五，梦萦中的迷离影像》（2006）、《王云五的三个"出版锦囊"》（2007）、《王云五，一位备受争议的文化奇人》（2008）、《一个知识分子的"一念之误"》和《王云五：何许人也？》（2013）、《在台北，见到王云五》（2014）、《王云五：抗战中的文化斗士》（2015）。于是在不自觉中，我的思想与行为，也由出版的感性实践逐渐走向文化的理性思考之中。

2008年，在中国新闻出版报记者朱侠的命题下，我开始为该报撰写专栏"晓群书人"，在两年多的时间里，我写了中国近百年以来一共11位出版家。在这里，我把王云五先生排在第2位，仅列于张元济先生之后。2010年，以这个专栏为基础，我的一本小书《前辈——从张元济到陈原》出版，权作我理性思考的一个标志。

2012年，人民出版社组织出版"中国出版家丛书"，希望我能够写一个人物。我原本只是一个出版人，多年来不断跨界活动，撰写文章和著作，经常会有疲劳不堪和底气不足的感觉。但是有了上面的思想准备，我还是鼓足勇气，主动接下《中国出版家·王云五》这个题目。经过一年多的读书和思考，我从今年 4 月 1 日开始动笔，到 6 月份，近 20 万字的书稿，已经基本完成了。

能有这样的成果，我首先要感谢王云五先生的精神感染，他自学成才，做事从不服输，读书巨多，编书巨多，写作飞快，一生留下著作 50 余部、文章不计其数、文字上千万言，直到 80 岁时，他每一天还能写出 4000 字的文章。对照我们这一代出版人，许多人整天嘴上挂着忙啊、累啊、没有时间啊等话语，与王先生对照起来，着实感到惭愧得很。于是在两个多月的时间里，我在工作之余，每天写作到深夜 12 点，还用上了全部周末与节假日的时间，每天提起笔，思想如泉水一样汩汩而来，笔触也显得要比以往快速了许多。一切消极的念头，诸如累了老了眼花了之类的叹息，都在王云五先生伟大的奋斗精神面前，羞愧地潜伏了起来。我想，有这样的精神状态，一定有王云五先生冥冥之中的鼓励。

最后，要感谢吴尚之先生、黄书元先生的鼓励，以及李忠孝、杨小洲、韩秀枚、朱立利、曹振中等好友的支持和帮助。

作　者

2014 年 6 月 4 日

责任编辑：任　益
封面设计：肖　辉　孙文君
版式设计：汪　莹
责任校对：吕　飞

图书在版编目（CIP）数据

中国出版家．王云五／俞晓群　著．—北京：人民出版社，2018.3

（中国出版家丛书／柳斌杰主编）

ISBN 978－7－01－016046－7

I.①中…　II.①俞…　III.①王云五（1888~1979）－生平事迹　IV.① K825.42

中国版本图书馆 CIP 数据核字（2016）第 062346 号

中国出版家·王云五

ZHONGGUO CHUBANJIA WANG YUNWU

俞晓群　著

人民出版社 出版发行

（100706　北京市东城区隆福寺街 99 号）

北京新华印刷有限公司印刷　新华书店经销

2018 年 3 月第 1 版　2018 年 3 月北京第 1 次印刷

开本：710 毫米 ×1000 毫米 1/16　印张：18　插页：4

字数：213 千字

ISBN 978－7－01－016046－7　定价：56.00 元

邮购地址 100706　北京市东城区隆福寺街 99 号

人民东方图书销售中心　电话：（010）65250042　65289539